**权威·前沿·原创**

皮书系列为
"十二五""十三五""十四五"时期国家重点出版物出版专项规划项目

**BLUE BOOK**

智 库 成 果 出 版 与 传 播 平 台

语文教育蓝皮书

**BLUE BOOK** OF CHINESE LANGUAGE EDUCATION

# 中国语文教育发展报告

## （2023~2024）

**DEVELOPMENT REPORT ON CHINESE
LANGUAGE EDUCATION IN CHINA (2023-2024)**

主　编／顾之川　汪　锋　蒋　承
执行主编／赵宁宁　郭乐静
副主编／何娅超　白艳飞　张怀刚　戴君华

社会科学文献出版社
SOCIAL SCIENCES ACADEMIC PRESS (CHINA)

图书在版编目（CIP）数据

中国语文教育发展报告. 2023~2024 / 顾之川，汪锋，蒋承主编. --北京：社会科学文献出版社，2024.3

（语文教育蓝皮书）

ISBN 978-7-5228-2831-2

Ⅰ.①中⋯　Ⅱ.①顾⋯ ②汪⋯ ③蒋⋯　Ⅲ.①语文课-教学研究-中小学　Ⅳ.①G633.302

中国国家版本馆 CIP 数据核字（2023）第 219860 号

语文教育蓝皮书

# 中国语文教育发展报告（2023~2024）

主　　编／顾之川　汪　锋　蒋　承

出 版 人／冀祥德
责任编辑／柳　杨　路　红
文稿编辑／程丽霞
责任印制／王京美

出　　版／社会科学文献出版社·皮书分社（010）59367127
　　　　　地址：北京市北三环中路甲 29 号院华龙大厦　邮编：100029
　　　　　网址：www.ssap.com.cn
发　　行／社会科学文献出版社（010）59367028
印　　装／天津千鹤文化传播有限公司

规　　格／开　本：787mm×1092mm　1/16
　　　　　印　张：21.25　字　数：318 千字
版　　次／2024 年 3 月第 1 版　2024 年 3 月第 1 次印刷
书　　号／ISBN 978-7-5228-2831-2
定　　价／158.00 元

读者服务电话：4008918866

# 主编简介

顾之川  人民教育出版社编审，中国教育学会中学语文教学专业委员会原理事长，国家社会科学基金评审专家。主要从事语文教育研究和语文教材编写工作。著有《语文工具论》等，有古籍整理著作多种，主编"中国语文教育研究丛书"等大型丛书。

汪 锋  北京大学中文系教授、北京大学语文教育研究所所长、北京大学中国语言学研究中心副主任、北京大学"国培计划"语文课程开发及指导专家。主要研究领域是历史语言学、理论语言学等。近年来一直致力于推动语言学与语文教育的结合，参与统编语文教材编写工作。

蒋 承  北京大学教育学院研究员，北京大学教育学院高中教育大数据实验室主任、博士生导师，中国教育发展战略学会高中教育专业委员会副理事长兼秘书长，教育部课程教材研究所兼职研究员。研究方向为教育经济与管理。

# 摘　要

　　2022 年最新义务教育语文课程标准颁布，对语文教育提出了新要求，构建核心素养导向的教学评一体化良性互动教学生态成为语文教育的重要议题。围绕新课标背景下语文教育的教学评一体化改革主题，蓝皮书分为总报告、调查篇、案例篇、专题篇进行论述。

　　总报告从新课标提出背景、语文课标的不变与变、教学评一体化的实现路径等方面总结了新课标的指导价值与实践展望。调查篇基于北京大学教育学院和语文教育蓝皮书编委会在 2023 年度开展的"新课标背景下语文学习情况全国问卷调查"数据，全面描述新课标背景下语文教育现状，并进行举例说明。问卷调查覆盖全国 17 个省市，共回收有效中小学生问卷 25384份，中小学语文教师问卷 715 份，高中学生问卷 2109 份。案例篇展示全国各地区语文教育在新课标背景下的有益探索，涉及阅读教学、过程性评价、助读系统等内容，力求全面、立体展示新课标背景下的教学评一体化实践。专题篇讨论了新课标背景下的语文教学评热点话题，提出了新思考、新路径、新方法，力求具有启发性与拓展性。

　　本报告基于定性与定量相结合的研究方法，得出以下结论：第一，大部分中小学在语文讲课方式上不断探索创新，课上活动更丰富、课程内容更充实、课堂上学生发言机会增多、课堂更有吸引力等变化较为显著；第二，中小学逐渐注重语文学习的过程性评价，学生认可度也较高，但终结性评价仍占主导地位；第三，教师群体对新课标十分重视，教师在备课、上课、作业布置、评价与语文活动等教学环节中都有意识地践

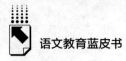

行新课标提出的要求。由于新课标推行时间较短，配套的培训资源与教学资源等支持性手段尚未成熟，许多教师都面临"心有余而力不足"的问题。

**关键词：** 语文教育　新课标　教学评一体化

# 目  录

## Ⅰ  总报告

## Ⅱ  调查篇

## Ⅲ  案例篇

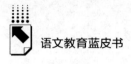
# Ⅳ 专题篇

皮书数据库阅读**使用指南**

# 总 报 告

## B.1
## 新课标与语文教学评改革

"语文教育蓝皮书"课题组*

**摘　要：**　本报告总括性地介绍了 2022 年新课标提出的大背景，将新课标的提出放置于党和国家培养时代新人的现实需求的大框架下，明确了义务教育阶段语文课程在学科属性之外的教化属性。与此同时，"双减"政策的颁布与信息化时代的到来对语文学科也提出了新要求。与历年的课标相比，2022 年新课标继承了语言文字及其运用的本体性、语文课程的综合性和实践性两条基本方针，在学习导向、学习方法和学习效果三大方面做出了重大突破。其中，学习导向由"教语文"变为"用语文教人"，学习方法由在讲授中学变为在情境和活动中

* 执笔人：顾之川，人民教育出版社编审，中国教育学会中学语文教学专业委员会原理事长，国家社会科学基金评审专家，主要研究方向为语文教育研究、语文教材编写；汪锋，北京大学中文系教授、北京大学语文教育研究所所长、北京大学中国语言学研究中心副主任，主要研究方向为历史语言学、语言学与语文教育；蒋承，北京大学教育学院研究员，北京大学教育学院高中教育大数据实验室主任、博士生导师，主要研究方向为教育经济与管理；戴君华，北京市十一学校石景山实验中学教师，中国教育发展战略学会理事、高中教育专业委员会委员，主要研究方向为教育管理、中文分级阅读与评价；王嘉璐，北京大学教育学院硕士研究生，主要研究方向为高等教育管理与政策。

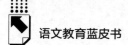
学，学习效果评价方式由经验使能变为证据使能。在此基础上，本报告以大单元教学和作业布置两个教学环节为例分析了教学评一体化的实现路径：将评价融入课堂，在大单元教学中实现教学评一体化；透明、分层、多元，在作业布置中实现教学评一体化。

**关键词：** 新课标 语文教学 语文教育

# 一 语文教育新环境与新课标的提出

语文作为人类学习进程的起点，在基础教育中扮演着至关重要的角色。它不仅是其他学科的基础，还是培养学生综合素养和思维能力的重要途径。正因如此，我们对于面向未来的语文教育需有清晰的思考和行动。面向未来的语文教育需要同时具备自上而下的建构和自下而上的实施，不仅需要明确"从哪里来"和"到哪里去"的教育方向，还需要关注"怎样知道已到达"的教学改革需求。[①] 在此背景下，2022 年 4 月，《义务教育语文课程标准（2022 年版）》（以下简称"新课标"）正式印发，为面向未来的语文教育提供了指导和方向。这份纲领性文件的出台标志着语文课程实施和改革的深化，呼应了教学改革的迫切需求。

## （一）培养有理想、有本领、有担当的时代新人的现实需求

党的十八大以来，面对"培养什么人、怎样培养人、为谁培养人"这个根本命题，习近平总书记多次走进大中小学校，与师生亲切互动，详细阐述了立德树人的丰富内涵、途径和方法，从"人生的扣子从一开始就要扣好"[②]，到

---

① 郑桂华：《寻找课程建设引领与现实问题解决的结合点——〈义务教育语文课程标准（2022 年版）〉课程理念浅谈》，《语文建设》2022 年第 9 期，第 4~8 页。
② 《习近平在北京大学师生座谈会上的讲话（全文）》，中国政府网，2014 年 5 月 5 日，https：//www.gov.cn/govweb/xinwen/2014-05/05/content_2671258.htm。

"坚持把立德树人作为中心环节，把思想政治工作贯穿教育教学全过程"①，再到"高校立身之本在于立德树人"②，面对前所未有的百年大变局，党和国家明确提出"把立德树人的成效作为检验学校一切工作的根本标准，真正做到以文化人、以德育人"③，教育的育人导向更为明晰，政治站位进一步提高。党和国家对教育立德树人之任务的高度强调是与我国当下社会改革与经济发展进入崭新历史时期这一现实相呼应的。语文课程作为一门学习国家通用语言文字运用的课程，是少年儿童学习进程的起点，在基础教育乃至终身学习中都扮演着至关重要的角色。它不仅关注学生语言能力的提升，也是其他学科的基础，更是健全学生道德素养，继承和弘扬中华优秀传统文化、革命文化、社会主义先进文化的重要途径与手段。④ 可以说，语文学科特定的学科内容和基础性的学科性质决定了它在以文化人、以德育人工程中的重要地位和作用。⑤

## （二）义务教育普及后进一步提质增效减负的需求

早在 2011 年我国就已经实现义务教育全面普及，十多年来，义务教育办学条件进一步改善，教师资源不断得到优化。2022 年是极有历史意义的一年，在党的二十大上，教育被明确定位为全面建设社会主义现代化国家的基础性、战略性支撑，这一规划具有重大战略意义，将产生深远影响。在党中央和国务院的坚强领导下，教育系统坚定地将习近平总书记有关教育的重要论述和重要指示有效地转化为发展方向、政策举措以及工作方法，推动教育事业取得了新的

① 《坚持把立德树人作为中心环节》，教育部官网，2016 年 12 月 9 日，http：//www.moe.gov.cn/jyb_xwfb/s6319/zb_2016n/2016_zb08/16zb08_gj/201612/t20161209_291438.html。
② 《立德树人是中国特色社会主义大学立身之本》，中国共产党新闻网，2017 年 2 月 3 日，http：//dangjian.people.com.cn/n1/2017/0203/c117092-29056031.html。
③ 《夯实民族复兴的人才之基——党的十八大以来全国教育系统推进立德树人工作纪实》，教育部官网，2018 年 9 月 4 日，http：//www.moe.gov.cn/jyb_xwfb/moe_2082/zl_2018n/2018_zl66/2018_zl6502/201809/t20180907_347691.html。
④ 中华人民共和国教育部制定《义务教育语文课程标准（2022 年版）》，北京师范大学出版社，2022。
⑤ 申宣成：《语文学习任务群的背景、内涵与结构逻辑探析》，《语文建设》2022 年第 11 期，第 4~8 页。

进展，各项工作也取得了新的成果。《2022 年全国教育事业发展基本情况》显示，九年义务教育巩固率①达 95.5%，比上年提高 0.1 个百分点，基础教育发展态势稳定。② 然而，在师资力量和设施设备资源等"硬"支持都保持高位状态时，我国义务教育阶段高耗低效的教改难题却仍然未能彻底解决。教育系统仍然存在明显的应试倾向，青少年儿童在成长过程中仍然承受着沉重的学业压力。这种不正常的学业竞争不仅对他们的身心健康和亲子关系造成了伤害，还引发了广泛的社会焦虑和行业内激烈的竞争。2021 年 7 月，中共中央办公厅和国务院办公厅发布了《关于进一步减轻义务教育阶段学生作业负担和校外培训负担的意见》，其中明确提出要彻底改变义务教育阶段学生的作业和校外培训负担过重的问题。"双减"政策的颁布为学生带来了较多空闲时间，随之而来的是家长对于校内教学质量和教学效果的担忧。在此背景下，大刀阔斧地开展课程改革，进一步优化校内课程设置，增强学校教育对于学生核心素养的培养效果是对社会各界的担忧的有力回应。此外，随着社会的不断发展，教育的需求也正在发生转变，人民的教育需求已经从"有学上"转向"上好学"，但是对于"好"教育的定义似乎仍然众说纷纭，也正是对义务教育要"培养什么人、怎样培养人、为谁培养人"这一核心问题回答得不够充分和不够明确导致了过去义务教育阶段的种种教育"乱象"。新课标的颁布就显得尤为重要，尤其是新课标中首次提出的核心素养锚定了义务教育阶段各学科教育的基本轨迹，起到了"拨开云雾见青天"的效果。

## （三）信息化时代语文学科重新自我定位的需求

当下，全球科技飞速进步，网络和新媒体广泛渗透到社会生活的方方面面，这正在改变着人们的生活方式、学习模式以及工作方式，特别是给儿童和青少年的成长环境带来了深刻的影响。信息技术的广泛应用带来了人们获取知识和阅读方式的巨大变革，对传统的语文学习方式也提出了挑战。举例

---

① 九年义务教育巩固率是指初中毕业班学生数占该年级入小学一年级时学生数的百分比。
② 《2022 年全国教育事业发展基本情况》，教育部官网，2023 年 3 月 23 日，http：// www.moe.gov.cn/fbh/live/2023/55167/sfcl/202303/t20230323_ 1052203.html。

而言，学生如今可以通过网络媒体随时接触到新颖的文本、前沿的观点和时尚的表达方式。传统的语文学习方式主要侧重权威文本、课堂教学和教师传授知识，逐渐丧失了吸引力和实用性。新的传播媒体、交流平台以及文本类型不断涌现，使得人们接触的信息来源多种多样，信息量巨大且内容复杂多变。与此同时，信息的不确定性也在增加。这导致了碎片化阅读、表面阅读、娱乐性阅读以及表情包式的新表达方式在传统的语文领域中大量涌现。① 面对这一阅读现状，2023 年 3 月，教育部等八部门启动了全国青少年学生读书行动，同时印发了《全国青少年学生读书行动实施方案》（以下简称《方案》），提出通过 3~5 年的努力，使青少年学生读书行动广泛深入开展，促进中华优秀传统文化、革命文化和社会主义先进文化教育得到切实加强，科普教育深入实施。《方案》明确反对设定学生必须达到的阅读量标准，要求不使用考试或者"打卡接龙"等方式来评估学生的阅读数量和效果，以避免增加学生、教师和家长的负担。② 因此，如何引导学生学会选择、学会主动学习，如何引导学生专注于经典阅读、积极探究成为语文课程面临的重要问题。此前的义务教育课程方案和课程标准分别于 2001 年和 2011 年颁布实施，在推动教育教学改革方面起到了重要作用。然而，随着时代的发展，我们也必须正视其与新形势和新要求不相适应的问题，并对课程进行修订和完善，以更好地适应新形势下学生的需求和社会的发展要求。

## 二　守正创新：语文课标的不变与变

### （一）守正不忘初心：新课标对旧课标的继承

新课标的发布引起了语文教育研究者和实践教师的广泛关注，特别是其

---

① 郑桂华：《寻找课程建设引领与现实问题解决的结合点——〈义务教育语文课程标准（2022 年版）〉课程理念浅谈》，《语文建设》2022 年第 9 期，第 4~8 页。

② 《八部门启动全国青少年学生读书行动》，教育部官网，2023 年 3 月 29 日，http://www.moe.gov.cn/jyb_ xwfb/xw_ zt/moe_ 357/2023/2023_ zt03/mtbd/202303/t20230329_ 1053426.html。

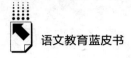

中的变动部分备受瞩目。然而，我们也应该重视新课标对旧课标内容的继承，这一点彰显了语文学科的基本底色不可动摇的重要性。无论在变革的创新与改进中，还是在对过去成果的传承中，语文学科的本质特征与核心价值必须得以保持和坚守。新课标在倡导变革的同时，也承载着对语文学科内在连续性与基本原则的尊重与坚持，这种尊重与坚持对于保持语文教育的连续性、稳定性和发展性具有重要意义，有助于培养学生全面发展和适应未来社会需求的能力。

综观三版课标的性质表述，可以发现其中体现了"持守"的特点，具体表现在以下两个方面。

其一，课标坚持并明确了语言文字及其应用的内在本质。它强调语言文字不仅仅是一种用于交流和传递信息的工具，还承载着文化的要素。① 语言文字的运用贯穿于人类社会的各个领域，因此课标强调语文教育应重视培养学生对语言文字的理解、运用和创造能力。传统语文教育与现代语文教育在关注语文知识的价值和作用上存在分野。传统语文教育偏重于学生通过涵泳、内省、体察等方式自主学习语文知识，而现代语文教育则以白话文为标志，逐渐建立起科学化、学科化的语文教育内容体系。然而，在 20 世纪末的语文教育大讨论中，人文精神得到重视，对过度追求知识的反思凸显了现代语文教育倾向。

2001 年，《全日制义务教育语文课程标准（实验稿）》明确强调不应过于强调追求完整和系统的语文知识，而是引入了"体验""陶冶""感悟"等概念，以纠正过分强调形式性训练的趋势。这种改变不仅受到后现代教育哲学的启发，也与传统的语文学习方式相符，为语文教育注入了新活力，减轻了学生的负担。然而，这种趋势下去除过多的知识和技能元素在语文教学中也引发了一系列问题，成为新世纪课程改革后出现"泛语文"现象的重要原因之一。随着课程改革的不断深化，弱化语文知识传授

---

① 中华人民共和国教育部制定《义务教育语文课程标准（2022 年版）》，北京师范大学出版社，2022。

所带来的问题日益突出。目前，人们广泛认识到学生的语文能力和语文素养的培养需要基础的语文知识作支撑，正如人们所认可的，"知识不可能不教"①。如果仅仅依靠"感悟"而忽视对语文知识的教授，学生将缺乏必要的语文知识，其语文能力和语文素养必然是缺乏实质支撑的。这种持守本体性的立场体现了对语言文字价值与功能的认同，以及对其在社会和文化生活中的重要地位的坚持。

其二，课标坚持并明确了语文课程的定义与特点。语文课程被视为一门具有综合性和实践性的课程，其基本特点是工具性和人文性的统一。课标认为语文课程不仅仅传授语言知识和技能，更重要的是培养学生的思维能力、审美情操和文化素养。② 语文知识的构成包括语法、修辞、文学常识等陈述性内容，但一些教师在授课中将这些要点从有趣的语文材料中分离出来，把传授知识作为唯一目标，导致学生只会死记硬背概念和术语。这种脱离实际应用的教育方式是对语文知识教学进行批评的主要着力点。实际上，语文课程中的知识大多是在特定的语境中随着具体的文本和学习任务呈现的。换句话说，学生很少直接面对孤立的、脱离实际情境的语文知识，而是通过特定的语言文字运用情境来接触和理解相关概念。在教学中，不应简单地将课程大纲中的知识点传授给学生，而应该借助课程内容来激发学生对知识的兴趣，培养他们的质疑、批判和独立探究能力。因此，课程标准的主要目标是全面提升学生的核心素养，其中语言素养被认为是基础中的基础。③ 课标强调了这种综合培养的重要性，旨在培养学生全面发展的能力和素质。这种持守核心目标与根本任务的立场反映了对学生全面发展和终身学习能力的重视，以及对语文教育在塑造综合素养方面的使命的坚守。

---

① 林志芳：《指向核心素养的语文知识教学：背景、原则与方法》，《语文建设》2022年第24期，第4~8页。
② 中华人民共和国教育部制定《义务教育语文课程标准（2022年版）》，北京师范大学出版社，2022。
③ 刘飞：《对语文课程性质的比较与反思——兼谈新课标视野下语文教育新走向》，《语文教学与研究》2022年第21期，第30~37页。

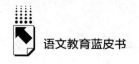

（二）新动向与新思路：新课标中体现的几点重大变化

1. 学习导向：发展核心素养，从"教语文"到"用语文教人"

在语文教育教学中，一直存在关于"教语文"还是"用语文教人"的争论。前一种观点将语文教学视为一种学科教学，教育的重点内容因而围绕语文作为一种学科的知识体系展开，由此带来的师生关系是学科内容的灌输者和学科内容的接受者的关系。与之相反，"用语文教人"视语文教学为一种学科育人的实践，强调充分发挥语文学科独特的育人功能，在语文课程中打破以往的思维局限，不再局限于知识、技能、语言和文本的表层学习，而是引导学生进行深度学习，揭示其中隐含的文化现象、文化进程、文化实践和文化思考。通过这样的学习，学生能够在语文课程中获得对中国文化的深入理解和体验，达到"文化的浸润"的目标，不断培养自身的能力，而非简单的知识学习。正是在"用语文教人"这一核心观点的指引下，"核心素养"被总结和提出。

为了修正在教学大纲时期强调纯知识导向的倾向，2001 年版课程标准引入了"语文素养"概念，但对这一概念的描述相对笼统。虽然涉猎内容较广，但是不具备可落实性和可操作性，不同素养之间的结构也不清晰。2011 年版课程标准继续采用了"语文素养"的概念，虽然对具体内容进行了一些调整，但尚未将其确立为核心要素。2016 年 9 月，《中国学生发展核心素养》发布，首次提出"核心素养"的理论目标和框架体系。一年后，《普通高中语文课程标准（2017 年版）》围绕"语文核心素养"全面构建了新的语文课程体系，将语文核心素养的四个方面基本要求转化为十二项具体的课程目标，为核心素养理念在语文学科中的贯彻落实做出了重要贡献，与该课标同步的新教材也于 2019 年 9 月陆续投入使用。新课标、新教材、新教学明确了语文教育未来的发展方向，即要以培养学生学科核心素养为主，引导语文教育从传统教学走向综合育人。2022 年版新课标基本延续了 2017 年版课标的思路，并对四个基本核心素养进行了表述和顺序上的修改，将原来的"语言建构与运用、思维发展与提升、审美鉴赏与创造、文化传承与理解"改为"文化自信、语言运用、思维能力、审美创造",表述上更为精练,同时突出强调了"文化自信"这一基本素养,这再一次申明了语言文字作为文化载体和重要组成部分的基本性质,学生学习语言文字的过程也是文化积淀与发展的过程,是培养对中华文化的认同与热爱的过程,因而"文化自信"相较于其他三个素养更具有上位性,也更贴合"用语文教人"的核心理念。① 教师因而要注重以文化为载体,以培养学生成为文化人为目标。立德树人是语文教学的根本任务,教师应清晰、明确地体现教学目标的育人立意。在教学过程中,教师应引导学生逐步树立正确的世界观、人生观和价值观,同时体认和传承中华优秀传统文化、革命文化和社会主义先进文化,以积淀深厚的文化底蕴增强学生的文化自信。

在此基础上,教师应深刻认识到语文课程既具备工具性又拥有人文性,这两者是相互统一的。从培养核心素养的角度来看,教师需要综合考虑四个方面的整体交融特点,在设定教学目标时要注重突出某些方面的重要性,同时也要将它们有机融合在一起。"语文核心素养"的显著特点在于它超越了传统语文学科知识框架,强调语文学习的目标是学生的终身发展,不仅仅关注单一学习内容或具体学习活动的好坏,更注重关键性和综合性素养,以有助于学生未来的发展。在知识爆炸和信息化时代的背景下,这一概念提醒人们在进行课程构建和教学内容选择时,应通过复杂的语言现象来选择教材,有条不紊地组织教学内容。②

2. 学习方法: 引入学习任务群,从在讲授中学到在情境和活动中学

传统的语文授课方式表现为语文教师的"一言堂",学生淹没在教师精心设计的教学环境和教学材料中,不知道学习的意义为何,因此常常产生学习倦怠心理。在此基础上的大踏步改革表现为在课堂上"以学生为中心",然而这种完全将课堂交给学生的做法又容易让课堂陷入混乱和无序中,教师

① 郑桂华:《寻找课程建设引领与现实问题解决的结合点——〈义务教育语文课程标准(2022 年版)〉课程理念浅谈》,《语文建设》2022 年第 9 期,第 4~8 页。

② 郑桂华:《从我国语文课程的百年演进逻辑看语文核心素养的价值期待》,《全球教育展望》2018 年第 9 期,第 3~16 页。

也很难将教学内容有效地传递给学生。新课标在"以教师为中心"和"以学生为中心"这两种课堂形式的基础上进行了整合，提出了要在课堂上构建语文学习任务群。事实上，新课标的尝试并非首创。2017年版高中课程标准就已经在课程内容规划上大踏步前进，采取了两个重要举措。其一，将课程目标与课程内容分离开来，这意味着明确了课程的目标与内容之间的区分。其二，采用了十八个学习任务群来组织课程内容。从几年来的实施情况看，这一创新在推动学习方式改革方面产生了积极的效果。2022年版课程标准充分吸取了高中课程标准的经验，明确了一种新的课程内容建设理念，即以生活为基础，以语文实践活动为主线，以学习主题为引领，以学习任务为核心，整合学习内容、情境、方法和资源等要素，设计语文学习任务群。语文学习任务群是一组语文学习任务的集合，其中任务群的组织方式对改变学习方式起到关键作用，这主要取决于任务的性质。这里的任务是指社会生活中真实存在的任务，通常具有以下共同特点：第一，这些任务旨在满足真实的生活需求，以解决实际问题为目标，必须嵌入与学生生活息息相关的情境中，而不是为了任务而刻意设计的；第二，各个任务之间有紧密的关联，都指向共同的目标，而不是零散、孤立的任务；第三，这些任务要求综合运用多种知识、技能和经验，很少是单一技能的应用。由此可见，基于任务的学习集中了综合学习、情境学习、探究学习、问题导向学习、过程学习以及自主学习等多种学习方式的特点。这种学习方式有可能在一定程度上纠正语文学习脱离生活实际、过程不连贯、缺乏实践与综合以及忽视学习者主体性等偏差，从根本上提高课程的综合性和实践性，让学生自觉主动地参与学习，而非被动地为他人学习。

而"群"的概念考虑的是不同学习任务之间的关系，体现了义务教育阶段语文课程的阶段性、发展性与衔接性。义务教育语文课程根据内容整合程度不断提升，分三个层面设置学习任务群，其中第一层设"语言文字积累与梳理"1个基础型学习任务群，第二层设"实用性阅读与交流""文学阅读与创意表达""思辨性阅读与表达"3个发展型学习任务群，第三层设"整本书阅读""跨学科学习"2个拓展型学习任务群。根据学段特点，学习任务群安排可有所侧重。这就要求教师在教学中注意减轻学生的学习负担，避免机械的死记硬背和重复性的训练。此外，教师还应关注幼小学段之间的衔接，逐步降低学习的难度，增强学习的趣味性和吸引力。① 总体来看，任务群的层次结构紧紧围绕着培养语文核心素养的目标展开，而语文核心素养的培养目标则直接指向个体的全面发展，是一个从根系环环向上拓展和升格的树状结构。

3. 学习效果：以学业质量标准为尺，评价从经验使能到证据使能

当前我国义务教育阶段采用了多种课程评价方法，包括诊断性评价、形成性评价和总结性评价。这些评价方法在不同阶段中和目的下使用，旨在全面评估学生的学习情况，并对学校及教师的教学质量进行验收。诊断性评价主要用于阶段性教学的初期，它的目的是评估学生的知识储备和才能水平。教师可以利用各种工具和方法，如测试、问卷调查、作业和课堂观察，来收集学生的数据和反馈。这些信息可以帮助教师更好地了解每个学生的学习需求和潜力，并根据其需求和潜力调整教学计划，以确保每个学生都得到适当的支持和指导。形成性评价在教学过程中反复进行，主要关注学生在知识构建和技能掌握等方面的表现，并及时提供反馈。形成性评价的目的是促进学生的学习进步和发展，帮助他们改进自己的学习方法和策略。通过频繁的形成性评价，教师可以及时调整教学策略，满足学生的学习需求，提高教学质量。这种形式的评价也鼓励学生积极参与学习过程，促进了自主学习和反思能力的发展。总结性评价在整个学习阶段的末尾进行，如学期或学科教学结束时。它是一种科学、系统的评价方式，旨在对学生的学习效果进行全面评定。总结性评价也被称为终结性评价，其目的是评估学生在特定时间内的学习效率，并对学校及其教师的教学质量进行验收，从而帮助学校和教育机构改进教学方法和资源分配，以提高整体教育质量。② 尽管评价结构十分清

---

① 中华人民共和国教育部制定《义务教育语文课程标准（2022 年版）》，北京师范大学出版社，2022。

② 李佩骏：《"教—学—做—评"合———新课标视域下促进过程性评价的有效路径》，《吉林省教育学院学报》2023 年第 3 期，第 179~186 页。

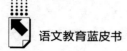
晰，但是在传统的语文教学中较为缺乏切实有效的评价标准和评价体系，教师常常因为时间和精力不足、缺乏整合各种评价材料的手段、现有评价标准不够细化、不知道如何制订科学有效的评价方法而只能采用课堂点评、给作业和考试打等第或分数以及写评语的方式来对学生进行评价。这种评价模式的弊端在于教师通常依靠以个人经验进行即兴评估来判断学生的学习状态，这种评价方式的主观性较高，容易受到教师个人偏好和主观判断的影响。它往往只能对学习结果的正确与否做出简单的判断，而无法深入了解学生的学习过程和其中存在的问题。因此，评价的结果也很难及时有效地反哺教师的教学和学生的学习。

随着新的方案和标准的发布，未来的考核和评价方式将发生变化。新的方案和标准明确提出，语文课程学业质量标准应以核心素养为主要维度，结合课程内容，对学生的学业成就进行具体描述。学业质量是对学生在特定教育阶段所获得知识和能力的详细描述，是衡量学业成就水平的方式。[①] 换句话说，考试评价将强调素养的培养，要在设定的情境和任务中考查学生的问题解决能力，并关注他们在问题解决过程中的价值观念和思维方式等方面，而不仅仅是简单地测试学生的死记硬背能力。同时，新的评价方式也将促进学校和教育系统的发展。通过详细的学业质量评价，学校和地区可以了解到不同学生群体的特点和需求，有针对性地进行教学改进和资源配置，从而提高整体教育质量。然而，要实现这一转变并不容易。其一，需要进行大量的研究和实践，以确定有效的评价指标和方法。这要求教育界投入更多的资源和精力，开展系统而深入的研究，以确保评价方式的科学性和准确性。同时，评价指标和方法的制订还需要充分考虑语文学科的特点和教育目标，确保评价内容的全面性和相关性。其二，为了帮助教师适应新的评价方式并有效地运用评价结果指导教学实践，需要提供相应的培训和支持。教师需要了解评价标准的内涵和要求，学习如何收集和分析包括学生的作业、考试成

---

① 中华人民共和国教育部制定《义务教育语文课程标准（2022年版）》，北京师范大学出版社，2022。

绩、课堂表现、小组讨论等在内的评价数据，以及如何将评价结果转化为实际的教学策略和活动。总之，在教学评一体化指导下的学习评估中，我们强调将教学和学习中的评估变得"可见"且"可用"。通过设计有针对性的评价方法，收集和整理客观可见的学习证据，以及进行准确的评估，我们能够更好地理解学生的学习状态和需求，并为其提供有效的学习指导和支持。

## 三 教学评一体化的实现路径：以大单元教学 和作业布置为例

### （一）将评价融入课堂：大单元教学中实现教学评一体化

大单元教学要求教师不将教学内容局限于某一篇或某几篇课文，更不是单篇文章的简单相加，因此在对学生单元学习进行阶段性评价时不能简单采用课堂评价的方法，而应当在单元教学的过程中不断积累评价素材。在组织大单元教学活动时，自主学习、小组合作交流和分享展示学习成果是主要的学习形式。教师在进行教学设计时，需要提前设计好评价量表，并在学习活动开始之前告知学生评价标准，引导学生根据这些标准展开学习。在设计评价量表时，教师应当在教学进程中有意识地注重与核心素养的结合，一节课不可能完成对学生多个核心素养的培养，因此可以在大单元教学的前几节课关注字词学习等语言知识和技能的积累，随后逐步培养学生的思维能力、审美情操和文化素养。

在课上或课余，根据评价标准，学生可以进行自我评价或者互相评价。对于中低年级的学生而言，教师应对学生评价进行再评价，提出指导意见，引导学生内化评价标准，把握评价尺度。这样可以帮助学生逐渐学会如何进行评价，并促使他们在评价过程中不断提升自己的能力。通过互相评价，学生不仅可以从别人的观察和评价中获得反馈，还可以通过评价他人的学习表现来加深和强化对知识的理解和运用。此外，教师应密切关注学生在小组任务中的表现，包括任务分工、讨论程序以及对不同意见的处理方式。这有助

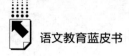

于教师了解学生在合作和交流方面的能力，以及他们是否能够遵守规则并展现良好的交际素养。如果教师发现学生的行为和思维方式与评价标准存在较大差距，应及时提供反馈和指导，确保评价结果对学生的学习产生积极影响。教师也需要反思自己的课堂教学和评价策略，检查评价量表和其他评价工具的结构和表述，确保其要求准确、客观，避免模糊和主观性的评价语言。同时也要对学生的表现与评价结果进行仔细审视，观察最初设计的量表是否有效地实现了教学目标，其中包含的要求是否落在了最近发展区，避免要求过低或过高。

总体而言，新课标要求语文教学中的评价环节改变过去在教育中的传统角色，不再单纯用于测量学生在特定学科或领域中的成就水平，更是一个窗口，通过它可以深入了解学生的个性和特点。评价因此不再是教学过程的附加部分，而是与教学过程紧密相连的一部分。在传统教学中，教师往往在授课结束后才进行评价，这限制了对学生的及时反馈和个性化支持。现在，评价与教学过程同步进行，教师可以根据学生的实际表现及时调整教学策略，满足不同学生的需求，提高教学质量。因而任何过程性评价都应重视增值评价，关注学生个体的进步幅度。这种评价方法更加关注个体学生的需求和潜力，而不是将他们简单地与他人相比较。这有助于减少评价的竞争性质，培养学生的自信心，激发他们的学习动力。教师在过程性评价中扮演着关键角色，应该注重鼓励学生，认可他们的努力和进步。通过积极的鼓励，教师可以增强学生的自信心，激发他们更积极主动地投入学习。这种积极的学习态度有助于学生克服困难，提高学业成绩。

## （二）透明、分层、多元：在作业布置中实现教学评一体化

在当前我国教育改革的大背景下，教育界普遍讨论着"双减"政策，这也引发了对如何提高语文学科的教学质量以及如何减轻学生的课业负担的重要讨论。作为教师和学生之间重要的桥梁，作业的设计和质量显得尤为重要。然而，当前一些语文教师在布置作业时，仍然采用传统的方式，如抄写、听写和默写等，这些作业形式单一、令人乏味，难以满足学生多样化

的学习需求。传统的抄写、听写和默写作业虽然可以检验学生的知识掌握情况，但存在诸多弊端。首先，这些作业难以激发学生的学习积极性，因为它们往往被视为枯燥和重复性的任务，可能导致学生对学习失去兴趣。其次，这些作业难以检测学生的学科素养和能力，因为它们更注重基础知识的记忆和应用，而忽略了思维和创新能力的培养。最后，这些作业容易导致学生的学习负担加重，因为它们需要大量的时间和精力，学生可能感到压力沉重。此外，一些语文教师受到"应试教育"的观念影响，倾向于设计与考试内容紧密相关的作业，这种作业布置方式使学生只关注知识和技能的表面应用，而忽视了深层次的思维和创新。这也造成了学生的个体差异被忽略，因为这些作业通常是面向全体学生的，无法满足每个学生的特殊需求和兴趣。

教学评一体化要求教师在设计和实施教学过程中将目标、活动和评价相统一。这样的教学方式有助于提高教学质量，增强学生的学习效果，同时减轻学生的学习负担。在实施教学评一体化的过程中，教师需要从明确教学内容、教学目标、教学方法和评价方式等方面入手。教师应该明确自己教什么、为什么教以及怎么教。明确的教学内容和教学目标能够帮助教师更好地设计教学活动和评价方式。同时，教师也应该了解学生的学习情况，收集信息并进行及时的诊断和支持。通过评价学生的学习情况，教师可以了解学生的问题和困难，并提供有针对性的支持和指导，以促进学生的学习和教学的改进。在作业设计方面，教师可以采取一系列策略来实现教学评一体化的目标。

首先，教师可以设计前置作业评价模式。这意味着在课前，教师就为学生设计好作业，并将作业的评价标准告知学生。这样，学生在完成作业时会有明确的目标和要求，从而转变为主动学习的状态，自觉地运用已掌握的知识和技能解决新的问题。将作业评价作为驱动学生完成作业的动力，使作业评价具有助学意义，有利于实现教学评一体化的目标。

其次，教师应注重作业布置的分层性和多样性。教师需要关注不同层次的学生，考虑学生的个体差异，并设计有进阶性的评价任务。例如，在设计

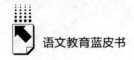

单元作业时，可以划分为基础作业、提升作业和拓展作业，并设定必做题和选做题，以锻炼各个层次学生的学习能力。随着学段的提高，作业设计应更加注重综合性、探究性和开放性，以培养学生的综合能力和创新思维。

最后，教师可以设计多元作业评价模式。教学是一个师生互动的过程，而评价在其中扮演着至关重要的角色。多元评价的核心思想是让学生参与自我评价和同伴评价，使学生更好地了解自己的学习情况。在设计作业时，教师需要思考哪些任务适合学生独立完成，哪些需要合作完成，以及哪些需要家长的参与。如果同伴或家长难以准确评价，教师可以设计前置性评价工具，鼓励学生积极参与自我评价，从而更好地调控自己的学习过程。这种评价并不旨在批评学生的不足或缺点，而是鼓励学生反思自己的学习感受和体验。这种反思有助于学生更好地理解自己的学习方式和需求，增强他们的学习自信心，并激发他们的学习动力。通过自我评价和同伴评价，学生能够更清晰地认识到自己的优势和不足之处，有针对性地改进学习策略，提高学业表现。

# 四　总结与展望

首先，本报告总括性地介绍了2022年新课标提出的大背景，将新课标的提出放置于党和国家培养时代新人的现实需求的大框架下，明确了义务教育阶段语文课程在学科属性之外的教化属性。本报告指出了新课标与义务教育长期以来提质增效减负的需求之间的关联，"双减"政策的颁布使义务教育阶段的教与学出现了部分真空地带，新课标的颁布锚定了"培养什么人、怎样培养人、为谁培养人"等核心问题的回答。新课标的颁布也是出于信息化时代语文学科重新自我定位的需求。信息技术的广泛应用彻底地改变了人们获取知识的方式，为了在适应新形势的同时做好对学生的引领工作，语文学科需要在知识传递的内容和形式上做出改变。

其次，本报告尝试梳理了2022年版课标与之前课标的异同之处。在对历版课标进行汇总的过程中，我们可以清晰地发现两根贯穿前后的红线。第一根红线是语言文字及其运用的本体性。语言文字不仅是一种交际工具和信息载体，更是中华文化的重要组成部分，因此需要将语言文字的学习置于人类社会的各个情境中。第二根红线是语文课程的综合性和实践性。在语文课堂上发生的不仅仅是知识的直接传递，更应当包含学生思维能力、审美情操和文化素养的养成。在这两根红线之外，新课标分别在学习导向、学习方法和学习效果上做出了重大突破。从学习导向来看，新课标首次在义务教育阶段引入清晰的"核心素养"的概念，由此将语文教学实践从"教语文"变为"用语文教人"。从学习方法来看，新课标引入了学习任务群来整合"以教师为中心"和"以学生为中心"这两种课堂形式，以回归语文的实践本质，将活力注入课堂中。从学习效果来看，新课标试图推动评价标准的科学化和评价过程的精细化。现存的许多过程性评价标准以教师的主观判断为主，无法形成连贯、有效的评价体系反哺教师的教学和学生的学习。

最后，本报告以大单元教学和作业布置为例，分析了教学评一体化的两种实现路径。尽管分属不同的教学环节，但是要在这两个教学活动中做到教学评一体化都需要教师提前确定明确的评价标准，引入多主体评价的方式，并结合量表、观察等策略得出更客观、全面的评价结果。在此基础上及时调整单元教学的进度和作业布置的内容，做到因材施教。

总体而言，本报告从新课标实施的背景和针对历年课标的比较中推导出了新课标落实的基本原则。然而，解读政策文本只是万里长征的第一步。广大教育研究者需要投入更多的精力和资源，深入研究新课标的实施效果和影响。研究者的研究成果可以为政策制定者提供宝贵的反馈，帮助其不断改进和优化新课标的内容和实施方式。此外，研究者还可以在教育实践中充当桥梁，将研究成果转化为实际的教育策略和方法。教育工作者则是新课标实施的中坚力量，需要不断提升自己的教育教学能力，以更好地适应新的教育环境。他们应该积极探索创新教育方法，鼓励学生主动学习和培养学生的批判性思维。与此同时，教育工作者还需要与家长和社会各界密切合作，营造共同肩负教育责任的良好氛围。新课标的实施不仅仅是一项教育政策，更是一项全社会的事业。只有广大教育研究者、教育工作者、政府和社会公众共同努力，才能够真正实现新课标所提出的教育目标，为我国的教育事业注入新的活力和动力。

# 调查篇

## B.2
## 新课标背景下的高中语文学习情况调查（2023）

蒋承　闫思宇*

**摘　要：**　为更好地助力新课标理念落地，本报告重点关注了学生的高中语文学习现状以及对语文作业与测试的评价情况。研究发现，从学习现状来看，新课标背景下高中生语文学习投入较为充分，且有较好的阅读习惯，但是自主学习意识和对语文学科核心素养的了解程度仍有可提升空间。从教学方式来看，新课标背景下的高中语文教学形式多种多样，且为学生提供了良好的阅读指导，但跨篇教学的授课方式有待进一步落实。从考评方法来看，新课标背景下高中语文教学的作业形式较为丰富，且测评方式较为科学。基于上述发现，本报告为新课标背景下的高中语文教学提升提出了相应建议：保持语文学习投入水平，引导提升自主学习意识；丰富语文教学开展形式，

---

* 蒋承，北京大学教育学院研究员，北京大学教育学院高中教育大数据实验室主任、博士生导师，中国教育发展战略学会高中教育专业委员会副理事长兼秘书长，教育部课程教材研究所兼职研究员，主要研究方向为教育经济与管理；闫思宇，北京大学教育学院博士研究生，主要研究方向为教育经济与管理。

落实跨篇教学授课方法；强化阅读教师指导力度，助力学生培养阅读习惯；深化理解语文学科核心素养，帮助学生实现全面发展；创新语文作业布置理念，注重组织学生作业互评；优化语文考试测评方式，共建科学有效评价体系。

**关键词：** 新课标　高中语文　教学方式　作业评价　测试评价

# 一　研究背景与数据说明

语文课程在推广普及国家通用语言文字、增强凝聚力、铸牢中华民族共同体意识，建立文化自信、培育时代新人，实现中华民族伟大复兴等方面具有不可替代的优势。高中阶段语文课程致力于进一步提高学生的语文素养，使学生具有较强的语文应用能力和一定的审美能力、探究能力，同时形成良好的思想道德素质和科学文化素质，为终身学习和有个性的发展奠定基础。

语文课程的多重功能和奠基作用，决定了它的重要地位。为更好地了解新课标背景下学生的高中语文学习现状以及对语文作业与测试的评价情况，发现实践中存在的不足之处，提出促进新课标有效落实的针对性可行性建议，北京大学教育学院和语文教育蓝皮书编委会组织开展了新课标背景下的高中语文学习情况问卷调查。此次调查于2023年1月进行，以网络问卷的形式开展。来自全国17个省市的高中生参与了其中的"学生问卷调查"，共回收有效问卷2109份。本次问卷调查主要涉及被调查学生的基本信息、新课标背景下的高中语文学习现状以及新课标背景下的语文作业与测试评价情况等方面的信息。

在参与此次问卷调查的学生中，从性别来看，女生有1208名，占比达到57.28%，男生有901名，占比为42.72%，性别结构基本平衡。从所在年级来看，高一年级学生有1015名，占比达到48.13%；高二年级

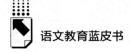

学生有 959 名，占比达到 45.47%；高三年级学生有 135 名，占比为 6.40%。从学生与语文老师之间的关系来看，924 名学生与老师的关系非常好，占比达到 43.81%；863 名学生与老师的关系比较好，占比达到 40.92%；315 名学生与老师的关系一般，占比为 14.94%；师生关系比较差和很差的人数均较少，仅分别占 0.14% 和 0.19%。从语文成绩班级排名来看，排名很好的学生有 168 名，占比为 7.97%；排名中上的学生有 832 名，占比为 39.45%；排名中等的学生有 893 名，占比达到 42.34%；排名中下的学生有 171 名，占比为 8.11%；排名不好的学生只有 45 人，仅占 2.13%。

## 二　调研基本信息

### 1. 学生性别结构整体平衡

从填写问卷的学生性别结构来看，57.28% 的学生为女生，42.72% 的学生为男生，性别结构整体平衡（见图 1）。

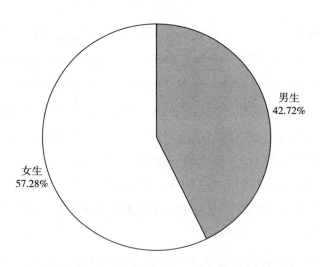

男生
42.72%

女生
57.28%

**图 1　高中语文学习情况问卷调查中学生性别结构**

### 2. 高一年级的学生占比最多

从填写问卷的学生年级结构来看，高一年级学生占比最多，为 48.13%，高二年级学生占比为 45.47%，高三年级学生占比为 6.40%（见图 2）。

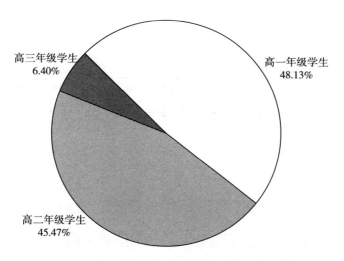

**图 2 高中语文学习情况问卷调查中学生年级结构**

### 3. 大多数高中生与语文老师关系融洽

从学生与语文老师之间的关系来看，师生关系非常好和比较好的人数较多且较为接近，分别占 43.81% 和 40.92%；师生关系一般的人数占比为 14.94%；师生关系比较差和很差的人数均较少，仅分别占 0.14% 和 0.19%（见图 3）。

### 4. 语文成绩班级排名在中等水平的高中生最多

从学生语文成绩班级排名来看，语文成绩班级排名为中等的人数最多，占比达到 42.34%；排名在中上的人数次之，占比为 39.45%；排名很好和中下的人数较为接近，分别占 7.97% 和 8.11%；排名不好的人数最少，仅占 2.13%（见图 4）。

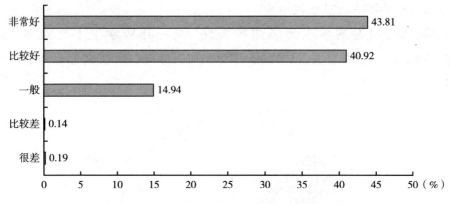

图3　高中语文学习情况问卷调查中学生同语文老师关系

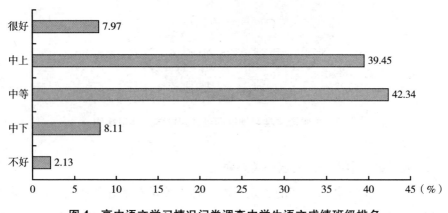

图4　高中语文学习情况问卷调查中学生语文成绩班级排名

## 三　新课标背景下的高中语文学习现状

### （一）新课标背景下高中生学习投入情况

1. 超过六成高中生每天有1~2小时用于语文学习

从高中生每天语文学习时间来看，每天有 1~2 小时用于语文学习的人数最多，占比达到了 62.68%；每天有不到 1 小时用于语文学习的人数次之，占比为 26.17%；此外，每天有 3～4 小时用于语文学习的人数占比为 9.20%；而每天有 4 小时及以上用于语文学习的人数最少，仅占 1.94%（见图 5）。①

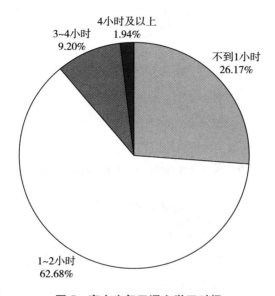

**图 5　高中生每天语文学习时间**

**2. 绝大多数高中生会自己寻找资料来深入语文学习**

从高中生自己寻找资料深入语文学习情况来看，绝大多数高中生会自己寻找资料来深入语文学习，占比达到了 95.35%；仅有 4.65% 的学生没有自己寻找资料来深入语文学习（见图 6）。

**3. 近七成高中生在使用教材的时候自主学习过老师上课不涉及的课文**

从高中生使用教材自主学习老师上课不涉及的课文情况来看，近七成高中生在使用教材的时候自主学习过老师上课不涉及的课文，具体占比为 69.27%；此外，仍有 30.73% 的高中生在使用教材的时候并没有自主学习过老师上课不涉及的课文（见图 7）。

---

① 原始调查问卷中缺少 2～3 小时情况的选项。

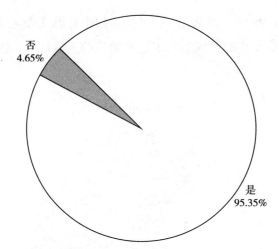

**图 6　高中生自己寻找资料深入语文学习情况**

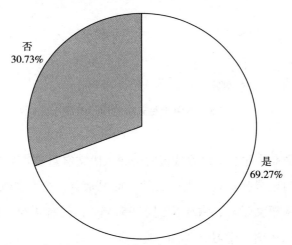

**图 7　高中生使用教材自主学习老师上课不涉及的课文情况**

## （二）新课标背景下高中语文教学情况

### 1. 绝大多数高中生会完成教材上的单元学习任务

从高中生单元学习任务完成情况来看，绝大多数高中生会完成教材上的单元学习任务，占比达到了 95.02%；仍有少数高中生未能完成教材上的单元学习任务，仅占 4.98%（见图 8）。

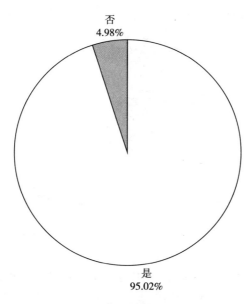

**图8　高中生单元学习任务完成情况**

2.超过八成的高中生喜欢单元学习任务中的写作题

从高中生单元学习任务中写作题主观喜好情况来看，超过八成的高中生喜欢单元学习任务中的写作题，占比达到了 84.59%；7.87% 的高中生不喜欢单元学习任务中的写作题；此外，还有 7.54% 的高中生对单元学习任务中的写作题没有印象（见图9）。

3.语文课上单篇教学的教学方法更为常见

从语文课通常教学方法来看，单篇教学的教学方法更为常见，占比达到了 67.71%；跨篇教学的教学方法相对较少，仅占 32.29%（见图10）。

4.超过九成的高中生表示语文老师会打破顺序，将内容相关的课文围绕一个主题组合起来讲解

从语文课跨篇教学情况来看，超过九成的高中生表示语文老师会打破顺序，将内容相关的课文围绕一个主题组合起来讲解，占比达到了 91.18%；此外，还有少数高中生表示语文老师没有采取此种教学方法，仅占 8.82%（见图11）。

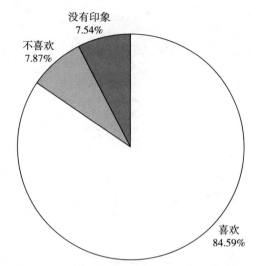

图9 高中生单元学习任务中写作题主观喜好情况

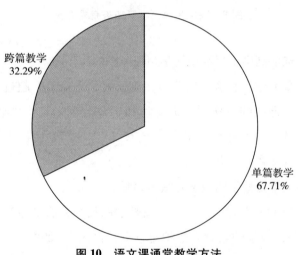

图10 语文课通常教学方法

5. 绝大多数高中生表示语文老师会补充课外相关内容

从语文课课外相关内容补充情况来看，绝大多数高中生表示语文老师会补充课外相关内容，结合课文，围绕一个主题一起讲解，占比达到了96.40%；少数高中生表示语文老师没有采取此种教学方法，仅占3.60%（见图12）。

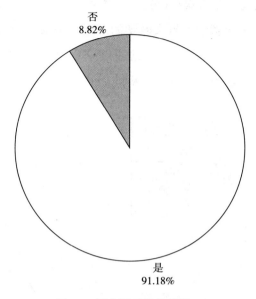

**图 11　语文课跨篇教学情况**

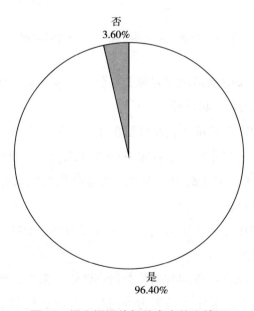

**图 12　语文课课外相关内容补充情况**

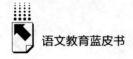
### 6. 超过八成的高中生喜欢跨篇教学、群文教学

从高中生对于跨篇教学、群文教学的主观喜好情况来看，超过八成的高中生喜欢跨篇教学、群文教学，占比达到了 81.65%；少数高中生不喜欢跨篇教学、群文教学，仅占 18.35%（见图 13）。

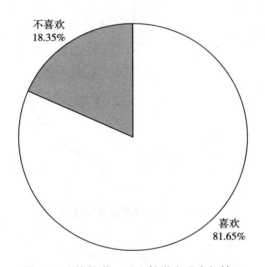

**图 13　跨篇教学、群文教学主观喜好情况**

### 7. 绝大多数高中生表示语文老师会在教学家乡经济文化时，结合家乡的经济或重大事件等内容一起讲授

从语文教学中家乡经济文化结合情况来看，绝大多数高中生表示语文老师会在教学家乡经济文化时，结合家乡的经济或重大事件等内容一起讲授，占比达到了 95.97%；少数高中生表示语文老师没有采取此种教学方法，仅占 4.03%（见图 14）。

### 8. 绝大多数高中生表示语文老师会在讲授国外小说或古诗词时，充分讲解其历史背景等内容

从讲授国外小说或古诗词时相关背景讲解情况来看，绝大多数高中生表示语文老师会在讲授国外小说或者古诗词时，充分讲解其历史背景、人物关系等内容，占比达到了 98.34%；少数高中生表示语文老师没有采取此种教学方法，仅占 1.66%（见图 15）。

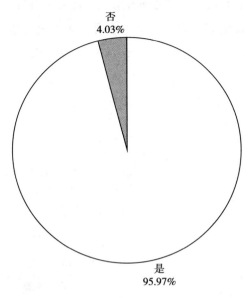

**图 14　语文教学中家乡经济文化结合情况**

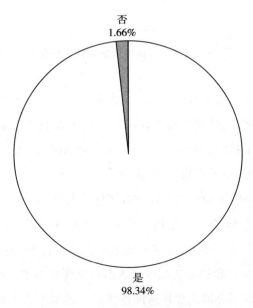

**图 15　讲授国外小说或古诗词时相关背景讲解情况**

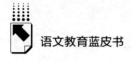

### 9. 近七成的高中生表示语文老师讲解文言诗文最细致

从语文老师讲解最细致的文章种类来看，表示语文老师讲解文言诗文最细致的高中生人数最多，占比达到了 68.75%；表示语文老师讲解文学作品最细致的高中生人数次之，占比为 26.60%；表示语文老师讲解实用文最细致的高中生人数最少，仅占 4.65%（见图16）。

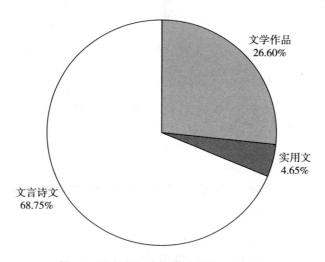

**图16　语文老师讲解最细致的文章种类**

### 10. 绝大多数高中生认为语文课上供大家交流讨论的时间充裕

从语文课交流讨论时间充裕情况来看，绝大多数高中生认为语文课上供大家交流讨论的时间是充裕的，占比达到了 96.16%；仅有 3.84% 的高中生认为交流讨论的时间并不充裕（见图17）。

### 11. 超过七成高中生表示语文课举办了作文大赛

从语文课教学形式来看，超过七成高中生表示语文课举办了作文大赛，占比达到了 75.25%；表示语文课举办演讲和读书交流会的高中生次之，分别占 63.87% 和 61.78%；超过五成高中生表示语文课举办了诗歌朗诵会，占比为 52.58%；表示语文课举办辩论赛和诗词创作活动的高中生人数较为接近，分别占 45.38% 和 45.09%；分别有超过三成高中生表示语文课排演话剧、举办调查访问活动；而表示语文课举办其他活动的高中生最少，仅占 2.18%（见图18）。

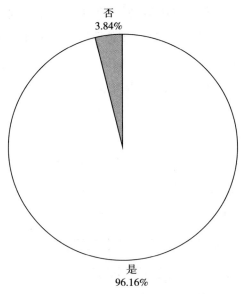

**图17 语文课交流讨论时间充裕情况**

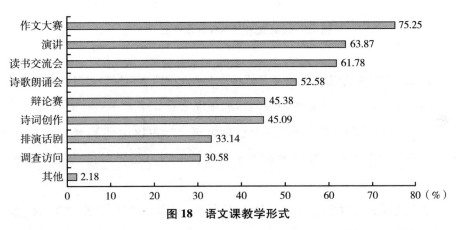

**图18 语文课教学形式**

注：此题为多选，请被调查学生选择语文课中出现的教学形式，各选项比例加总大于100%。

## （三）新课标背景下高中生阅读情况

### 1. 近三成高中生表示被语文老师指导读过5本及以上的书

从被语文老师指导整本书阅读情况来看，近三成高中生表示被语文老师指导读过 5 本及以上的书，占比达到了 27.41%；被老师指导读过 2 本书的高中生人数次之，占比为 24.18%；被老师指导读过 1 本和 3 本书的高中生人数较为接近，分别占 18.54% 和 18.07%；被老师指导读过 4 本书的高中生人数占比为 9.25%；没有被老师指导读过书的高中生人数最少，仅占 2.55%（见图 19）。

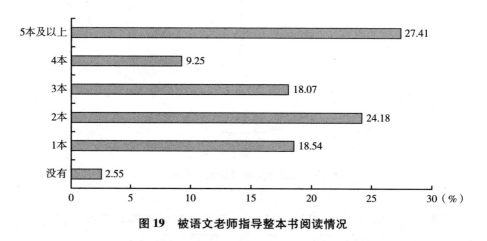

**图 19 被语文老师指导整本书阅读情况**

**2. 绝大多数高中生认为语文老师对整本书阅读的学习指导对自己帮助很大**

从整本书阅读语文老师指导的帮助程度来看，绝大多数高中生认为语文老师对整本书阅读的学习指导对自己帮助很大，占比达到了 96.35%；仅有 3.65% 的高中生认为语文老师对整本书阅读的学习指导对自己没什么帮助（见图 20）。

**3. 近七成高中生曾在课堂或读书报告会上为同学推荐课外的现当代作家作品**

从高中生课外现当代作家作品推荐情况来看，近七成高中生曾在课堂或读书报告会上为同学推荐课外的现当代作家作品，占比达到了 69.37%；其余 30.63% 的高中生没有为同学推荐过（见图 21）。

**4. 超过九成的高中生本周阅读过课外图书**

从高中生本周课外图书阅读（包括线上）情况来看，阅读时间在 0～1

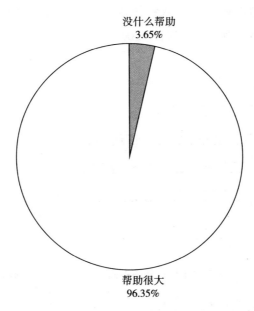

**图 20 整本书阅读语文老师指导的帮助程度**

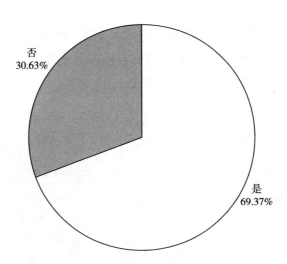

**图 21 高中生课外现当代作家作品推荐情况**

小时的人数最多，占比达到了 28.50%；阅读时间在 1~2 小时的人数次之，占比为 25.37%；阅读时间在 2~3 小时的人数占比为 17.16%；阅读时间在

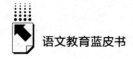

3~4 小时和 4 小时及以上的人数较为接近，分别占 10.57% 和 10.34%；没有阅读课外图书的人数最少，仅占 8.06%（见图 22）。

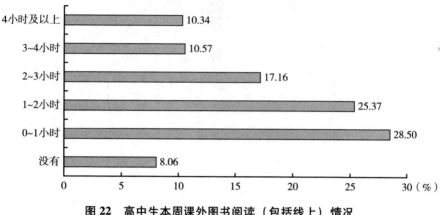

**图 22　高中生本周课外图书阅读（包括线上）情况**

5. 近九成高中生会利用课外书扩充阅读范围，其中近九成高中生阅读内容与课内学习内容有关

从高中生利用课外书扩充阅读范围情况来看，近九成高中生会利用课外书扩充阅读范围，占比达到了 88.76%，其中近九成高中生阅读内容与课内学习内容有关，占比为 88.73%（见图 23）。

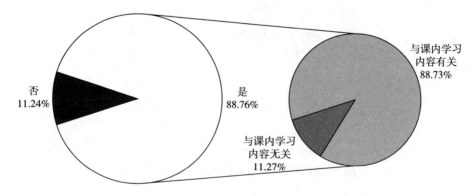

**图 23　高中生利用课外书扩充阅读范围情况**

### （四）新课标背景下高中语文教学效果感知

**1. 超过三成高中生很了解语文学科核心素养**

从高中生语文学科核心素养了解情况来看，有一点了解语文学科核心素养的高中生最多，占比达到了 61.45%；很了解语文学科核心素养的高中生次之，占比为 35.89%；而没听说过语文学科核心素养的高中生最少，仅占 2.66%（见图 24）。

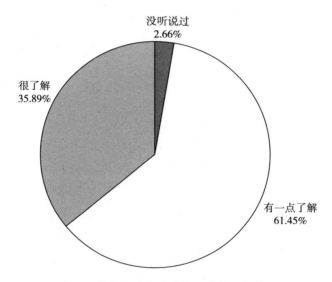

**图 24　高中生语文学科核心素养了解情况**

**2. 绝大多数高中生有明确的语文课学习目标**

从高中生语文课学习目标明确情况来看，绝大多数高中生有明确的语文课学习目标，占比达到了 94.78%；仅有 5.22% 的高中生没有明确的语文课学习目标（见图 25）。

**3. 绝大多数高中生通过语文学习掌握了有用的逻辑工具**

从高中生有用的逻辑工具掌握情况来看，绝大多数高中生通过语文学习掌握了有用的逻辑工具，占比达到了 96.21%；仅有 3.79% 的高中生没有通过语文学习掌握到有用的逻辑工具（见图 26）。

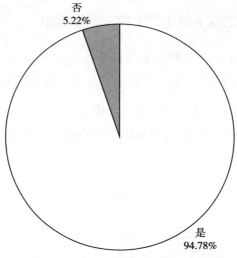

否
5.22%

是
94.78%

**图 25　高中生语文课学习目标明确情况**

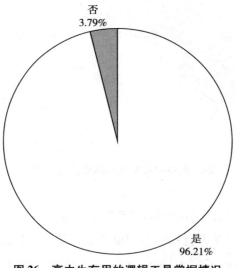

否
3.79%

是
96.21%

**图 26　高中生有用的逻辑工具掌握情况**

4. 绝大多数高中生通过语文学习增强了人际交往能力

从高中生人际交往能力增强情况来看，绝大多数高中生通过语文学习增强了自己的人际交往能力，占比达到了 94.74%；仅有 5.26% 的高中生没有通过语文学习增强自己的人际交往能力（见图 27）。

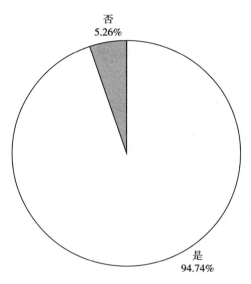

**图27 高中生人际交往能力增强情况**

5. 绝大多数高中生认为语文学习对阅读自然科学论著有帮助

从高中生语文学习是否对阅读自然科学论著有帮助的回答情况来看，绝大多数高中生认为语文学习对阅读自然科学论著有帮助，占比达到了96.16%；仅有3.84%的高中生认为语文学习对阅读自然科学论著没有帮助（见图28）。

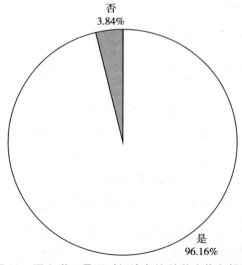

**图28 语文学习是否对阅读自然科学论著有帮助**

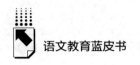

## 四 新课标背景下的语文作业与测试评价情况

### （一）新课标背景下的语文作业评价情况

**1. 近九成高中生表示语文老师会布置批注类语文作业**

从语文作业形式来看，被布置批注类语文作业的高中生最多，占比达到了 89.43%；被布置文学短评类语文作业的高中生次之，占比为 70.65%；被布置诗歌类语文作业的高中生占比超过五成，为 58.46%；被布置小小说、推荐信和札记类语文作业的高中生人数较为接近，分别占 43.72%、43.34% 和 38.74%；而被布置其他类型语文作业的高中生人数最少，仅占 2.04%（见图 29）。

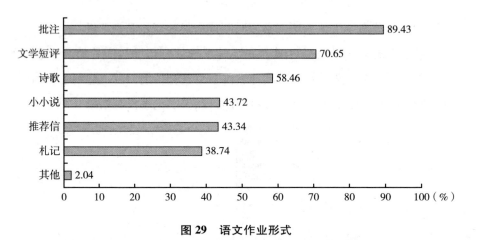

**图 29 语文作业形式**

注：此题为多选，请被调查学生选择语文作业形式，各选项比例加总大于 100%。

**2. 绝大多数高中生表示班级组织过同学互相批改、讨论语文作业**

从语文作业同学互相批改、讨论情况来看，绝大多数高中生表示班级组织过同学互相批改、讨论语文作业，占比达到了 94.45%；仅有 5.55% 的高中生表示班级没有组织过同学互相批改、讨论语文作业（见图 30）。

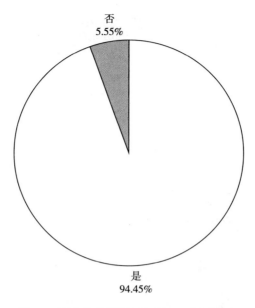

否
5.55%

是
94.45%

**图 30　语文作业同学互相批改、讨论情况**


（二）新课标背景下的语文测试评价情况

1. 超过八成高中生认为语文课的内容与考试的内容关系很紧密

从语文讲评内容关联程度来看，超过八成高中生认为语文课的内容与考试的内容关系很紧密，占比达到了 82.12%；其余 17.88%的高中生认为语文课的内容与考试的内容没什么关系（见图 31）。

2. 超过八成高中生认为语文成绩能反映其语文水平

从语文成绩能否反映语文水平的回答情况来看，超过八成高中生认为语文成绩能反映其语文水平，占比达到了 80.65%；其余 19.35%的高中生认为语文成绩不能反映其语文水平（见图 32）。

3. 超过八成高中生喜欢以情境任务为载体的试题

从以情境任务为载体的试题喜好情况来看，超过八成高中生喜欢以情境任务为载体的试题，占比达到了 87.43%；其余 12.57%的高中生不喜欢以情境任务为载体的试题（见图 33）。

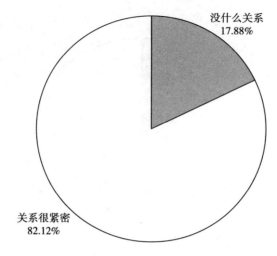

**图31　语文讲评内容关联程度**

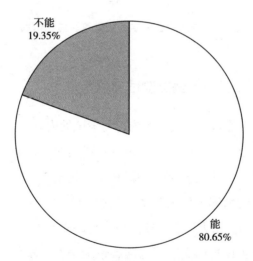

**图32　语文成绩能否反映语文水平**

4. 超过七成高中生使用过等级量表为自己和同学的学习成果做出评价

从使用等级量表为学习成果做出评价情况来看，超过七成高中生使用过等级量表为自己和同学的学习成果做出评价，占比达到了73.30%；其余26.70%的高中生未使用过等级量表为自己和同学的学习成果做出评价（见图34）。

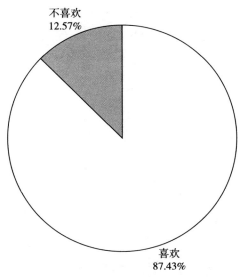

**图 33　以情境任务为载体的试题喜好情况**

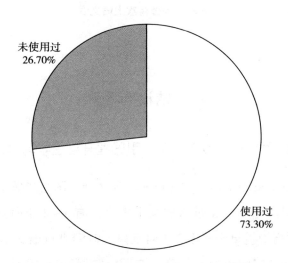

**图 34　使用等级量表为学习成果做出评价情况**

### 5. 绝大多数高中生喜欢上语文课

从是否喜欢上语文课来看，绝大多数高中生喜欢上语文课，占比达到了97.96%；仅有2.04%的高中生不喜欢上语文课（见图35）。

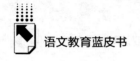

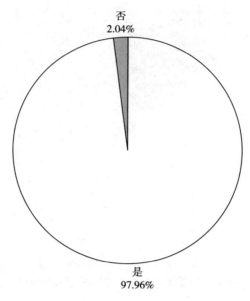

否
2.04%

是
97.96%

**图35 是否喜欢上语文课**

# 五 结论与建议

## （一）保持语文学习投入水平，引导提升自主学习意识

新课标背景下高中生语文学习投入较为充分。调查结果显示，从高中生每天语文学习时间来看，超过六成高中生每天有 1~2 小时用于语文学习，还有 11.14% 的高中生每天利用 3 小时及以上时间进行语文学习，说明当下高中生语文学习的时间较为充足；从高中生语文学习的主动性来看，绝大多数高中生会自己寻找资料来深入语文学习，语文学习的主动性良好；从高中生使用教材自主学习课文情况来看，近七成高中生在使用教材的时候自主学习过老师上课不涉及的课文，自主学习意识较高。

较高的语文学习投入水平，是教师取得语文教学良好成果、学生取得语文学习满意成绩的有力保证。未来在保障学生语文学习投入时间的同时，也要注重提升学生学习语文的主动性以及自主学习意识，尤其是根据数据结果可知，当下仍有三成高中生在使用教材的时候并没有自主学习过老师上课不涉及的课文，自主学习意识有待进一步提升。

## （二）丰富语文教学开展形式，落实跨篇教学授课方法

新课标背景下的高中语文教学形式多种多样，且学生的参与度及满意度较高。调查结果显示，从高中生单元学习任务完成情况来看，绝大多数高中生会完成教材上的单元学习任务；从高中生单元学习任务中写作题主观喜好情况来看，超过八成的高中生喜欢单元学习任务中的写作题；从语文老师的教学方式来看，绝大多数高中生表示语文老师会在教学家乡经济文化时，结合家乡的经济或重大事件等内容一起讲授，且会在讲授国外小说或古诗词时，充分讲解其历史背景、人物关系等内容。此外，从语文课教学形式来看，超过七成高中生表示语文课举办了作文大赛，且表示语文课举办了演讲、读书交流会、诗歌朗诵会、辩论赛和诗词创作等活动的高中生也不在少数。由此可见，新课标背景下的高中语文教学形式较为丰富，不同的课堂组织形式和生动的课堂教授内容有助于提高语文授课的趣味性，增强学生语文学习的参与热情，从而取得寓教于乐的良好教学效果。

与此同时，从语文课通常教学方法来看，单篇教学的教学方法更为常见，占比达到了 67.71%；从语文课跨篇教学情况来看，超过九成的高中生表示语文老师会打破顺序，将内容相关的课文围绕一个主题组合起来讲解；从语文课课外相关内容补充情况来看，绝大多数高中生表示语文老师会补充课外相关内容，结合课文，围绕一个主题一起讲解；从高中生对于跨篇教学、群文教学的主观喜好情况来看，超过八成的高中生喜欢跨篇教学、群文教学。由此可见，语文教学的跨篇教学、群文教学形式受到了高中生的欢迎，尽管此类教学形式已经在语文教学实践中有一定程度的落实，但其普及程度仍有待提升，从而进一步增强语文课堂的教学效果。

## （三）强化阅读教师指导力度，助力学生培养阅读习惯

阅读量的积累，不仅可以帮助学生提升语文学习表现，还能逐渐使学生

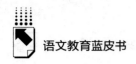
"腹有诗书气自华"。调查结果显示，在学生的阅读习惯方面，从高中生课外现当代作家作品推荐情况来看，近七成高中生曾在课堂或读书报告会上为同学推荐课外的现当代作家作品；从高中生本周课外图书阅读（包括线上）情况来看，超过九成的高中生本周阅读过课外图书；从高中生利用课外书扩充阅读范围情况来看，近九成高中生会利用课外书扩充阅读范围。在学生的阅读指导方面，从被语文老师指导整本书阅读情况来看，近八成高中生表示被语文老师指导读过 2 本及以上的书；从整本书阅读语文老师指导的帮助程度来看，绝大多数高中生认为语文老师对整本书阅读的学习指导对自己帮助很大。当下多数高中生的阅读习惯较好，阅读投入时间较多，未来仍需语文老师提供更多的阅读指导，尤其是整本书阅读的指导，从而帮助学生掌握更合适的阅读方法，领悟书中内涵。

### （四）深化理解语文学科核心素养，帮助学生实现全面发展

新课标背景下高中生对于高中语文教学效果给予了较高评价。调查结果显示，从高中生语文学科核心素养了解情况来看，绝大多数学生了解语文学科核心素养；从高中生语文课学习目标明确情况来看，绝大多数高中生有明确的语文课学习目标；从高中生有用的逻辑工具掌握情况来看，绝大多数高中生通过语文学习掌握了有用的逻辑工具；从高中生人际交往能力增强情况来看，绝大多数高中生通过语文学习增强了自己的人际交往能力；从对阅读自然科学论著的帮助情况来看，绝大多数高中生认为语文学习对阅读自然科学论著有帮助。由此可见，通过高中阶段的语文课程学习，学生不但提升了语文学科核心素养，还实现了逻辑、交际等方面的全面发展。与此同时，未来仍需要深化学生对于语文学科核心素养的理解，以此为标尺，引导学生开展学习。

### （五）创新语文作业布置理念，注重组织学生作业互评

新课标背景下高中语文教学的作业形式较为丰富。调查结果显示，从语文作业形式来看，被布置批注类语文作业的高中生最多，接近九成，被布置

文学短评类、诗歌类等语文作业的高中生也不在少数。应继续坚持创新语文作业布置理念，促进学生转变思维，不再将作业当成负担，从而有助于学生语文学习表现的提升。此外，从语文作业同学互相批改、讨论的情况来看，绝大多数高中生表示班级组织过同学互相批改、讨论语文作业。提升学生在作业讲评中的参与度，注重组织学生之间的作业互评，对于帮助学生加深对作业的理解与掌握有重要意义。

## （六）优化语文考试测评方式，共建科学有效评价体系

新课标背景下高中语文教学的测评方式较为科学。调查结果显示，从语文讲评内容关联程度来看，超过八成高中生认为语文课的内容与考试的内容关系很紧密；从语文成绩能否反映语文水平的回答情况来看，超过八成高中生认为语文成绩能反映其语文水平；从以情境任务为载体的试题喜好情况来看，超过八成高中生喜欢以情境任务为载体的试题；从使用等级量表为学习成果做出评价情况来看，超过七成高中生使用过等级量表为自己和同学的学习成果做出评价。考试和测评是检验学生学习效果的有效方式，并且能够给教师教学以导向作用。进一步保持并优化语文考试测评方式，编制以情境任务为载体的试题，并尝试借助等级量表为学习成果做出评价，是新课标背景下增强高中语文教学效果的要求。

# B.3
# 新课标背景下中小学生语文学习情况调查（2023）

陈其然　刘琳琪　李默炎\*

**摘　要：**　本报告关注新课标背景下中小学生语文学习的实践情况，通过对中小学生语文学习情况全国性问卷调查数据的统计描述，得到如下主要结论：在新课标颁布后，大部分中小学在语文课上活动更丰富、课堂上学生发言机会增多等方面变化较为显著；中学生认为语文老师更关注古诗文的积累，小学生认为语文老师更关注篇章阅读理解；中小学生阅读的主要驱动因素主要分为兴趣导向和功利导向两种；中小学逐渐注重语文学习的过程性评价，学生认可度也较高，但结果性评价仍占主导地位，老师和家长面临较大的应试压力。本报告提出有针对性的建议：在语文课程教学方面，需加强跨学科学习，切实关注学生的差异化需求；在阅读与鉴赏方面，需以兴趣为导向，注重发展学生高阶阅读能力；在语文课程评价方面，需丰富过程性评价方式，鼓励生师互动与生生协作。

**关键词：**　初中生　小学生　语文学习　新课标　课程教学　课程评价

## 一　研究背景与数据说明

2022年4月，教育部颁布了《义务教育语文课程标准（2022年版）》

---

\*　陈其然，清华大学教育研究院研究助理，主要研究方向为教育经济与管理；刘琳琪，清华大学教育研究院硕士研究生，主要研究方向为教育经济与管理；李默炎，北京航空航天大学人文社会科学学院硕士研究生，主要研究方向为高等教育学。

（以下简称"新课标"），其课程理念包括"立足学生核心素养发展，充分发挥语文课程育人功能"。学生的学习情况是反映新课标落实情况及语文教育发展情况的重要标志。

为更好地了解新课标背景下中小学生语文学习情况，北京大学教育学院和语文教育蓝皮书编委会组织开展了"新课标背景下中小学生语文学习情况全国问卷调查"。此次调查于2023年1~2月进行，以网络问卷的形式开展，来自17个省市的25384名中小学生参与了其中的"学生问卷调查"。本次问卷调查主要涉及中小学生的语文课程教学情况、阅读现状、语文课程互动与评价情况等方面。

从性别比例来看，参与此次问卷调查的全体样本中，男生有13432名，占比为52.92%；女生有11952名，占比为47.08%。其中，独生子女6254名，占比为24.64%；非独生子女19130名，占比为75.36%。从学段分布来看，小学生有12441名，占比为49.01%；初中生有12943名，占比为50.99%。从地区分布来看，来自城镇地区的中小学生有17998名，占比为70.90%；来自乡村地区的中小学生有7386名，占比为29.10%。

# 二　新课标背景下中小学生语文课程教学情况调查

## （一）授课方式与课程活动的客观转变

**1. 大部分中小学语文讲课方式已经有一些变化，包括课上活动更丰富、课程内容更充实**

从中学语文讲课方式来看，与上学期相比，有28.8%的中学生表示"没有变化，和上学期一样"，有71.2%的中学生表示"有一些变化"（见图1）。在具体变化中，认为"课程内容更充实"的中学生占比为78.94%，认为"课上活动更丰富"的中学生占比为75.46%，认为"课堂上学生发言机会增多"的中学生占比为62.85%，认为"课堂更有吸引力"的中学生占比为

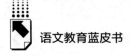

61.88%，认为"语文课堂上出现了其他学科内容"的中学生占比为23.97%，认为"其他"的中学生占比为1.55%（见图3）。

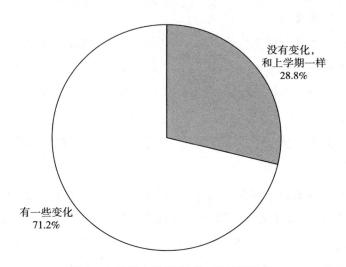

没有变化，
和上学期一样
28.8%

有一些变化
71.2%

**图1　中学语文讲课方式变化情况统计**

从小学语文讲课方式来看，与上学期相比，有24.6%的小学生表示"没有变化，和上学期一样"，有75.4%的小学生表示"有一些变化"（见图2）。在具体变化中，认为"课上活动更丰富"的小学生占比为79.26%，认为"课程内容更充实"的小学生占比为79.17%，认为"课堂更有吸引力"的小学生占比为63.74%，认为"课堂上学生发言机会增多"的小学生占比为62.62%，认为"语文课堂上出现了其他学科内容"的小学生占比为23.11%，认为"其他"的小学生占比为1.01%（见图3）。

这说明，在新课标颁布后，大部分中小学在语文讲课方式上已经开始探索变化，课上活动更丰富、课程内容更充实、课堂上学生发言机会增多、课堂更有吸引力等变化较为显著。但同时也反映了当前语文教学中跨学科教学较为不充分。

**2.语文课堂授课互动仍以老师讲解课文为主**

从中学语文课程活动来看，老师讲解课文占比为82.23%，老师提问互动占比为71.34%，老师讲解字词占比为55.41%，学生小组讨论占比为

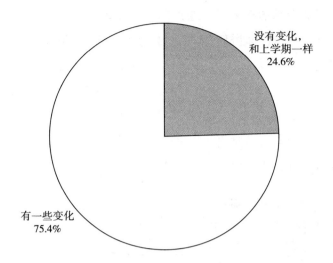

**图2　小学语文讲课方式变化情况统计**

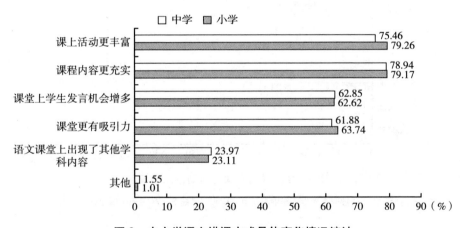

**图3　中小学语文讲课方式具体变化情况统计**

注：此题为多选，请被调查学生选择中小学语文讲课方式具体变化，各选项比例加总大于100%。

20.81%，学生朗读背诵占比为19.85%，学生自行阅读占比为16.19%，学生写作练习占比为13.98%，学生汇报展示占比为4.16%，学生课本剧表演占比为2.28%，其他占比为0.57%（见图4）。

从小学语文课程活动来看，老师讲解课文占比为 81.99%，老师提问互动占比为 65.21%，老师讲解字词占比为 59.34%，学生朗读背诵占比为 24.14%，学生写作练习占比为 19.64%，学生自行阅读占比为 17.36%，学生小组讨论占比为 13.83%，学生汇报展示占比为 2.79%，学生课本剧表演占比为 2.37%，其他占比为 0.51%（见图4）。

这说明，当前语文课堂仍是以老师输出为主的传统课堂，并未充分调动学生的主观能动性，仍需以学生为主体进一步变革。

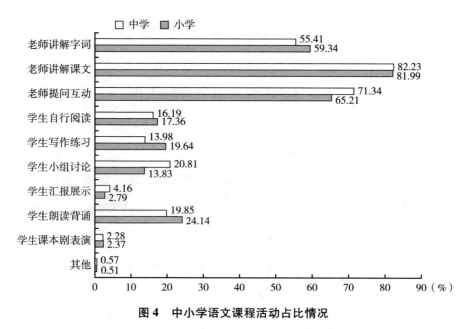

**图4　中小学语文课程活动占比情况**

注：此题为多选，请被调查学生选择中小学语文课程主要活动，各选项比例加总大于100%。

## （二）中学生对语文教学的主观感知

### 1. 中学生认为古诗文的积累是语文老师最关注的学习方面

从语文老师最关注的学习方面来看，认为是古诗文的积累的中学生占比为 39.28%，认为是篇章阅读理解的中学生占比为 26.49%，认为是字词句的积累的中学生占比为 13.72%，认为是写作的中学生占比为 7.32%，认为是整本书的阅读的中学生占比为 7.30%，认为是与其他学科的结合的中学生占比为 2.62%，认为是口语交际的中学生占比为 2.02%，认为是其他的中学生占比为 1.24%（见图 5）。这说明中学语文老师在教学过程中对学生古诗文的积累强调得更多。

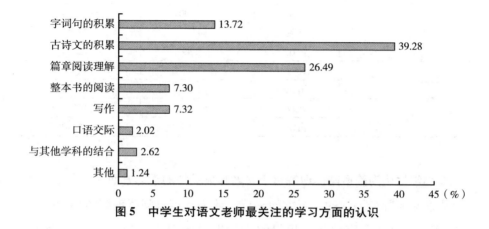

**图 5　中学生对语文老师最关注的学习方面的认识**

为进一步分析这种主观感知的群体差异，本报告将语文成绩处于前 25% 和后 25% 的中学生进行比较，在前 25% 和后 25% 的中学生选择的语文老师最关注的学习方面中，排名前三的均为古诗文的积累、篇章阅读理解和字词句的积累（见表 1）。这说明中学阶段语文老师对于班级成员的关注点比较一致。

**表 1　成绩处于前 25% 和后 25% 的中学生对语文老师最关注的学习方面的认识**

单位：人，%

| 最关注的学习方面 | 数量 | 前 25% | 后 25% |
|---|---|---|---|
| 字词句的积累 | 计数 | 511 | 191 |
|  | 占比 | 14.12 | 16.67 |
| 古诗文的积累 | 计数 | 1381 | 396 |
|  | 占比 | 38.17 | 34.55 |
| 篇章阅读理解 | 计数 | 1005 | 265 |
|  | 占比 | 27.78 | 23.12 |

续表

| 最关注的学习方面 | 数量 | 前25% | 后25% |
|---|---|---|---|
| 整本书的阅读 | 计数 | 235 | 109 |
| | 占比 | 6.50 | 9.51 |
| 写作 | 计数 | 286 | 88 |
| | 占比 | 7.90 | 7.68 |
| 口语交际 | 计数 | 54 | 37 |
| | 占比 | 1.49 | 3.23 |
| 与其他学科的结合 | 计数 | 87 | 44 |
| | 占比 | 2.40 | 3.84 |
| 其他 | 计数 | 59 | 16 |
| | 占比 | 1.63 | 1.40 |

**2. 小学生认为篇章阅读理解是语文老师最关注的学习方面**

从语文老师最关注的学习方面来看，认为是篇章阅读理解的小学生占比为30.35%，认为是字词句的积累的小学生占比为26.41%，认为是整本书的阅读的小学生占比为14.52%，认为是古诗文的积累的小学生占比为11.74%，认为是写作的小学生占比为11.20%，认为是与其他学科的结合的小学生占比为2.52%，认为是口语交际的小学生占比为2.21%，认为是其他的小学生占比为1.04%（见图6）。这说明小学语文老师在教学过程中对学生篇章阅读理解强调得更多。

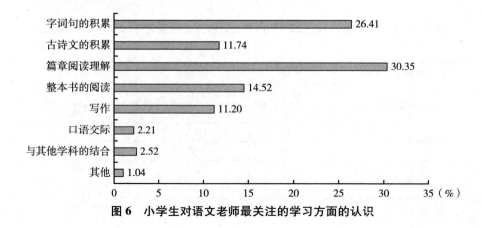

图6 小学生对语文老师最关注的学习方面的认识

　　为进一步分析这种主观感知的群体差异，本报告将语文成绩处于前25%和后25%的小学生进行比较，在前25%的小学生选择的语文老师最关注的学习方面中，排名前三的为篇章阅读理解、字词句的积累、整本书的阅读；在后25%的小学生选择的语文老师最关注的学习方面中，排名前三的为字词句的积累、篇章阅读理解、整本书的阅读（见表2）。这说明小学阶段语文老师对于不同学习程度学生的关注点有一定侧重。

**表2　成绩处于前25%和后25%的小学生对语文老师最关注的学习方面的认识**

单位：人，%

| 最关注的学习方面 | 数量 | 前25% | 后25% |
|---|---|---|---|
| 字词句的积累 | 计数 | 1163 | 272 |
| | 占比 | 26.08 | 33.33 |
| 古诗文的积累 | 计数 | 481 | 93 |
| | 占比 | 10.79 | 11.40 |
| 篇章阅读理解 | 计数 | 1473 | 201 |
| | 占比 | 33.03 | 24.63 |
| 整本书的阅读 | 计数 | 642 | 100 |
| | 占比 | 14.40 | 12.25 |
| 写作 | 计数 | 467 | 96 |
| | 占比 | 10.47 | 11.76 |
| 口语交际 | 计数 | 62 | 18 |
| | 占比 | 1.39 | 2.21 |
| 与其他学科的结合 | 计数 | 115 | 28 |
| | 占比 | 2.58 | 3.43 |
| 其他 | 计数 | 56 | 8 |
| | 占比 | 1.26 | 0.98 |

### 3.中小学生对语文课堂的主观态度较为积极

　　从中学生对语文课堂授课方式喜欢程度来看，表示"非常喜欢"的中学生占比为50%，表示"比较喜欢"的中学生占比为43.14%，表示"不太喜欢"的中学生占比为5.53%，表示"很不喜欢"的中学生占比为1.33%（见图7）。

　　从小学生对语文课堂授课方式喜欢程度来看，表示"非常喜欢"的小

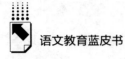

学生占比为 57.56%，表示"比较喜欢"的小学生占比为 38.61%，表示"不太喜欢"的小学生占比为 3.14%，表示"很不喜欢"的小学生占比为 0.69%（见图 8）。

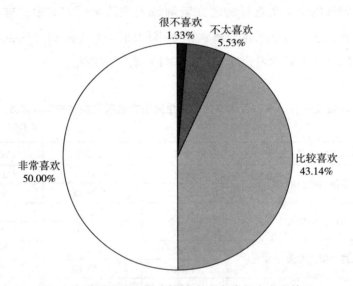

**图 7　中学生对语文课堂授课方式喜欢程度占比情况**

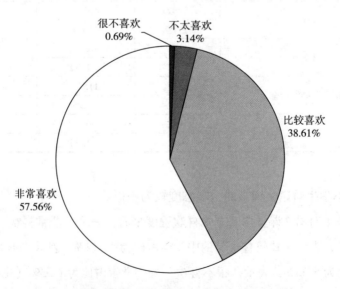

**图 8　小学生对语文课堂授课方式喜欢程度占比情况**

这说明当前语文课堂授课方式受绝大部分学生喜欢，但小部分学生很不喜欢或不太喜欢。同时，非常喜欢和比较喜欢语文课堂授课方式的小学生占比高于中学生，很不喜欢和不太喜欢语文课堂授课方式的中学生占比高于小学生，这表明在中学阶段更需要进一步探索合适的语文课堂授课方式。

为进一步分析中小学生对语文课堂授课方式喜欢程度的群体差异，将语文成绩处于前 25% 和后 25% 的中学生进行比较，通过独立样本 T 检验分析得出，两类群体在"语文课堂授课方式喜欢程度"上存在极其显著的差异性（p<0.001），（见表 3）；同时，将语文成绩处于前 25% 和后 25% 的小学生进行比较，通过独立样本 T 检验分析得出，两类群体在"语文课堂授课方式喜欢程度"上存在极其显著的差异性（p<0.001）（见表 4）。其中前 25% 的学生明显高于后 25% 的学生，这说明在新课标背景下学优生适应较快，课堂体验感更好，而学困生体验感相对较差。

表 3　中学生对语文课堂授课方式喜欢程度群体差异的 T 检验结果

| | 语文成绩 | 平均值 | 标准差 | t | Sig（双侧） |
|---|---|---|---|---|---|
| 语文课堂授课方式喜欢程度 | 前 25% | 3.528 | 0.630 | 13.034 | 0.000 |
| | 后 25% | 3.203 | 0.765 | | |

表 4　小学生对语文课堂授课方式喜欢程度群体差异的 T 检验结果

| | 语文成绩 | 平均值 | 标准差 | t | Sig（双侧） |
|---|---|---|---|---|---|
| 语文课堂授课方式喜欢程度 | 前 25% | 3.650 | 0.530 | 13.653 | 0.000 |
| | 后 25% | 3.289 | 0.719 | | |

## （三）多数中小学生语文水平有不同程度的提高

从中学生对于语文水平提升的自我感知来看，21.02% 的中学生认为经过本学期的学习语文水平有很大提高，64.95% 的中学生认为经过本学期的学习语文水平有一些提高，9.47% 的中学生认为经过本学期的学习语文水平没有提高，4.57% 的中学生认为经过本学期的学习语文水平有点退步（见图 9）。

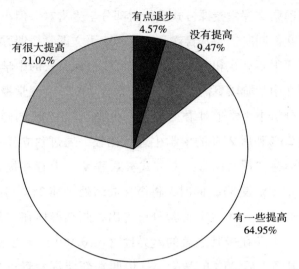

**图 9　中学生对于语文水平提升的自我感知**

从小学生对于语文水平提升的自我感知来看，26.19%的小学生认为经过本学期的学习语文水平有很大提高，61.89%的小学生认为经过本学期的学习语文水平有一些提高，7.88%的小学生认为经过本学期的学习语文水平没有提高，4.04%的小学生认为经过本学期的学习语文水平有点退步（见图 10）。

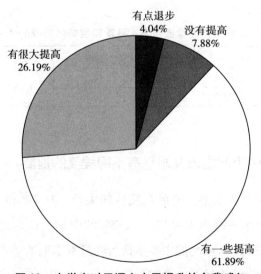

**图 10　小学生对于语文水平提升的自我感知**

这说明，绝大部分中小学生认为经过本学期的学习语文水平有所提高。但也有约4%的中小学生认为经过本学期的学习语文水平有点退步，本报告推断可能存在一些学生无法迅速适应课程教学方式变化的情况。

将语文成绩处于前25%和后25%的中学生进行比较，通过独立样本T检验分析得出，两类群体在"对于语文水平提升的自我感知"上存在极其显著的差异性（p<0.001）（见表5）。将语文成绩处于前25%和后25%的小学生进行比较，通过独立样本T检验分析得出，两类群体在"对于语文水平提升的自我感知"上存在极其显著的差异性（p<0.001）（见表6）。其中前25%的学生明显高于后25%的学生，这说明在新课标背景下学优生能力提升较快，而学困生可能由于适应较慢而能力提升较慢甚至有所退步。

**表5　语文成绩处于前25%和后25%的中学生"对于语文水平提升的自我感知"情况的独立样本T检验结果**

| | 语文成绩 | 平均值 | 标准差 | t | Sig（双侧） |
|---|---|---|---|---|---|
| 对于语文水平提升的自我感知 | 前25% | 3.241 | 0.665 | 25.654 | 0.000 |
| | 后25% | 2.555 | 0.824 | | |

**表6　语文成绩处于前25%和后25%的小学生"对于语文水平提升的自我感知"情况的独立样本T检验结果**

| | 语文成绩 | 平均值 | 标准差 | t | Sig（双侧） |
|---|---|---|---|---|---|
| 对于语文水平提升的自我感知 | 前25% | 3.338 | 0.631 | 24.562 | 0.000 |
| | 后25% | 2.586 | 0.832 | | |

整体来看，班级人数过多会导致学生语文水平提升缓慢，这可能是因为班级人数过多导致语文老师的精力分散，从而难以更好地顾及每名学生。本报告将班级人数分为少于40人、40~44人、45~49人、50人及以上四种类型，通过单因素方差分析对比中小学四种类型的差异可以看出，班级人数不同的中小学生对于语文水平提升的自我感知存在极其显著的差异，如表7、表8所示。进一步多重比较发现，在对于语文水平提升的自我感知上，班级

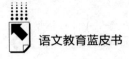
人数为 50 人及以上的中学生显著低于班级人数为 40~44 人和 45~49 人的中学生（p<0.01），班级人数为 45~49 人的小学生显著高于班级人数少于 40 人的小学生，但显著低于班级人数为 40~44 人的小学生（p<0.001），班级人数为 50 人及以上的小学生显著低于班级人数为少于 40 人、40~44 人和 45~49 人的小学生（p<0.001）（见表 9、表 10）。

**表 7  班级人数不同的中学生"对于语文水平提升的自我感知"情况的差异比较**

| 人数 | 少于 40 人 ($n=456$) (Mean, SD) | | 40~44 人 ($n=2324$) (Mean, SD) | | 45~49 人 ($n=3189$) (Mean, SD) | | 50 人及以上 ($n=6473$) (Mean, SD) | | F | p |
|---|---|---|---|---|---|---|---|---|---|---|
| 对于语文水平提升的自我感知 | 2.252 | 0.643 | 2.213 | 0.687 | 2.115 | 0.682 | 2.045 | 0.713 | 41.402 | 0.000 |

**表 8  班级人数不同的小学生"对于语文水平提升的自我感知"情况的差异比较**

| | 少于 40 人 ($n=911$) (Mean, SD) | | 40~44 人 ($n=2687$) (Mean, SD) | | 45~49 人 ($n=3394$) (Mean, SD) | | 50 人及以上 ($n=5951$) (Mean, SD) | | F | p |
|---|---|---|---|---|---|---|---|---|---|---|
| 对于语文水平提升的自我感知 | 2.026 | 0.720 | 2.054 | 0.722 | 2.051 | 0.686 | 1.995 | 0.689 | 6.632 | 0.000 |

**表 9  班级人数不同的中学生"对于语文水平提升的自我感知"情况的多重比较**

| 因变量 | (I)班级人数 | (J)班级人数 | 均值差(I-J) | 标准误 | 显著性 |
|---|---|---|---|---|---|
| 对于语文水平提升的自我感知 | 50 人及以上 | 40~44 人 | −0.168 | 0.017 | 0.003 |
| | | 45~49 人 | −0.070 | 0.015 | 0.001 |

**表 10  班级人数不同的小学生"对于语文水平提升的自我感知"情况的多重比较**

| 因变量 | (I)班级人数 | (J)班级人数 | 均值差(I-J) | 标准误 | 显著性 |
|---|---|---|---|---|---|
| 对于语文水平提升的自我感知 | 45~49 人 | 少于 40 人 | 0.025 | 0.032 | 0.000 |
| | | 40~44 人 | −0.003 | 0.019 | 0.000 |
| | 50 人及以上 | 少于 40 人 | −0.031 | 0.031 | 0.000 |
| | | 40~44 人 | −0.059 | 0.017 | 0.000 |
| | | 45~49 人 | −0.056 | 0.015 | 0.000 |

# 三 新课标背景下中小学生阅读现状调查

## （一）中小学生语文阅读的兴趣与习惯

**1. 中小学生普遍具有阅读兴趣，但随着学习阶段提升阅读量和阅读时间都有所下降**

调查结果显示，初中生与小学生群体均表现出了对语文阅读的普遍兴趣，如图 11、图 12 所示。其中，46.0%的五年级学生学期内阅读课外书数

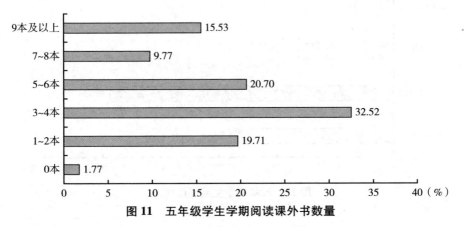

**图 11 五年级学生学期阅读课外书数量**

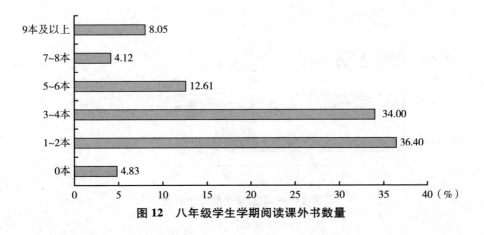

**图 12 八年级学生学期阅读课外书数量**

量在 5 本及以上，有 15.53% 的学生阅读课外书数量在 9 本及以上，仅有不足 2% 的学生没有阅读课外书。在八年级学生群体中，学生学期内阅读课外书的数量相比五年级有了显著下降，近 5% 的学生在学期内没有阅读课外书，仅有 24.78% 的学生阅读课外书数量在 5 本及以上。

从周阅读时间上看，根据调查结果，我们可以发现五年级学生群体与八年级学生群体阅读时间分布之间的差异不显著。80% 左右的八年级学生、五年级学生周阅读时间少于 5 小时，仅有 6% 左右的学生周阅读时间多于 10 小时，学生群体的总平均周阅读时间不足 5 小时（见图 13、图 14）。

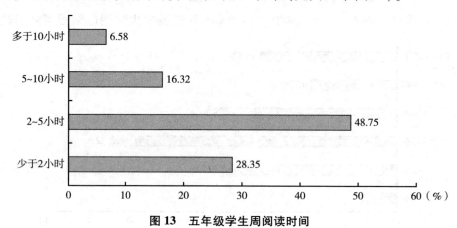

图 13　五年级学生周阅读时间

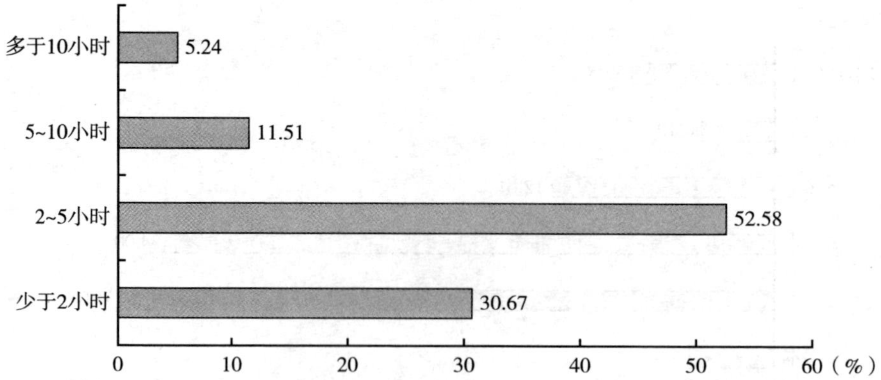

图 14　八年级学生周阅读时间

综合调查结果我们发现，中小学生对于语文阅读的兴趣是广泛存在的，但个体间表现出了比较明显的差异性。五年级学生阅读课外书的数量显著高于八年级学生，但在周阅读时间上没有显著差异。但伴随着初中学业压力的增大，主要是学习难度的提高与学习科目的增加，语文阅读与其他科目的学习之间时间竞争关系加剧，这是初中与小学阶段学校学习组织形式不同的一个突出因素。

2. 中小学生对故事类题材阅读兴趣较高，古诗文阅读兴趣较低，纸质书阅读仍是主流

本报告对中小学生阅读题材兴趣偏好进行了统计，结果如图15、图16所示。统计结果显示，最受五年级学生欢迎的阅读题材前三位分别是历史故事、童话寓言与漫画绘本，受欢迎程度最低的阅读题材是文言文与学习资料；最受八年级学生欢迎的阅读题材前三位分别是小说散文、历史故事与科幻故事，受欢迎程度最低的阅读题材是文言文与童话寓言。就变化趋势来看，童话寓言与漫画绘本等阅读题材的主要受众集中在小学生群体，随着学生年龄增长吸引力明显下降；小说散文、名人传记与科幻故事等具有较强的文学性、社会现实性的题材则随着学生年龄的增长更加受到初中学生的欢迎。但我们观察到文言文相关阅读材料的受欢迎程度始终较低，这与目前古诗文阅读门槛较高且语文教学中缺乏相关阅读能力的培养不无关系，亟待引起教学的关注。

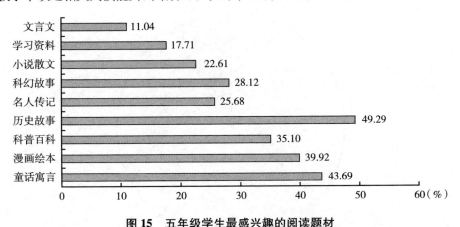

**图15　五年级学生最感兴趣的阅读题材**

注：此题为多选，请被调查学生选择最感兴趣的阅读题材，各选项比例加总大于100%。

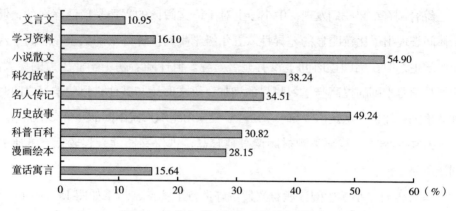

**图16　八年级学生最感兴趣的阅读题材**

注：此题为多选，请被调查学生选择最感兴趣的阅读题材，各选项比例加总大于100%。

本报告还对学生群体倾向的阅读方式进行了调查，结果如图17、图18所示。研究发现无论是在五年级学生群体还是八年级学生群体中，纸质书都是主流的阅读方式，且在五年级学生群体中占比更高，达到了91%。随着年龄的增加与电子设备使用经验的积累，特别是电子书的可获得性更强，内容也更加丰富，有更多的学生开始倾向于电子书。

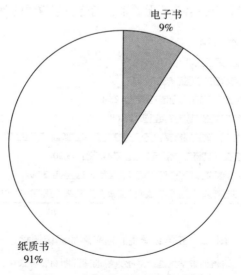

**图17　五年级学生倾向的阅读方式**

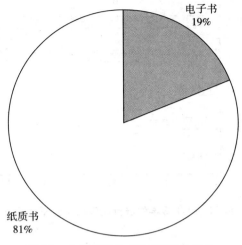

**图 18　八年级学生倾向的阅读方式**

## （二）中小学生语文阅读的驱动和阻碍因素

1. 中小学生阅读的主要驱动因素主要分为兴趣导向和功利导向两种

本报告分析了拥有阅读习惯的学生群体的主要驱动因素，结果如图 19、图 20 所示。在五年级学生群体中，45.48% 的学生认为阅读可以提高语文成绩，41.41% 的学生是因为喜欢阅读，此外也有 9.95% 的学生是因为老师、家长要求阅读；在八年级学生群体中，最主要的阅读驱动因素是喜欢阅读，

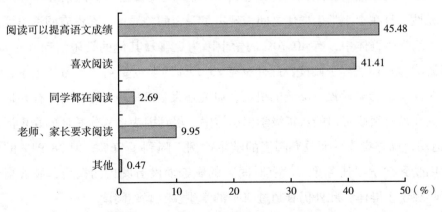

**图 19　五年级学生进行阅读的主要驱动因素**

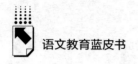
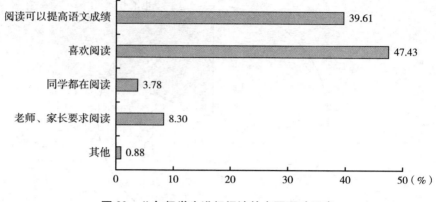

图20 八年级学生进行阅读的主要驱动因素

占比为47.43%，另有39.61%的学生认为阅读可以提高语文成绩，占比略低于五年级学生，选择老师、家长要求阅读的比重则略有下降。总体来看，八年级学生的主观能动性相比五年级学生有了一定的增强，兴趣在语文阅读中发挥的作用更加显著。但无论是小学生还是初中生都难以回避阅读与语文成绩间的密切联系，学生的语文阅读仍具有普遍的功利性导向。

2.中小学生阅读的主要阻碍因素主要包括娱乐活动的拉力和学习压力的推力两种

本报告还分析了没有阅读习惯的学生群体的主要阻碍因素，结果如图21、图22所示。统计结果表明，阻碍学生开展阅读的主要因素具有强烈的多元性，且在中小学生群体之间表现出了一定的差异性。在没有阅读习惯的五年级学生群体中，有40.70%的学生因为更喜欢其他的娱乐活动（运动、玩游戏等）而放弃了阅读，此外也有25.77%的学生受到"学习任务重，没有时间"的影响而没有阅读的机会，研究还发现29.34%的学生没有兴趣阅读。在没有阅读习惯的八年级学生群体中，尽管因为更喜欢其他的娱乐活动（运动、玩游戏等）而放弃阅读的学生比例下降到了26%，但38.94%的学生因受到"学习任务重，没有时间"的影响而没有阅读的机会，显著高于五年级学生群体，此外仍有超过30%的学生没有兴趣阅读。

我们还对学生群体获得阅读书目的方式进行了调查，结果如图23、图

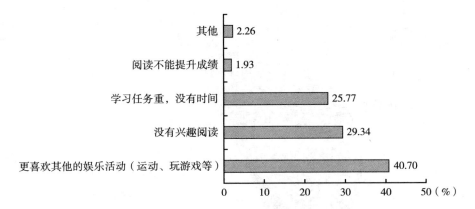

**图 21　阻碍五年级学生阅读的主要因素**

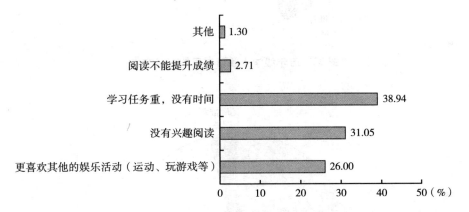

**图 22　阻碍八年级学生阅读的主要因素**

24 所示。可以看到，五年级学生、八年级学生获得阅读书目的主要途径是自己挑选和老师推荐，占比超过了 85%。调查发现，随着学生年龄的增长，学生的阅读独立性显著增强，更多的八年级学生选择了自己挑选阅读书目，来自老师与父母的推荐比重显著下降。

## （三）阅读对中小学生语文能力的影响

### 1. 中小学生对阅读能够提高语文成绩充满信心

本报告对中小学生群体对阅读与语文成绩关系的认识进行了调查，

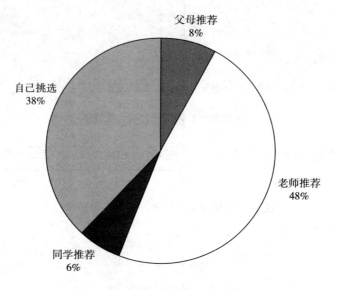

**图 23　五年级学生阅读书目的获得方式**

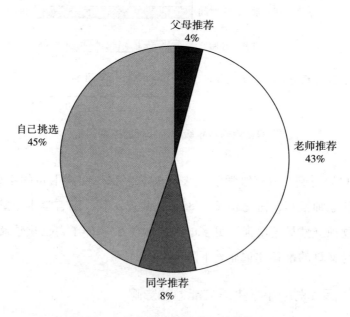

**图 24　八年级学生阅读书目的获得方式**

结果显示，在五年级与八年级学生群体中，阅读能够提高语文成绩已经成为绝大多数学生的共识，如图25、图26所示。80%左右的学生认为阅读能够使语文成绩得到一定或很大提高。受到初中语文教学节奏快要求高的影响，在八年级学生群体中，学生对阅读提高语文成绩的预期有一定降低。

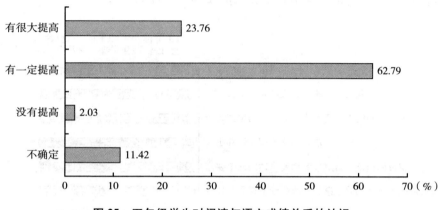

**图25 五年级学生对阅读与语文成绩关系的认识**

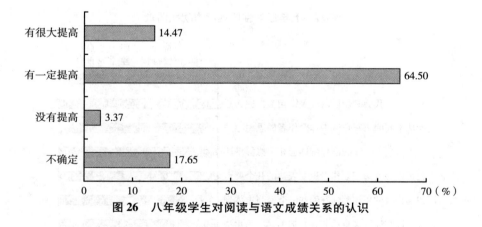

**图26 八年级学生对阅读与语文成绩关系的认识**

### 2.阅读"量"的进步与"质"的逡巡

本报告调查了反映中小学生群体阅读能力的几个关键维度的水平现状，结果如图27、图28所示。我们发现，在新课标教学改革的背景下，尽管阅读鉴赏能力的培养逐渐成为语文课堂教学的重中之重，但中小学生的阅读鉴赏能力仍不甚理想。在各项指标中均有40%左右的学生自我汇报完全不具备或仅初步具备相关维度的阅读能力，在"我可以在读完文章后复述并加上自己的想法"方面表现尤其不佳。一个更加突出的现象是八年级学生的阅读鉴赏能力相较于五年级学生更不理想，几乎在每个调查维度上都有10%左右的学生汇报完全不具备相关的阅读鉴赏能力。

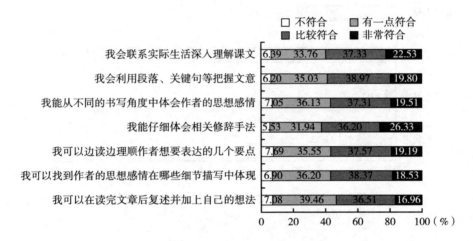

图27　五年级学生阅读能力现状调查

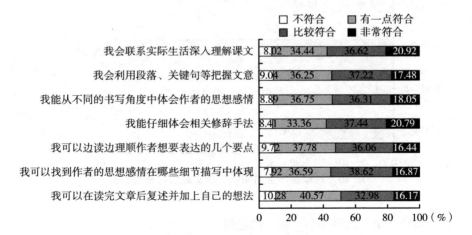

图28　八年级学生阅读能力现状调查

## 四　新课标背景下中小学生语文课程互动与评价情况调查

### （一）中小学生语文课堂互动与协作学习情况

#### 1. 师生交流亟待打开心扉

调查显示，中小学生与语文任课老师的师生单独交流机会较少，具体如图29、图30所示。在被调查的五年级学生群体中，64.40%的学生每学期与

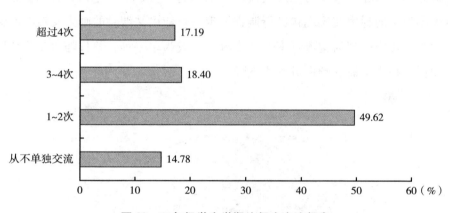

**图29　五年级学生学期均师生交流频率**

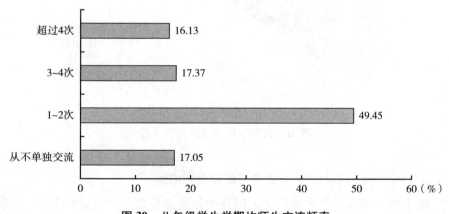

**图30　八年级学生学期均师生交流频率**

语文老师交流次数不多于 2 次，其中 14.78% 的学生甚至从未与语文老师单独交流过，仅有 17.19% 的五年级学生学期内与语文老师交流超过 4 次；八年级学生的师生沟通相较五年级学生则更少一些，17.05% 的学生表示从不与语文老师单独交流。

从师生交流的具体内容上看，不管是五年级学生还是八年级学生，学生主动与语文老师交流的主要目的仍然是请老师解答不懂的问题，在学生群体中占比约为 66%；除此以外，师生交流还包括与老师交流阅读的感受、与老师分享生活趣事以及与老师交流同学关系等，如图 31、图 32 所示。通过对中小学生的师生交流现状进行调查发现，目前语文课堂的师生交流存在诸多问题，集中表现为交流频率低、交流内容较为单一等，并且随着学生年龄的增长，师生交流的频率进一步下降。

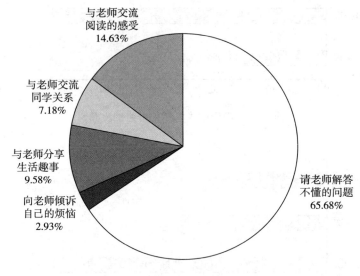

**图 31　五年级师生交流内容分布**

### 2. 同辈支持和压力赋予小组学习更复杂的内涵

除了师生交流，生生协作学习同样也是新课标改革的重要抓手之一。因此本报告进一步考察了学生在语文课上进行小组学习的情况，学生在语文课上进行小组学习的频率如图 33、图 34 所示。可以发现，小组学习已经逐渐

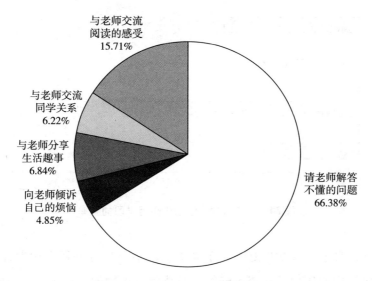

**图 32　八年级师生交流内容分布**

成为语文课堂上的重要学习方式，五年级学生中仅有 9.33% 的学生表示学期内没有小组学习的经历，八年级学生这一比例则上升到了 12.69%。

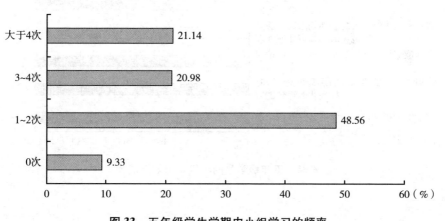

**图 33　五年级学生学期内小组学习的频率**

　　本报告还就中小学生的小组学习效果现状针对六个维度进行了调查，结果如图 35、图 36 所示。调查发现，中小学生群体的小组学习效果整体

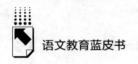

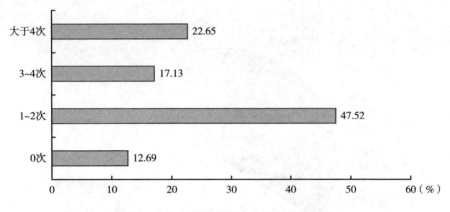

**图34 八年级学生学期内小组学习的频率**

状况较好，且五年级学生好于八年级学生。小组学习过程中学生普遍面临的问题包括同辈压力、交流不畅等，亟待得到老师的进一步关注与协助。

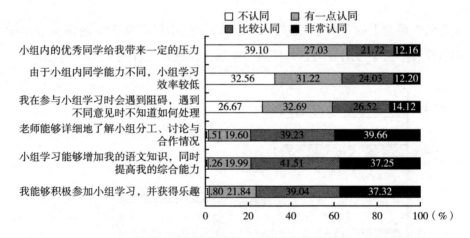

**图35 五年级学生的小组学习效果现状**

（二）中小学生语文课程作业现状

1. 减负后更应因材施教

本报告调查了中小学生语文作业的负担情况，结果如图37、图38所示。调查结果显示，学生个体的作业负担之间有很大的差异。在五年级学生

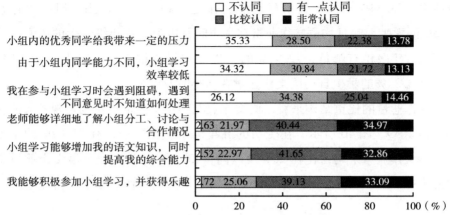

**图36　八年级学生的小组学习效果现状**

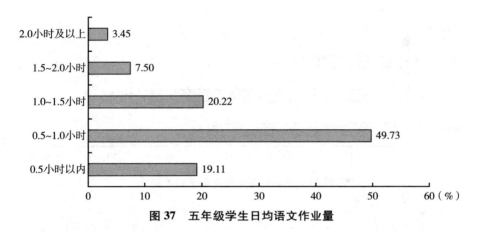

**图37　五年级学生日均语文作业量**

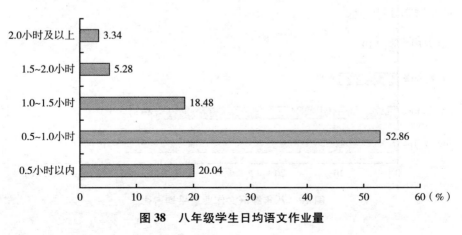

**图38　八年级学生日均语文作业量**

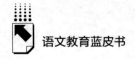

群体中，68.84%的学生表示日均语文作业量在 1 小时以内，但同时存在 3.45%的学生反映日均语文作业量在 2 小时及以上。八年级学生的语文作业量相比五年级稍有降低，72.90%的学生反映日均语文作业量少于 1 小时，但仍有 3.34%的学生日均语文作业量在 2 小时及以上。

就作业量的比重结构来看，语文作业在中小学生群体中则呈现较大的差异，如图 39、图 40 所示。在受访的五年级学生群体中，有 31.62%的学生表示语文作业量平均占比在 20%及以内，45.37%的学生表示语文作业量平均占比在 21%~40%，此外有 5.05%的学生认为语文作业量平均占比超过了

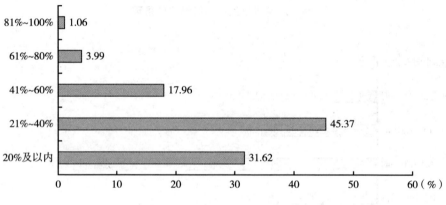

图 39　五年级语文作业量平均占比

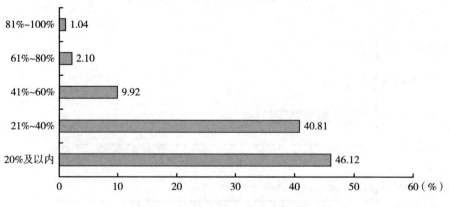

图 40　八年级语文作业量平均占比

60%。在受访的八年级学生群体中，语文作业的比重相较于五年级学生有了明显下降。46.12%的学生认为语文作业量平均占比在20%及以内，40.81%的学生则认为占比为21%~40%，仍有3.14%的学生认为语文作业量平均占比超过了60%。

　　本报告还调查了中小学生语文作业的内容组成，调查结果如图41、图42所示。可以发现，中小学生的语文作业内容有较大差异。五年级学生的语文作业内容主要集中在背诵、朗读课文与古诗文以及抄写字词句等，其中

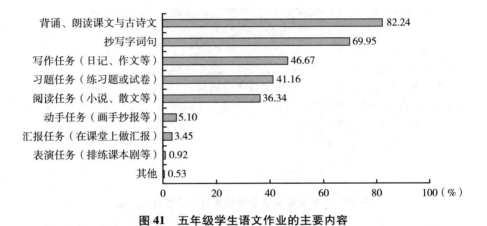

**图41　五年级学生语文作业的主要内容**

注：此题为多选，请被调查学生选择语文作业的主要内容，各选项比例加总大于100%。

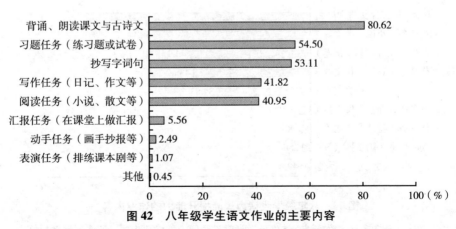

**图42　八年级学生语文作业的主要内容**

注：此题为多选，请被调查学生选择语文作业的主要内容，各选项比例加总大于100%。

82.24%的学生认为背诵、朗读课文与古诗文是最主要的作业形式。八年级学生的语文作业内容则主要集中在背诵、朗读课文与古诗文，习题任务以及抄写字词句等，同样也有超过80%的学生认为背诵、朗读课文与古诗文是最主要的作业形式。

2. 学生心目中的作业

对比中小学生心目中对于作业提高本身语文能力的现实需求，本报告发现在中小学生之间同样存在很大的差异，如图43、图44所示。五年级学生

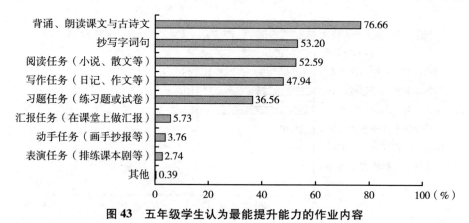

**图43　五年级学生认为最能提升能力的作业内容**

注：此题为多选，请被调查学生选择最能提升能力的作业内容，各选项比例加总大于100%。

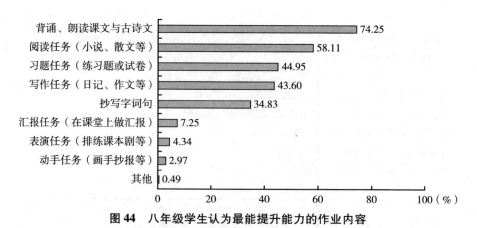

**图44　八年级学生认为最能提升能力的作业内容**

注：此题为多选，请被调查学生选择最能提升能力的作业内容，各选项比例加总大于100%。

认为最有助于提高个人的语文能力的作业内容是背诵、朗读课文与古诗文，抄写字词句与阅读任务等，八年级学生则认为背诵、朗读课文与古诗文，阅读任务与习题任务更有助于自己提升能力。我们发现，不论是老师的作业安排还是学生的主观需求，随着年龄增大与学业压力的提升，中学阶段都更加关注习题带来的应试水平的提高。

本报告调查了中小学生对于语文作业的评价，结果如图45、图46所示。关于语文作业是否有助于提高学生自身的语文能力，五年级学生中有54.11%的学生认为语文作业"非常有用"，42.44%的学生认为"比较有用"，仅有极少数的学生认为语文作业对于提高自身语文能力"不太有用"或"完全没用"；八年级学生对语文作业的有用性评价则显著下降，仅有38.95%的学生认为语文作业"非常有用"，而认为语文作业"不太有用"或"完全没用"的比例上升到了8.72%。可以发现，进入初中阶段后，语文作业与语文教学的适配性有了一定下降，学生对于课程学习中语文作业的实际作用缺乏信心。

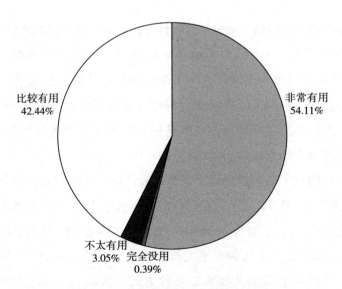

**图45　五年级学生对语文作业的评价**

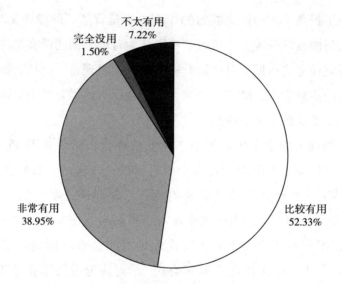

**图46　八年级学生对语文作业的评价**

### （三）中小学生语文学习评价现状

**1. 中小学逐渐注重语文学习的过程性评价，学生认可度也较高**

本报告对语文课堂上针对中小学生的学习评价进行了调查，结果如图47、图48所示。可以看出，在五年级学生群体中，老师最常采用的学习评价方式是写评语、根据作业或考试进行打分或打等级以及课堂当场点评等；对八年级学生群体的主要评价方式则是根据作业或考试进行打分或打等级、写评语以及课堂当场点评等。

本报告还调查了学生对于语文老师采取评价方式的客观性和真实性的态度，结果如图49、图50所示。在受访的五年级学生中，47.10%的学生认为评价"完全符合"学生自身的真实情况，49.88%的学生则认为"比较符合"，仅有3.02%的学生认为"不太符合"或"完全不符合"。与五年级学生相比，八年级学生对于老师采取评价方式的客观性与真实性评价更低，认为评价"完全符合"自身实际情况的学生比例下降到了39.28%，而认为评价"不太符合"或"完全不符合"自身实际情况的学生比例上升到了

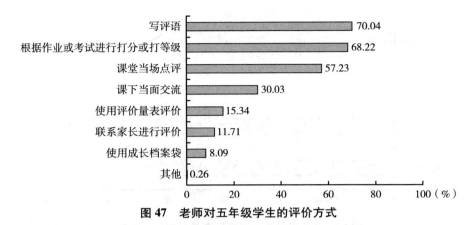

**图 47　老师对五年级学生的评价方式**

注：此题为多选，请被调查学生选择老师对自己的评价方式，各选项比例加总大于100%。

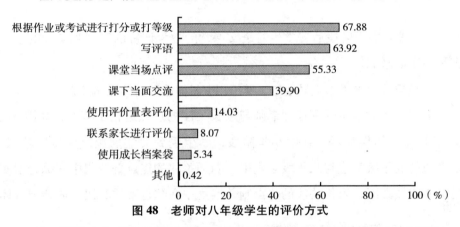

**图 48　老师对八年级学生的评价方式**

注：此题为多选，请被调查学生选择老师对自己的评价方式，各选项比例加总大于100%。

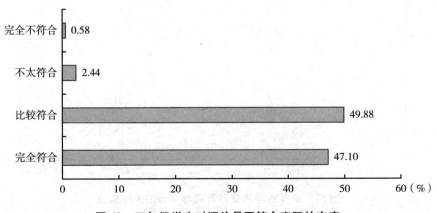

**图 49　五年级学生对评价是否符合实际的态度**

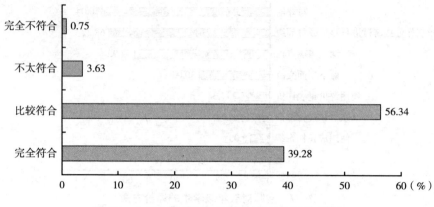

**图 50　八年级学生对评价是否符合实际的态度**

4. 38%。进入中学阶段后，学生对语文课堂的教育评价的客观真实性的态度有了一定的减弱。

2. 结果性评价仍占主导地位，老师和家长面临较大的应试压力

本报告还对学生受到任课老师与家长关注的焦点进行了调查，如图 51、图 52 所示。结果显示，在中小学阶段，学生受到关注的焦点同质性较强。在受访的五年级学生与八年级学生中，老师关注的焦点普遍集中在综合素质与语文成绩方面，家长关注的焦点则普遍集中在综合素质、语文成绩与身体

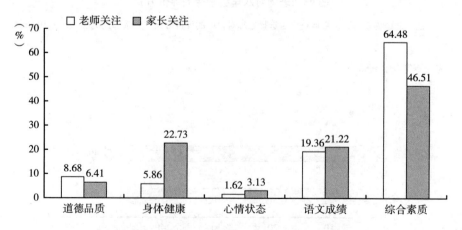

**图 51　五年级学生受到老师与家长的关注焦点**

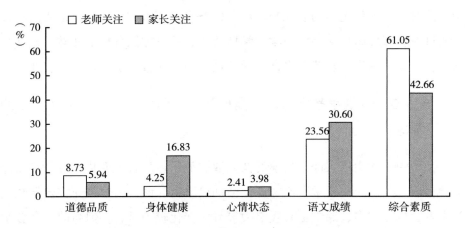

图52　八年级学生受到老师与家长的关注焦点

健康方面。可以发现，家长比老师更加关注学生的身体健康，老师和家长普遍缺乏对学生道德品质与心情状态的关注。研究还发现，随着学生年龄的增长，老师和家长对学生的语文成绩关注程度显著上升，这一现状在很大程度上受到了中学升学压力的影响。

## 五　结论与建议

党的二十大明确提出："落实立德树人根本任务，培养德智体美劳全面发展的社会主义建设者和接班人。"通过比较《义务教育语文课程标准（2022年版）》与《义务教育语文课程标准（2011年版）》可知，新课标在语文课程教学、阅读与鉴赏、语文课程评价等方面做出了调整。在语文课程教学方面，关于课程目标新增了"核心素养内涵"，分为文化自信、语言运用、思维能力和审美创造；关于课程内容新增了"主题与载体形式""内容组织与呈现方式"。在阅读与鉴赏方面，学段要求中，将每学段的"阅读"改为"阅读与鉴赏"，将"写作""口语交际"合并为"表达与交流"，将"综合性学习"改为"梳理与探究"，具体内容有整合、增加。在语文课程评价方面，新课标倡导课程评价的过程性和整体性，重视评价的导向作

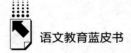

用，同时注重评价主体的多元与互动，以及多种评价方式的综合运用。本报告通过对新课标施行初期中小学生学情调查，从三方面分析语文教学现状与问题，为新课标进一步落实提供科学依据，为语文教学实践提出切实建议。

（一）在语文课程教学方面，需加强跨学科学习，切实关注学生的差异化需求

关于中小学生语文课程教学的调查数据显示，从客观变化来看，在新课标颁布后，大部分中小学在语文课上活动更丰富、课程内容更充实、课堂上学生发言机会增多、课堂更有吸引力等方面变化较为显著，但当前语文教学中跨学科教学发展不充分；从主观感知来看，中学生认为语文老师更关注古诗文的积累，小学生认为语文老师更关注篇章阅读理解，且学优生和学困生对语文课程教学的主观感知在小学阶段存在差异；从语文课程教学促进能力发展来看，学优生能够较快适应新课标带来的教学方式的变化，能力提升更快，学困生则很难在短期内调整学习方式，导致能力提升缓慢甚至退步。同时，新课标的课程教学方式更适用于小班额教学。

基于以上发现，本报告建议，在语文课程教学方面，加强跨学科学习，切实关注学生的差异化需求。具体来说，语文老师需要加强跨学科教学，拓宽语文学习和运用领域，探索以学生为主体的多样化教学方式，开展阅读、梳理、探究、交流等活动；同时在教学过程中应注重学生的个性化差异，帮助学困生尽快调整学习方式，适应新课标带来的变化。学生家长应注重在生活中综合运用多学科知识，引导学生发现问题、分析问题、解决问题。学校和教育管理部门应组织高质量的跨学科教研活动，并进一步缩小班额，为新课标的落实提供充足的条件。

（二）在阅读与鉴赏方面，需以兴趣为导向，注重发展学生高阶阅读能力

关于中小学生阅读与鉴赏的调查显示，从阅读兴趣与习惯上来看，中小学生普遍具有阅读兴趣，但随着学习阶段提升阅读量有所下降；中小学生对故事

类题材阅读兴趣较高，古诗文阅读兴趣较低，纸质书阅读仍是主流。从驱动与阻碍因素上来看，中小学生阅读的主要驱动因素主要分为兴趣导向和功利导向两种；中小学生阅读的主要阻碍因素主要包括娱乐活动的拉力和学习压力的推力两种。从阅读书目获取方式上来看，小学生获取阅读书目的方式主要是自己挑选和老师推荐，初中生初步具备了一定的阅读与鉴赏能力，阅读独立性显著增强，阅读书目以自己挑选为主。从阅读对语文能力的促进作用上来看，阅读能够显著提升学生语文成绩，但普遍存在"重阅读，轻鉴赏"的情况。

基于以上发现，本报告建议，在阅读与鉴赏方面，以兴趣为导向，注重发展学生高阶阅读能力。语文老师需要增加阅读课时，为学生阅读提供充分的时间与空间，鼓励学生以兴趣为导向进行阅读，弱化阅读的功利性目的。同时，老师可以通过让学生写读后感和增加阅读交流会等活动，提高学生的阅读与鉴赏能力。家长应该尊重学生的阅读兴趣，适度引导，着重发展学生的阅读独立性和鉴赏能力。

## （三）在语文课程评价方面，需丰富过程性评价方式，鼓励生师互动与生生协作

关于中小学语文课程评价的调查显示，在过程性交流方面，中小学师生交流频率较低，且交流内容较为单一；小组学习效果较好，但面临同辈压力、交流不畅等问题。在语文作业方面，作业负担在合理范围，作业形式较为固定，语文作业与学生能力发展需求存在不匹配现象。在语文学习评价形式方面，中小学逐渐注重语文学习的过程性评价，学生认可度也较高；结果性评价仍占主导地位，老师和家长面临较大的应试压力。

基于以上发现，本报告建议，在语文课程评价方面，丰富过程性评价方式，鼓励生师互动与生生协作。具体来说，学校和老师应增加生师互动的机会，拓展与学生交流的内容。在组织小组作业时，合理安排小组的人员配置，关注并帮助学生解决其所面临的同辈压力与交流不畅的问题。在语文作业方面，进一步丰富作业形式，关注学生的个性化发展需求，为不同能力需求群体的学生定制作业。

# B.4
# 新课标背景下中小学语文教师教学现状调查（2023）

戴君华　王嘉璐*

**摘　要：**　为了解新课标背景下中小学语文教师的教学现状，本报告面向 17 个省市的语文教师开展了网络问卷调查。通过对 715 份问卷的分析，本报告发现新课标落实已初具成效。在学校和有关部门的支持下，教师积极参与各项新课标相关的培训活动，对新课标中包含的重点概念和难点概念有了一定的认识，并尝试在备课、上课、作业布置、评价与语文活动等各个教学环节中践行新课标提出的新要求。但是，由于新课标推行时间较短，配套的培训资源与教学资源等支持性手段尚未成熟，许多教师面临"心有余而力不足"的问题。基于此，本报告提出以下六点建议：第一，组织包括专题培训、示范课等在内的更多切实有效的培训活动以促进新课标理念的下沉；第二，关注新课标落地进度，多维评价教师工作，提供更多的教学资源支持以减轻教师负担；第三，组织各年级围绕新课标内容展开新一轮备课，循序渐进调整教学内容和教学策略；第四，以"奇思"促"妙用"，更新作业布置理念和策略；第五，共商科学有效的评价体系，推动过程性评价与终评挂钩；第六，推动分级阅读策略入校，家校合力促进阅读成果的及时反馈。

**关键词：**　新课标　语文教师　语文教育

---

* 戴君华，北京市十一学校石景山实验中学教师，中国教育发展战略学会理事、高中教育专业委员会委员，主要研究方向为教育管理、中文分级阅读与评价；王嘉璐，北京大学教育学院硕士研究生，主要研究方向为高等教育管理与政策。

# 一 研究背景与数据说明

2022 年 4 月，教育部印发了《义务教育课程方案和课程标准（2022 年版）》（以下简称"新课标"），要求各地于 2022 年秋季学期开始实施。新课标以习近平新时代中国特色社会主义思想为指导，落实立德树人根本任务，强调育人为本，依据"有理想、有本领、有担当"时代新人培养要求，明确了义务教育阶段培养目标。语文课程在推广普及国家通用语言文字、增强凝聚力、铸牢中华民族共同体意识，建立文化自信、培育时代新人，实现中华民族伟大复兴等方面具有不可替代的优势。义务教育阶段的语文课程致力于全体学生核心素养的形成与发展，为学生学好其他课程打下基础；为学生形成正确的世界观、人生观、价值观，形成良好个性和健全人格打下基础；为培养学生求真创新的精神、实践能力和合作交流能力，促进德智体美劳全面发展及学生的终身发展打下基础。

语文课程的多重功能和奠基作用，决定了它在义务教育阶段的重要地位。为更好地了解新课标背景下中小学语文教师的教学现状，发现实践中存在的不足之处，提出促进新课标有效落实的针对性可行性建议，北京大学教育学院和语文教育蓝皮书编委会组织开展了新课标背景下的中小学语文教师教学现状问卷调查。此次调查于 2023 年 1 月进行，以网络问卷的形式开展。来自全国 17 个省市的中小学语文教师参与了"教师问卷调查"，共回收有效问卷 715 份。本次问卷调查主要涉及语文教师的个人基本情况、新课标学习与培训状况、新课标背景下的语文教学实践、教师对新课标的评价及未来展望等方面的信息。

参与此次问卷调查的教师基本信息如下。从性别来看，女性教师有 582 名，占比达到 81.40%，男性教师有 133 名，占比为 18.60%（见图 1），符合当前中小学语文教师中女性较多的特点。从教学学段来看，从事小学学段（五年级）和初中学段（八年级）教学工作的分别有 438 名和 277 名，占比分别为 61.26% 和 38.74%（见图2）。从地区分布①来看，来自东部地区的语文教师 234 名（32.73%），来自中部地区的语文教师 335 名（46.85%），来自西部地区的语文教师 77 名（10.77%），来自东北地区的语文教师 69 名（9.65%）（见图3）。从城乡分布来看，128 名（17.90%）教师就职于省会或省内第二大城市的学校，228 名（31.89%）教师就职于普通城市市区的学校，359 名（50.21%）教师就职于县城或农村的学校（见图4）。从学历来看，大部分（77.62%）的教师为本科学历（见图5），其中 75.34% 的小学学段（五年级）教师达到本科学历，81.23% 的初中学段（八年级）教师达到本科学历。从教龄上来看，超六成语文教师任教时间达到 10 年及以上，一线教学经验丰富。其中，小学学段（五年级）的教师平均教龄为 16.66 年，初中学段（八年级）的教师平均教龄为 17.19 年。此外，小学和初中分别有 42.01% 和 46.58% 的受访教师拥有各级骨干教师的称号（见图6、图7）。从教学工作强度来看，94.98% 的小学语文教师带 2 个及以下的教学班，这一比例在初中语文教师中为 88.81%（见图8）。

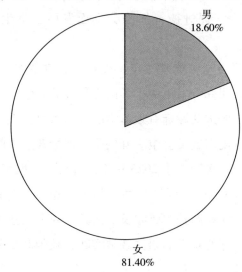

图1　中小学语文教师教学现状问卷调查中教师性别结构

① 根据国家统计局的地区划分标准，东部地区包括北京、天津、河北、上海、江苏、浙江、福建、山东、广东、海南 10 个省（市）；中部地区包括山西、安徽、江西、河南、湖北、湖南 6 个省；西部地区包括内蒙古、广西、重庆、四川、贵州、云南、西藏、陕西、甘肃、青海、宁夏、新疆 12 个省（区、市）；东北地区包括辽宁、吉林、黑龙江 3 个省。

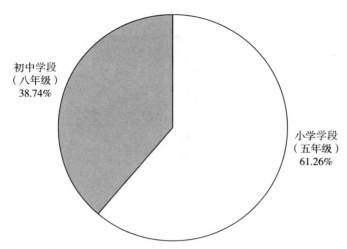

**图2　中小学语文教师教学现状问卷调查中教师教学学段分布**

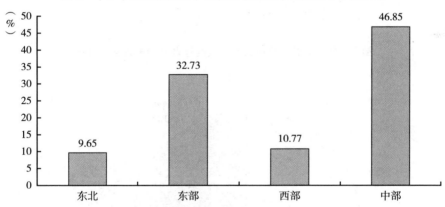

**图3　中小学语文教师教学现状问卷调查中教师地区分布**

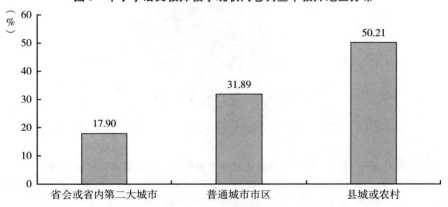

**图4　中小学语文教师教学现状问卷调查中教师城乡分布**

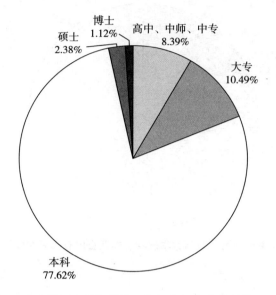

**图 5　中小学语文教师教学现状问卷调查中教师学历分布**

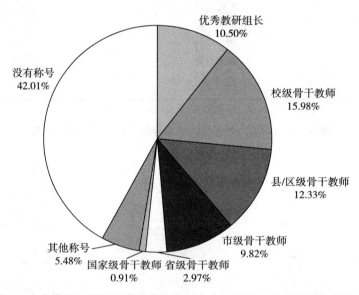

**图 6　中小学语文教师教学现状问卷调查中小学语文教师称号获得情况**

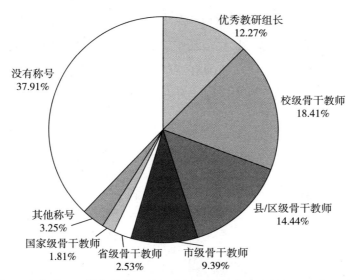

**图7　中小学语文教师教学现状问卷调查中初中语文教师称号获得情况**

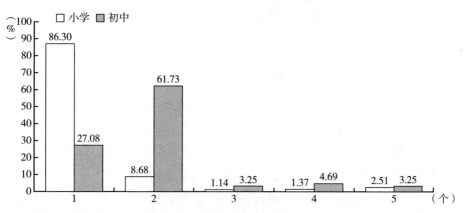

**图8　中小学语文教师教学现状问卷调查中小学和初中语文教师的带班情况**

## 二　新课标学习与培训状况

### （一）学校层面新课标学习活动的开展情况

**1. 九成以上语文教师在过去的一学期中参与过新课标相关培训活动**

从学校层面来看，数据显示，98.17%的小学语文教师和96.39%的初中语文教师至少参加过一次培训活动。其中，九成以上的小学语文教师每月至少参加一次培训活动，这一比例在初中语文教师中也高达84.12%（见图9、图10）。这说明，为加深语文教师群体对新课标的认识，学校层面组织了许多相关的培训活动，且大部分教师会积极参加。

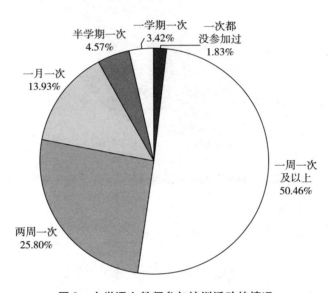

**图9 小学语文教师参与培训活动的情况**

**2. 组织教师观看语文教学专家讲座、组织本校教师开展分析研讨会和组织本校教师上示范课是中小学最常开展的新课标培训活动**

小学最常开展的活动为组织教师观看语文教学专家讲座、组织本校教师开展分析研讨会和组织本校教师上示范课，分别有84.93%、84.93%和84.25%的教师表示曾经参与过这三种活动。就初中而言，上述三种活动也开展得最为频繁，分别有70.40%、80.87%和85.56%的教师表示曾经参与过这三种活动（见图11）。

**3. 八成以上教师认为上述活动有利于深入理解和一线实践新课标理念**

就上述活动的效果而言，八成以上的语文教师认为这些活动既有助于加深教师群体对新课标相关概念、理念的理解，也有助于他们将这些理念贯彻至语文课堂中。就小学而言，87.67%的语文教师认为学校开展的活动有效

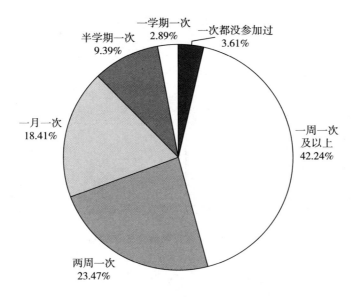

**图 10  初中语文教师参与培训活动的情况**

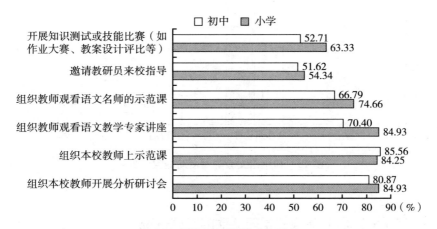

**图 11  新课标培训活动的形式**

注：此题为多选，请被调查教师选择学校组织开展新课标学习活动的形式，各选项比例加总大于100%。

促进了他们对新课标的理解，88.37%的语文教师认可上述活动在指导教师一线教学方面的实践价值。在初中，分别有85.02%和86.89%的语文教师对上述两种观点表示认同（见图12、图13）。

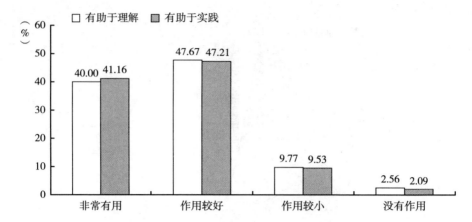

**图 12　小学语文教师对活动效果的感知**

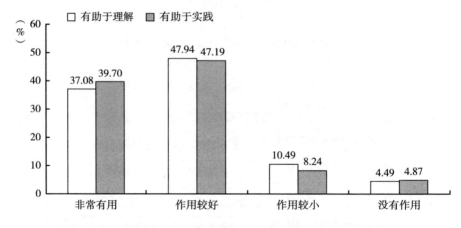

**图 13　初中语文教师对活动效果的感知**

## （二）教师层面新课标学习活动的开展情况

### 1. 九成以上语文教师阅读过新课标原文

数据显示，小学语文教师中有 65.75% 的教师从头到尾认真阅读过新课标原文，31.51% 的教师进行过简单翻阅和浏览，仅有 2.74% 的教师没有阅读过新课标原文（见图 14）。初中语文教师中有 59.21% 的教师从头到尾认真阅读过新课标原文，比例略低于小学教师；此外，还有 37.55%

的教师进行过简单翻阅和浏览，3.25%的教师没有阅读过新课标原文（见图15）。

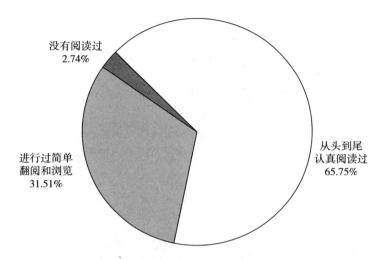

**图 14　小学语文教师阅读新课标原文情况**

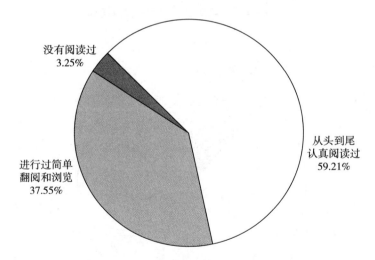

**图 15　初中语文教师阅读新课标原文情况**

### 2.八成以上语文教师开展过针对新课标的自主学习

数据显示，绝大部分语文教师开展过针对新课标的自主学习，如阅读相关推送或学术论文等。具体而言，小学语文教师中有91.32%的教师在学校

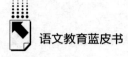
组织的新课标培训活动之余还开展过自主学习，这一比例在初中语文教师中为 88.81%（见图 16、图 17）。

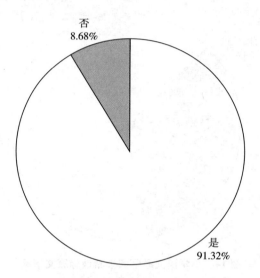

**图 16 小学语文教师是否开展自主学习情况**

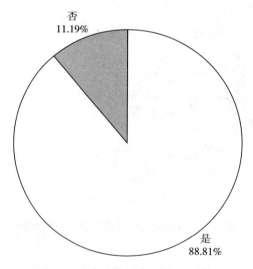

**图 17 初中语文教师是否开展自主学习情况**

**3. 中小学语文教师普遍重点关注新课标中涉及的课程目标和课程理念**

数据显示，中小学语文教师普遍重点关注新课标中涉及的"课程目标""课程理念"两大模块。具体而言，在小学，分别有78.08%、59.59%的教师关注这两部分。这一比例在初中教师中分别为75.81%和58.48%（见图18）。此外，课程内容和课程实施建议也是教师较为关注的部分。

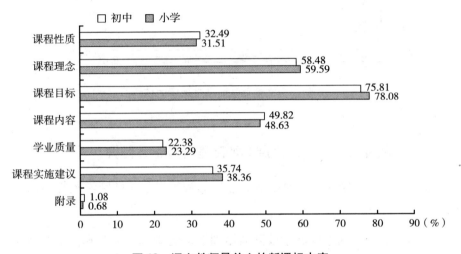

**图18　语文教师最关心的新课标内容**

注：此题为多选，请被调查教师选择最关注新课标中的哪部分内容，各选项比例加总大于100%。

**4. 课程理念是中小学语文教师心目中普遍认为最难理解的模块**

不同学段的语文教师对新课标各模块的认知存在差异，小学语文教师认为最难理解的部分是课程理念、课程实施建议和学业质量，分别有20.32%、13.24%和12.10%的语文教师选择了这三项；初中语文教师认为最难理解的部分是课程理念、课程性质和课程内容，分别有22.02%、12.27%和10.11%的语文教师选择了这三项（见图19）。由此可以看出，课程理念是中小学语文教师心目中普遍认为最难理解的模块。此外，还有近三成的语文教师认为新课标整体而言不存在特别难理解的模块。

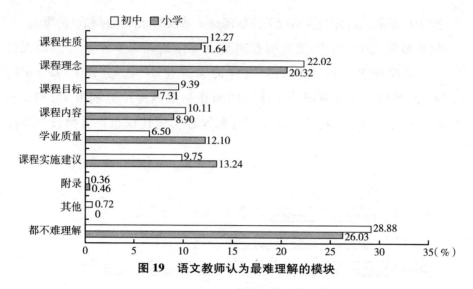

**图 19　语文教师认为最难理解的模块**

### （三）新课标培训活动开展的地区差异及个体差异

1. 中部地区学校开展新课标培训活动最频繁，东北地区学校开展相关活动最少

数据显示，不同地区的学校开展培训活动的频率存在差异，中部地区的学校开展新课标培训活动最频繁，七成以上教师至少两周就参加一次培训活动。东部和西部次之，东北地区的学校开展相关学习活动相对较少，但仍有60.87%的教师至少两周就参加一次培训活动（见图20）。

2. 不同层次地区的学校在新课标培训活动开展的效果上存在明显差异

如图 21 所示，不同层次地区的学校在新课标培训活动开展的效果上存在明显差异。为进一步检验此种差异是否具备统计学意义，本报告使用了卡方检验。结果显示，在 5% 的显著性水平下，不同层次地区的学校在培训活动的效果上存在显著差异（$\chi^2 = 16.092$，$p = 0.041$）。具体而言，位于城市的学校开设的培训活动能够更好地帮助语文教师理解新课标的内容。任职于县城或农村学校的教师虽然也参与了很多培训活动，但 14.65% 的教师表示，这种活动对他们理解新课标内容作用较小或没有作用（见图21）。

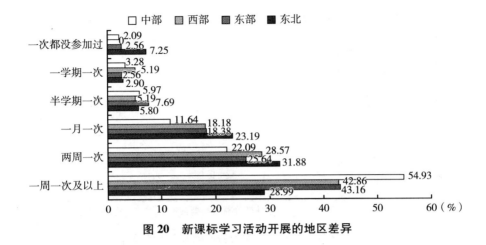

图20　新课标学习活动开展的地区差异

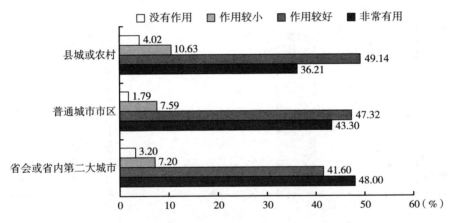

图21　不同层次地区的学校在培训活动效果上的差异

3. 拥有称号的教师阅读新课标更认真，也更积极进行自主学习

拥有称号和没有称号的教师在新课标阅读情况上存在显著差异。拥有称号的语文教师在阅读新课标时更认真，七成以上拥有称号的语文教师从头到尾认真阅读过新课标原文。同时，拥有称号的语文教师也更愿意针对新课标开展自主学习，这部分教师中有94.31%曾这么做过（见图22、图23）。

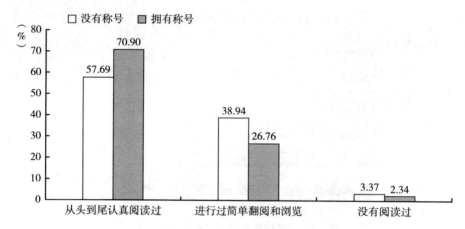

**图22 不同语文教师在阅读新课标原文上的差异**

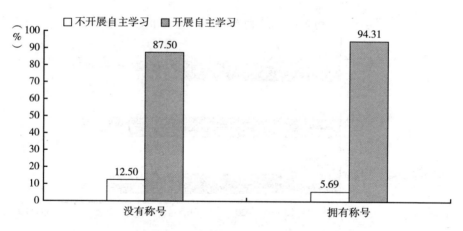

**图23 不同语文教师在新课标自主学习上的差异**

# 三 新课标背景下的语文教学实践

## （一）课程教学方面

### 1. 半数教师仍然使用之前的教案，没有围绕新课标进行新一轮备课

数据显示，接受问卷调查的教师中，有半数在过去的一学期中没有围绕

新课标进行新一轮备课。具体而言，小学语文教师中有 28.08% 和 19.86% 的教师在回答该题时选择了"比较符合"和"非常符合"，即他们没有进行新一轮备课。这一比例在初中语文教师中更高，33.21% 和 20.22% 的语文教师选择了"比较符合"和"非常符合"（见图 24、图 25）。

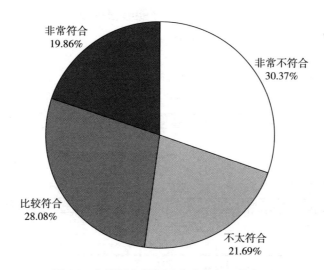

**图 24　小学语文教师没有进行新一轮备课**

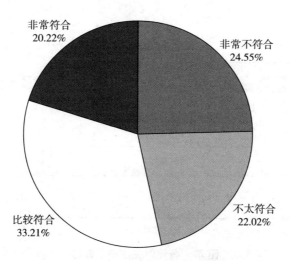

**图 25　初中语文教师没有进行新一轮备课**

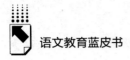

## 2. 绝大多数语文教师在备课时关注到了新课标提出的要求

由图 26 至图 29 可知，绝大多数语文教师在备课时关注到了新课标提出的要求。九成以上教师能够在备课时有意识地创设丰富多样的情境，关注教学内容是否能有效培养学生的核心素养，进行学情诊断。分别有 88.09% 的初中语文教师和 90.41% 的小学语文教师能够根据单元内容设计不同的学习任务群，并分层次、分阶段地展开教学。

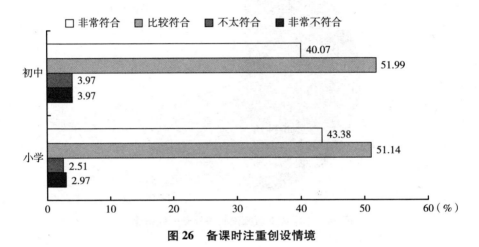

**图 26　备课时注重创设情境**

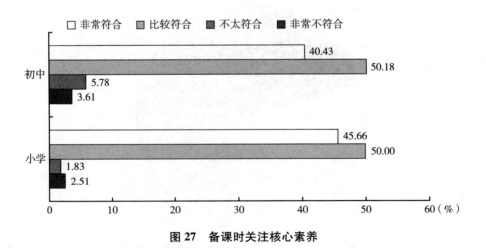

**图 27　备课时关注核心素养**

100

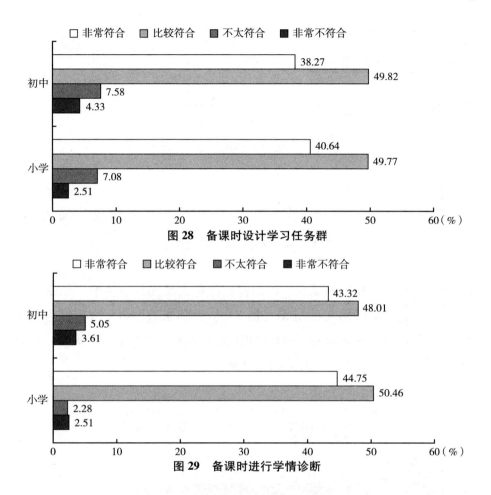

图 28　备课时设计学习任务群

图 29　备课时进行学情诊断

**3. 九成以上语文教师曾经使用过大单元教学法**

由图 30 可知，九成以上语文教师曾经使用过大单元教学法。具体而言，小学分别有 44.98% 和 17.35% 的语文教师经常和总是使用该方法。这一比例在初中较低，但也分别达到了 41.52% 和 9.75%，说明大单元教学法在中小学语文教师中已经比较普遍。

**4. 大单元教学能够有效整合知识体系，活跃学生思维，促进课堂参与**

数据显示，接受调查的教师认为，大单元教学对教师的作用主要体现在：一是大单元教学使知识体系更加系统、关联清晰；二是大单元教学使教学更具有整体性、连贯性。就大单元教学对学生的作用而言，两个学段的语

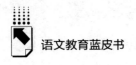
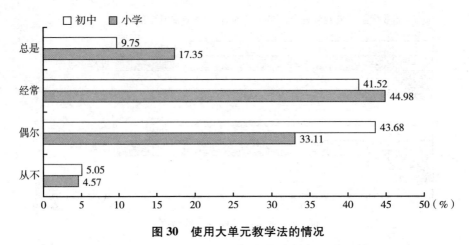

**图 30　使用大单元教学法的情况**

文教师也表现出了相似的观点，他们都更注重大单元教学使学生思维更活跃、参与性更高的作用（见图 31、图 32）。总体来看，语文教师认为，大单元教学带给自身的帮助更多的是知识性的，而对于学生而言，大单元教学起到的作用更多的是营造更好的课堂氛围。

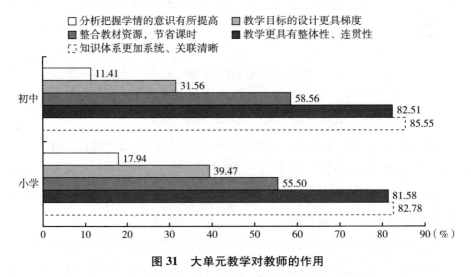

**图 31　大单元教学对教师的作用**

　　注：此题为多选，请被调查教师选择使用大单元教学对教师的作用，各选项比例加总大于 100%。

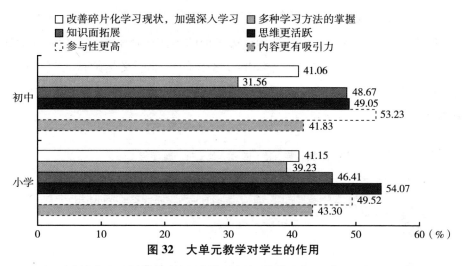

**图32 大单元教学对学生的作用**

注：此题为多选，请被调查教师选择使用大单元教学对学生的作用，各选项比例加总大于100%。

**5. 教师提问互动、学生自行阅读和学生小组讨论是当下语文课堂上最常见的教学形式**

数据显示，教师提问互动、学生自行阅读和学生小组讨论是当下语文课堂上最常见的教学形式，40%以上的教师选择了上述三种教学形式，这一比例远高于其他选项。最少使用的是学生课本剧表演和学生朗读背诵（见图33）。

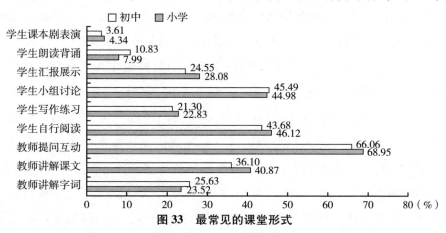

**图33 最常见的课堂形式**

注：此题为多选，请被调查教师选择最常见的课堂形式，各选项比例加总大于100%。

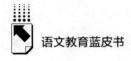

**6. 九成左右教师认为当前的语文教科书能够支持新课标的落实**

数据显示，九成左右语文教师认为当前的语文教科书能够支持新课标的落实。具体而言，分别有 54.79% 和 40.87% 的小学语文教师认为当前版本的教科书比较和完全能支持新课标的落实，这一比例在初中语文教师中分别为 51.26% 和 38.63%（见图 34）。

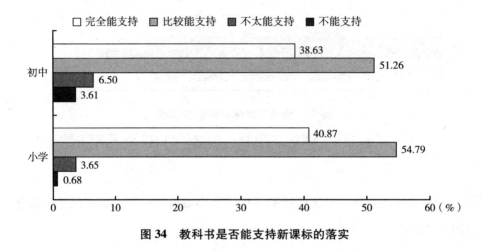

**图 34　教科书是否能支持新课标的落实**

## （二）作业与评价方面

**1. 九成以上语文教师将语文作业的量限定在1小时以内，近九成语文教师认为完成语文作业花费的时长占学生完成作业总时长的40%以内**

在小学，44.75% 的语文教师将语文作业的量控制在 0.5 小时以内可以完成，46.35% 的语文教师则控制在 0.5～1 小时内可以完成。初中 59.21% 的语文教师将语文作业的量控制在 0.5 小时以内可以完成，31.77% 的语文教师则控制在 0.5～1 小时内可以完成。就完成语文作业花费的时长占学生完成作业总时长的比重而言，绝大多数教师选择了 40% 以内。但也有 10% 左右的教师选择了 40%～60%（见图 35 至图 38），更加强调了语文学科在所有学科中的重要性。总体来看，"双减"政策出台后，义务教育阶段的作业量得到了显著控制。

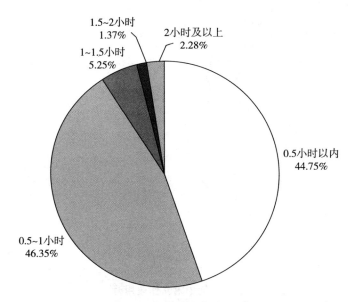

**图 35　小学语文作业用时**

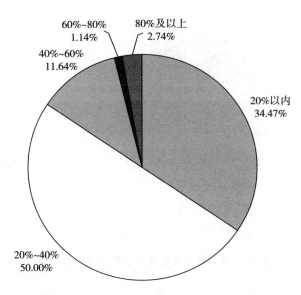

**图 36　小学语文作业用时占作业总时长比重**

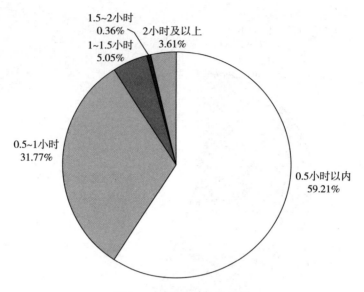

**图 37　初中语文作业用时**

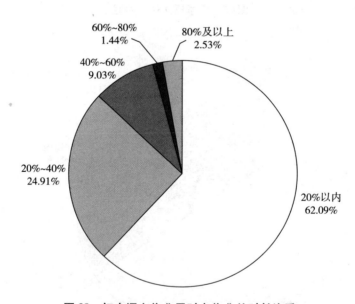

**图 38　初中语文作业用时占作业总时长比重**

## 2. 七成以上语文教师采用差异化方式布置作业

数据显示，接受问卷调查的绝大多数中小学语文教师倾向于根据学生的能力水平布置不同层次的作业，这一比例在小学语文教师和初中语文教师中分别为75.57%和76.53%（见图39）。

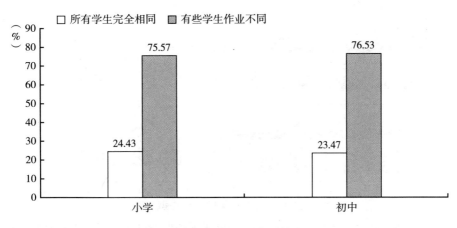

**图39　差异化作业布置情况**

3. 诵读文章、阅读和写作是中小学语文教师最常使用的作业形式

数据显示，中小学语文教师最常布置的作业类型主要为诵读文章任务、阅读任务和写作任务；习题任务和抄写字词句等较为机械的作业形式不再是主流，但比较新颖的动手任务、表演任务等仍然较少出现在学生的视野中（见图40）。

4. 中小学语文教师在布置写作任务和表演任务时感到最有挑战

数据显示，相较于其他作业形式，中小学语文教师在布置写作任务和表演任务时感到最有挑战。此外，中小学语文教师在布置汇报任务和阅读任务时也常常遇到困难（见图41）。

5. 课堂当场点评、写评语、根据作业或考试进行打分或打等级是中小学语文教师最常使用的过程性评价方法

该题在问卷中为排序题，教师根据所列评价方法的使用频率进行排序，至多选三项。最常使用的、第二多使用的和第三多使用的策略分别被赋值3、2、1，剩下没有被选择的选项均被赋值-2。简而言之，均分最高的选项是被使用最多的评价策略，均分最低的是使用最少的评价策略。如

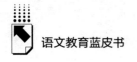

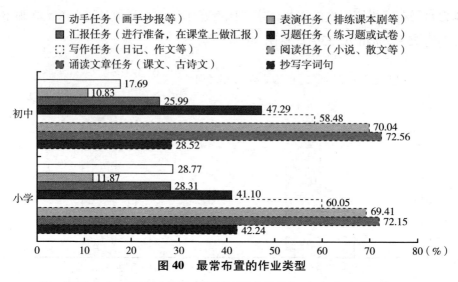

**图40　最常布置的作业类型**

注：此题为多选，请被调查教师选择最常用的作业形式，各选项比例加总大于100%。

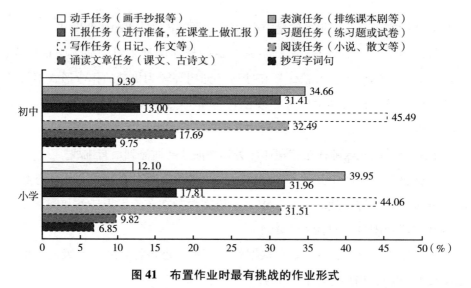

**图41　布置作业时最有挑战的作业形式**

注：此题为多选，请被调查教师选择布置作业时最有挑战的作业形式，各选项比例加总大于100%。

图42所示，课堂当场点评、写评语、根据作业或考试进行打分或打等级是目前中小学语文教师最常使用的三种过程性评价方法。使用成长档案

袋、联系家长进行评价、使用评价量表评价等评价策略较少在日常教学实践中出现。

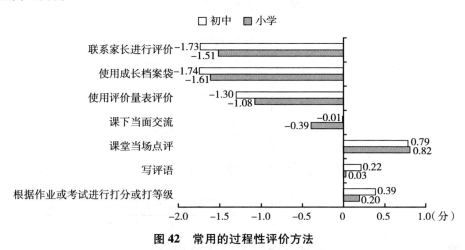

图 42　常用的过程性评价方法

**6. 时间和精力不足是教师难以开展过程性评价的最主要原因**

约 94% 的教师表示在评价环节存在困难（见图 43）。无论是哪个学段，阻碍教师开展切实有效的过程性评价的主要原因都在于教学任务繁重，教师的时间和精力不足；缺乏整合各种评价材料的手段是第二大难题，现有的评价仍然是碎片式的；此外，评价标准不够细化的问题也存在，缺乏每个单元的评价标准，教师很难展开科学的过程性评价（见图 44）。

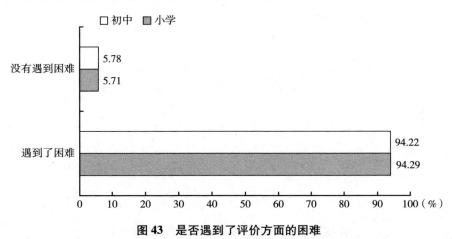

图 43　是否遇到了评价方面的困难

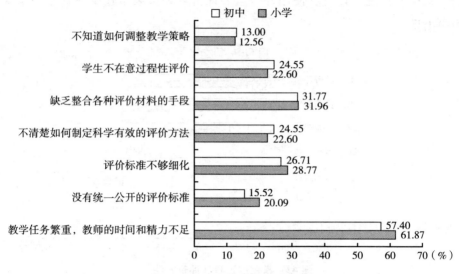

**图44　评价过程中遇到的主要困难**

注：此题为多选，请被调查教师选择开展过程性评价困难的原因，各选项比例加总大于100%。

**7. 面对教师的评价困境，绝大多数学校开展了学业质量评价的培训**

如图45所示，绝大多数学校在新课标颁布之后开展了针对学业质量评价的相关培训，但两个学段都有10%左右的语文教师表示没有开展过类似的培训。

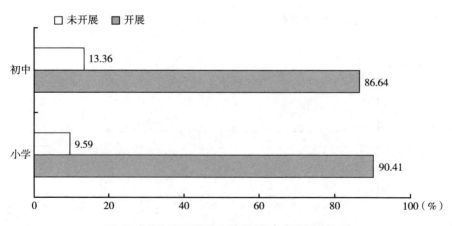

**图45　学业质量评价相关培训活动的开展情况**

## （三）整本书阅读与其他语文实践活动方面

**1. 六成以上小学语文教师认为，班内学生每学期能阅读1~6本课外书，初中生的整本书阅读情况不如小学生**

小学中，当语文教师对班内学生整本书阅读情况进行估计时，32.88%的教师认为自己班内学生一学期阅读了3~4本除教材教辅资料以外的书，20.09%的教师认为自己班内学生一学期阅读了5~6本除教材教辅资料以外的书。相较之下，初中语文教师对班内学生整本书阅读的情况没有那么乐观，考虑到初中学业压力等因素，近七成语文教师认为班内学生每学期只能阅读1~4本书。值得注意的是，有3.97%的初中语文教师认为班内学生一学期一本书都不阅读（见图46、图47）。

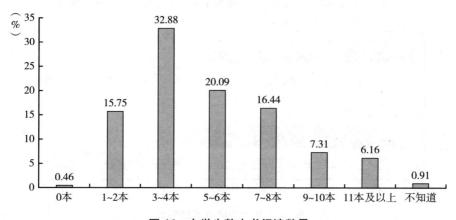

**图46　小学生整本书阅读数量**

**2. 师生共读和同伴共读是中小学语文教师最常使用的读书活动形式**

数据显示，师生共读和同伴共读是中小学语文教师最常使用的读书活动形式。其次，也有部分教师在班内组织开展朗诵会和故事会（见图48）。

**3. 绝大多数中小学语文教师在推行整本书阅读时遇到了困难，最主要的原因是学生阅读能力差异太大**

数据显示，在两个学段均有95%左右的语文教师在推行整本书阅读时

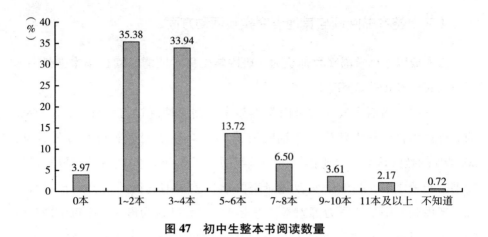

图47 初中生整本书阅读数量

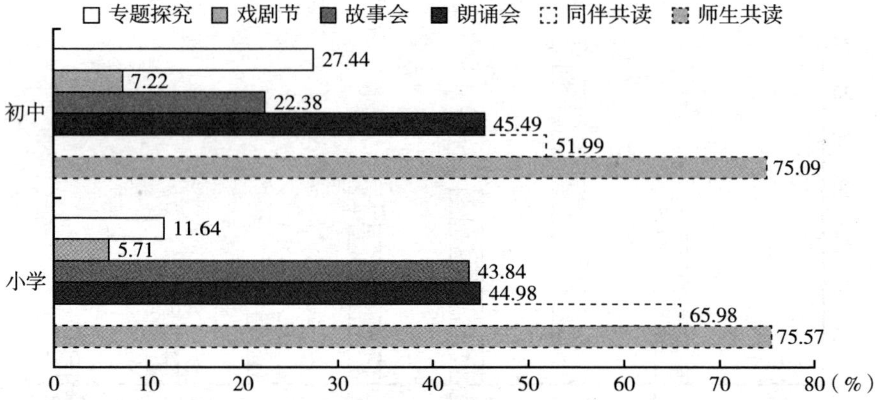

图48 常用的读书活动形式

注：此题为多选，请被调查教师选择常用的读书活动形式，各选项比例加总大于100%。

遇到了困难。教师认为，难以推行整本书阅读的原因主要在于：第一，学生阅读能力差异较大，难以在全班推行同样的阅读任务；第二，虽然制订了阅读计划，但是学生难以坚持阅读；第三，校内阅读时间不够，只能让学生回家自主阅读，教师难以有效监督（见图49、图50）。

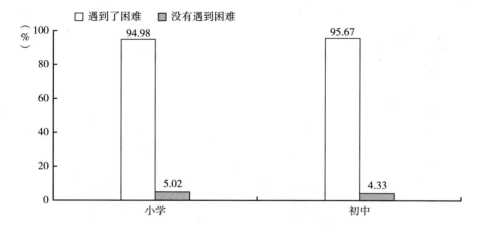

**图 49　推行整本书阅读时是否遇到困难**

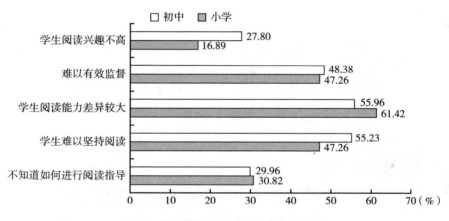

**图 50　推行整本书阅读遇到困难的原因**

　　注：此题为多选，请被调查教师选择推行整本书阅读时遇到困难的原因，各选项比例加总大于100%。

　　4. 大部分中小学语文教师会组织学生开展语文实践活动，最主要的形式为语文周/读书周/书法周等语文相关的活动

　　数据显示，大部分中小学语文教师会组织学生开展语文实践活动，这一比例在两个学段分别为82.42%和75.45%。就具体活动类型而言，语文周/读书周/书法周等语文相关的活动和演讲比赛/诗词大会等语文相关的比赛是最常见的语文实践活动类型（见图51、图52）。

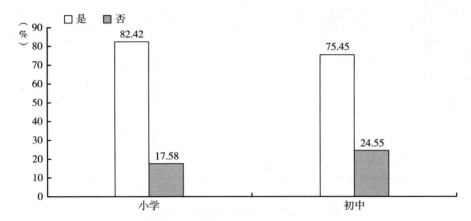

**图 51　语文实践活动开展情况**

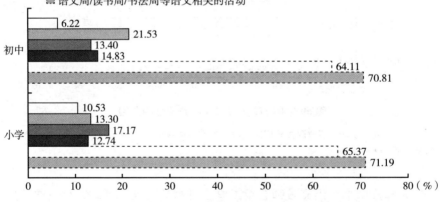

**图 52　常见的语文实践活动类型**

　　注：此题为多选，请被调查教师选择常见的语文实践活动类型，各选项比例加总大于100%。

## 四　教师对新课标的评价

1. 九成以上语文教师认为新课标提供了方向性指导，有利于教学的开展

如图 53 所示，绝大部分语文教师认为新课标为一线语文教师教学提供了方向性指导，有利于教学活动的开展。具体而言，小学分别有 41.78% 和 54.11% 的语文教师非常认同和比较认同这一观点；这一比例在初中语文教师中分别是 36.46% 和 55.96%。

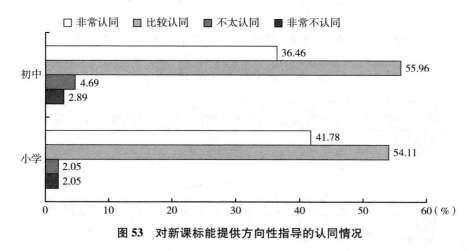

图 53　对新课标能提供方向性指导的认同情况

2. 九成以上语文教师认为新课标能够帮助他们更新教学理念与教学方式

如图 54 所示，绝大部分语文教师认为新课标能够帮助他们更新教学理念与教学方式，为应对信息时代语文教学挑战奠定了良好的基础。具体而言，小学分别有 41.32% 和 55.25% 的语文教师非常认同和比较认同这一观点；这一比例在初中语文教师中分别是 37.18% 和 53.79%。

3. 九成以上语文教师认为新课标能够帮助他们明确教学目标和教学内容

如图 55 所示，绝大部分语文教师认为新课标清晰划分了课程目标与课程内容，能够帮助他们在日常教学活动中明确教学目标和教学内容。具体而言，小学分别有 38.58% 和 57.08% 的语文教师非常认同和比较认同这一观点；这一比例在初中语文教师中分别是 34.30% 和 55.60%。

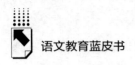

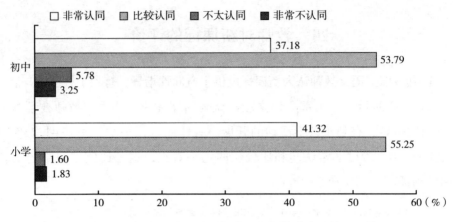

**图 54   对新课标有助于更新教学理念与教学方式的认同情况**

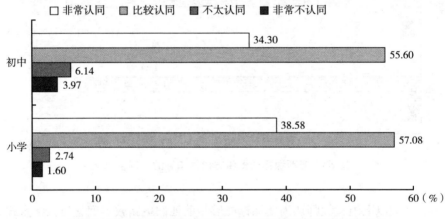

**图 55   对新课标清晰划分了课程目标与课程内容的认同情况**

4. 九成左右语文教师认为新课标提出的学业质量评价标准切实有效

如图 56 所示，绝大部分语文教师认为新课标提出的学业质量评价标准切实有效，借助新课标，他们能够更好地判断教学有没有实质性的进展。具体而言，小学分别有 36.07% 和 57.31% 的语文教师非常认同和比较认同这一观点；这一比例在初中语文教师中分别是 32.13% 和 56.32%。

5. 八成以上语文教师认为新课标提出的要求是多数学生经过努力能够达到的

如图 57 所示，大部分语文教师认为新课标提出的要求是多数学生经过

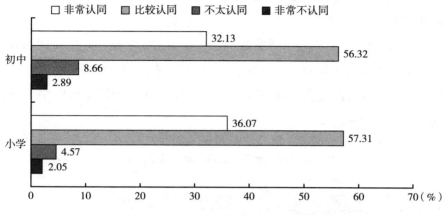

图56　对新课标提出的学业质量评价标准切实有效的认同情况

努力能够达到的。具体而言，小学分别有 30.37% 和 59.59% 的语文教师非常认同和比较认同这一观点；这一比例在初中语文教师中分别是 28.88% 和 55.60%。但是值得注意的是，相较于前四种观点，语文教师对这一观点的认同度较低。这说明他们较为认可新课标对语文教师开展教学工作带来的帮助，但是对于学生是否能达到新课标提出的要求仍然抱有一定的不确定态度。

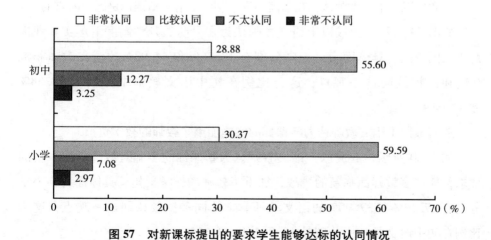

图57　对新课标提出的要求学生能够达标的认同情况

117

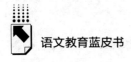
**6. 六成以上语文教师认为新课标的实施对于语文能力较弱的学生而言是很大的挑战**

如图 58 所示，六成以上语文教师认为新课标的实施对于语文能力较弱的学生而言是很大的挑战。具体而言，小学分别有 20.55% 和 49.77% 的语文教师非常认同和比较认同这一观点；这一比例在初中语文教师中分别是 23.10% 和 42.60%。

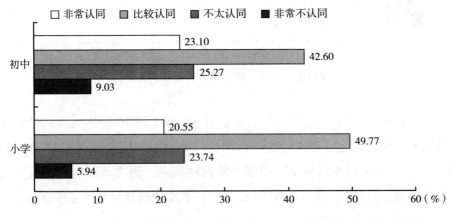

图 58　对新课标给语文能力较弱的学生带来了负担的认同情况

**7. 六成以上语文教师认为在目前的升学制度下落实新课标是比较困难的**

如图 59 所示，六成以上语文教师认为在目前的升学制度下落实新课标是比较困难的。具体而言，小学分别有 18.26% 和 44.98% 的语文教师非常认同和比较认同这一观点；这一比例在初中语文教师中分别是 20.58% 和 44.04%。

**8. 五成以上语文教师认为新课标的实施加重了教师的教学负担**

如图 60 所示，五成以上语文教师认为新课标的实施对教师提出了新的要求，使许多教师面临新的挑战，加重了教师的教学负担。具体而言，小学分别有 17.12% 和 37.90% 的语文教师非常认同和比较认同这一观点；这一比例在初中语文教师中分别是 18.05% 和 39.35%。

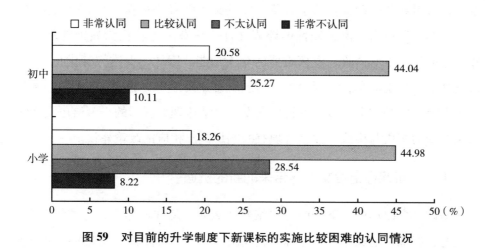

**图 59　对目前的升学制度下新课标的实施比较困难的认同情况**

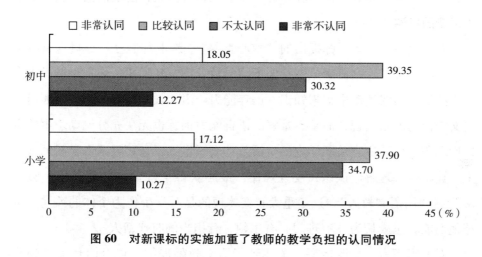

**图 60　对新课标的实施加重了教师的教学负担的认同情况**

# 五　总结与思考

　　本轮课标修订是我国在新的历史起点上全面贯彻党的教育方针、落实立德树人根本任务的重要举措，是更好地应对当今社会人才培养新需求，进一步明确"培养什么人、怎样培养人、为谁培养人"这一根本性问题的必然要求，对引导和推动教育教学改革、促进义务教育质量提升具有重要意义。但是，新课标作为国家纲领性的课程文件，只有真正转化为教师的教学实践，才能为学生所体验，发挥重要的育人功能。因此，促进教师优化实践、改进教学，真正落实新课标理念，是当前义务教育高质量发展的关键。本部分将在前文的基础上从教师的视角出发，总结梳理新课标的出台给语文教学带来的新的契机与挑战，并结合现有的不足提出相应的政策建议。

## （一）新课标给语文教学带来的新的机遇

基础教育改革的关键是回答"培养什么人、怎样培养人、为谁培养人"的问题，新课标的颁布与推行标志着我国义务教育阶段教学观念的一次彻底革新，为学生个体的成长、教师的专业发展和义务教育阶段的语文教学都带来了新的机遇。[①]

对学生而言，新课标提出的"核心素养""跨学科学习"等概念具有十分深远的意义。这些概念虽然指向不同的教学环节和形式，但都强调学生在积极的语文实践活动中积累知识、培养能力。语文教学目标的达成不能通过语文知识的堆砌实现，简单、重复的语言能力训练也无法充分调动学生的主体性和积极性，应当关联学生的生活及其周围世界，在积累语言材料的基础上，让学生去理解、认识、发现规律，最终获得个性化的经验。从"教语文"到"用语文教人"，这一重大转变体现的是对学生作为个体的关注，希望他们能真正成长为"有理想、有本领、有担当的时代新人"。

对教师而言，新课标深刻关注到了语文教师群体在当今时代面临的难题。信息技术广泛介入社会生活，人类获取知识的方式、阅读的方式也发生了天翻地覆的变化。借助网络媒体，学生可以随时接触到各种各样的文本，传统以经典文本为主要材料、以课堂为主要教学活动发生场所、以教师讲解为主要教学方式的语文教学活动遭受了重大冲击。与新兴媒体争夺学生的注

---

① 王本华：《〈义务教育语文课程标准（2022 年版）〉：创新、发展与突破》，《语文建设》2022 年第 10 期，第 22~25 页。

意力，将他们牵引到正确的语文学习道路上来，是每一位语文教师都面临的挑战。新课标的提出在一定意义上帮助教师解决了"教什么、怎么教"的问题。具体而言，新课标真正做到了将课程目标与课程内容相分离，课程目标以语文学科的核心素养为中心，从识字与写字、阅读与鉴赏、表达与交流、梳理与探究四个方面确定了各个学段的具体目标；课程内容则清晰地被划分为三个层次的六个语文学习任务群，并提供了相应的教学策略指导。相较于上一轮的课程方案和课程标准，新课标更注重内容的综合性和实践性，为当前语文教师教学改进指明了方向和重点。又如，新课标提出的语文学业质量标准是对不同学段学生的语文学业成就关键表现的整体描述，其工具性的实现仰赖于其中涉及的语文核心素养是可观察、可测量、可分析和可评价的。对于教师而言，新课标语文学业质量标准的提出有利于教师把握教学的深度和广度，为教材编写、教学实施和考试评价提供重要依据。

对于义务教育阶段的语文教学而言，新课标的提出是对"双减"政策的呼应与补充。21 世纪基础教育课程改革推进二十多年来，尽管我国在变革旧的学习方式、探索新的教学模式等方面取得了一定成果，但教育的应试倾向依然明显，学生的课业负担仍然沉重。"双减"政策要求进一步减轻义务教育阶段学生的作业负担，要实现这一"减负"目标，光靠简单"物理减负"如缩短作业时长是不够的，更重要的是唤起学生对作业、课堂乃至语文学习的各个环节的兴趣与认同感，将原本无趣的学习变得有趣，以达到减负提质的效果。从这个意义上来看，新课标中涉及的情境学习、语文实践活动等要素均是对"双减"政策的回应，有利于破解我国基础教育高耗低效这一问题。

## （二）新课标实施现状中存在的问题及相应的政策建议

从长远来看，新课标的实施对于更新义务教育阶段语文教与学的面貌具有十分重要的意义。但从目前来看，由于实施时间较短，新课标落地过程中仍然存在一些问题。从课程教学来看，部分教师对新课标认识不够，没有根据新课标更新教学内容与教学材料；从作业布置与评价来看，许多教师因为时间、精力不足不能有效开展过程性评价；从语文实践活动开展来看，整本书阅读受制于学生阅读能力的差异无法很好地开展，包括跨学科学习在内的其他语文实践活动也没能很好地开展。此外，接受调查的部分教师认为，新课标的实施很有可能造成班内语文学习状况进一步两极分化，加重语文能力较弱的学生的负担。

教师作为教学活动实施的主体决定了新课标落地的成功与否。但是，教师个体的力量是有限的，学校应当充分发挥资源整合的作用，担当教师教学改革与创新的组织者与推动者。本部分将结合上述问卷调查的结果，以教学环节为线索，为教师和学校两大主体提供一些可行的建议。

1. 组织包括专题培训、示范课等在内的更多切实有效的培训活动以促进新课标理念的下沉

新课标创新性地提出了"核心素养""学习任务群"等概念，但是，单单依靠个人，教师难以深刻把握新课标中包含的教育理念，教师群体也难以形成关于语文教学的共识。对此，学校一方面可以联动周边学校或当地教育主管部门集中在寒暑假开展更多切实有效的培训活动，针对核心素养、学业质量评价、学习任务群等教师普遍关心的概念与环节进行专题培训；另一方面也可以在内部组织本校教师观看语文教学专家的讲座和语文名师的示范课，在全校营造积极践行新课标教育理念的氛围，真正做到读懂新课标、会用新课标。此外，也可以适当组织以新课标为主题的知识测试或技能比赛，提高教师群体对践行新课标理念之紧迫性的认识。

2. 关注新课标落地进度，多维评价教师工作，提供更多的教学资源支持以减轻教师负担

数据显示，六成以上语文教师认为在目前的升学制度下落实新课标是比较困难的，这体现了长期以来我国义务教育阶段注重应试策略训练的惯性。新课标的提出在一定意义上是对这股应试风气的反拨，以"核心素养"为代表的相关理念要求教师和学校更多关注学生作为个体而非作为"考试机器"的成长需求。因此，除了教师需要及时调整教学策略和教学内容，学

校也应当做好教师教学改革和创新的坚强后盾，多维评价教师工作，将终结性评价与过程性评价相结合，引入专业测试、视频分析和档案袋等有效的教师评价策略，激励教师进行教学实践创新。此外，对于偏远地区的教师而言，学校与有关教育部门应当做好资源统筹工作，如引进双师课堂、线上课件资源库等，提供更多的教学资源支持以减轻教师的心理负担和工作负担。

3. 组织各年级围绕新课标内容展开新一轮备课，循序渐进调整教学内容和教学策略

由于新课标推行时间较短，数据显示，半数教师在过去的一学期中没有围绕新课标进行新一轮备课。对此，学校应当鼓励全体教师积极探索、敢于实践，在充分调研学情的基础上打破原有的以教师讲授、提问为主的"一言堂"教学策略，参考新课标中提出的课程实施建议，更多引入以学生为主体的教学环节，充分调动学生语文学习的兴趣。此外，大单元教学能够有效整合知识体系，改善学生碎片化学习的现状，提升学生的课堂参与度和思维敏捷度，这也同样得到了许多教师的认可。在未来，学校可以通过开展教学研讨会等方式鼓励教师以整体性思维重组原有的知识结构，给予现有语文教材新的解读。

4. 以"奇思"促"妙用"，更新作业布置理念和策略

数据显示，中小学语文教师最常布置的作业类型为诵读文章任务、阅读任务和写作任务。尽管相较于习题任务和抄写字词句等机械重复或应试性强的作业形式，语文教师的作业布置理念已经有很大的改进，但是作业量上的减少不能等同于"双减"政策要求的"减负"。更为关键的是要促进学生转变思维，不再将作业当成负担，这就需要教师引入多种作业策略，如课本剧排练、做汇报等。与此同时，数据显示，许多语文教师在布置写作任务和表演任务时感到最有挑战，学校可以针对这些方面进行有组织的培训。

5. 共商科学有效的评价体系，推动过程性评价与终评挂钩

数据显示，课堂当场点评、写评语、根据作业或考试进行打分或打等级是目前中小学语文教师最常使用的三种过程性评价方法，也是较为传统的评价方法。这些评价方法存在的问题主要在于三点。第一，任意性极强，且难

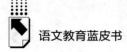
以有效整合并对学生和教师产生直接的指导意义。第二，忽视了学生个体的差异，用统一的标准要求基础不同、能力不同的学生容易打消学生学习的积极性。正如数据显示，六成以上语文教师认为新课标的实施对于语文能力较弱的学生而言是很大的负担。第三，教师个体教学任务繁重，难以"单打独斗"，至多只能在班内小范围实践某种评价体系。对此，一方面，学校可以组织同一学科教师共商一套具备学科属性的评价体系，并推动单一学科的评价结果与学生学期终评等挂钩；另一方面，学校也可以更多地借助网络设备的力量，整合日常碎片化的评价，促进教学评一体化。教师则需要更多地平衡标准的同一性与个体的差异性，让不同能力水平的学生都能学有所获、学有所成。

6. 推动分级阅读策略入校，家校合力促进阅读成果的及时反馈

数据显示，九成以上的语文教师在推行整本书阅读时遇到了困难。由于班内学生在阅读能力上存在差异，语文教师在推进整本书阅读教学时常常受阻。部分语文教师鼓励学生按照自己的阅读能力制订阅读计划，但是由于校内阅读时间不足，学生的阅读任务大多在家中完成，在缺乏有效监督和指导的情况下，原定的阅读计划常常无法完成。对此，教师可以结合班内学生历次语文考试中阅读模块的得分以及学生的自评得分为学生选择差异化的图书，在学生的"最近发展区"内为学生选择兼具挑战性和可读性的文本，并适当引入读书分享会、每日好句分享等机制来监督学生的阅读任务是否完成。与此同时，面对校内阅读时长不足的情况，教师可以与家长合作，通过线上作业打卡等方式鼓励学生在完成阅读任务后及时反馈，以保证阅读的效果。

# 案例篇

## B.5
## 小学高年级教材助读系统的教学流程

——以统编教材小学语文五年级下册第二单元为例

吴　洋*

**摘　要：**　助读系统的建构是统编教材的一大特色。统编教材全面使用以来，尤其是 2022 年版新课程标准颁布以来，助读系统备受关注。本报告以统编教材小学语文五年级下册第二单元为例，从教师、学生及域内推广三个层面对小学语文高年级教材助读系统的教学流程进行阐述，并对教师"如何教"与学生"如何学"提供些许有价值的建议。在教师层面，共同研读助读系统；充分利用助读系统各要素，整合资源，指导教学；结合助读系统进行教学设计。在学生层面，提高自主学习意识，主动利用助读系统；依托助读系统，提升学生思维方式；借助助读系统，提升学生语文核心素养。在域内推广层面，开展"助读系统教学"实践应用培训活动、教学设计展示活动、学生素养大赛活动等，促进教师专业发展。

---

\* 吴洋，吉林省吉林市丰满区教师进修学校小学教研部主任，语文教研员，副高级教师，致力于小学语文研究。

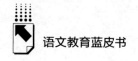
**关键词：** 小学语文 高年级 助读系统 教学流程

统编教材助读系统是为帮助学生阅读，培养和提高学生的自读能力而提供的一系列材料的系统。对教师而言，助读系统有助于全面了解教材编写理念及内容，不断提升教师教学质量；对学生而言，助读系统可以帮助厘清学习任务，学生可以利用课程资源自主学习与探究，从而全面提高语文核心素养。

本报告以统编教材小学语文五年级下册第二单元为例，探究助读系统的教学流程（见图1）。

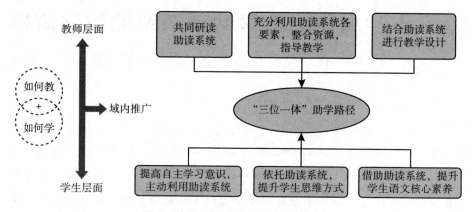

**图1 统编教材助教系统的教学流程**

# 一 教师层面

### 1.共同研读助读系统

（1）明晰助读系统编写理念

对教材多元化的解读是教师高效备课及高质量教学的重要保障。努力挖掘助读系统的内涵，充分利用助读系统的丰富元素，可以帮助教师精准把握编者意图，进一步确定每一单元、每一课、每一课时的学习重点和能力训练点，从而确立基于核心素养的教学目标，构建充满语文味的语文课堂。

《义务教育语文课程标准（2022 年版）》明确指出："核心素养是学生通过课程学习逐步形成的正确价值观、必备品格和关键能力，是课程育人价值的集中体现。义务教育语文课程培养的核心素养，是学生在积极的语文实践活动中积累、建构并在真实的语言运用情境中表现出来的，是文化自信和语言运用、思维能力、审美创造的综合体现。"① 语文教师应立足学生学习实际，科学合理使用教材，引导学生培养核心素养。教师应了解教材编排中呈现的"单元一贯制"特色，以单元主题、语文要素和文本内容、助读系统等多重线索串联起文本而形成单元。基于此，研读统编教材小学语文五年级下册第二单元的助读系统可发现：该单元以"名著阅读之旅"为主题，通过一系列语文实践活动，激发小学生对古典名著的阅读兴趣，感受中国传统文化的博大精深，增强学生的文化认同感与自豪感；引导学生初步学习阅读古典名著的方法，通过对文章内容的梳理整合，丰富语言经验，并在具体语言情境中围绕一个问题进行思考与交流，感受语言文字的丰富内涵，加深对文本的理解；尝试将课文与原著进行对比阅读，通过阅读感受、理解、欣赏、评价人物性格特点，丰富审美经验的同时，培养学生的思辨能力。教师只有充分理解助读系统的编排理念，才能在教学中明确引领学生"学什么""怎么学"。

（2）厘清助读系统基本框架

统编教材中小学阶段助读系统主要以"单元导读""注释""阅读链接""资料袋""阅读提示""课文插图"（见表 1）等方式呈现，并发挥着引导、提示、补充、拓展等功能。教材中助读系统的编排原则是循着单元学习规律，为学生阅读与实践提供必要抓手，便于学生更轻松地开展语文学习活动。语文教学中对助读系统的把握与使用程度直接影响着教师的教学活动

---

① 中华人民共和国教育部制定《义务教育语文课程标准（2022 年版）》，北京师范大学出版社，2022，第 4 页。

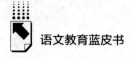

设计是否科学与学生的学习是否高效。只有深入研读助读系统，发现其内在联系，正确解读教材助读系统编写意图，才能帮助教师建立单元整体教学的框架，开展统整的教学流程。

表1 统编教材小学语文五年级下册第二单元助读系统一览

| 呈现方式 | | 具体内容 |
|---|---|---|
| 单元导读 | | 人文主题：观三国烽烟，识梁山好汉。叹取经艰难，惜红楼梦断<br>语文要素：初步学习阅读古典名著的方法；学习写读后感 |
| 注释 | 《草船借箭》 | 课文根据元末明初罗贯中的《三国演义》第四十六回相关内容改写 |
| | 《景阳冈》 | 1. 本文选自元末明初施耐庵的《水浒传》第二十三回，选作课文时有删节，题目为编者所加<br>2. 对"梢棒""没地""疏软"的词义进行解释；对"勾""轮"进行通假字正音 |
| | 《猴王出世》 | 1. 本文选自明代吴承恩的《西游记》第一回，选作课文时有删节，题目为编者所加<br>2. 对"顽"进行通假字注释 |
| | 《红楼春趣》 | 1. 本文选自清代曹雪芹的《红楼梦》第七十回，题目为编者所加<br>2. 对"他""放晦气"进行解释 |
| 阅读链接 | 《草船借箭》 | 选自元末明初罗贯中的《三国演义》第四十六回（原文） |
| | 《红楼春趣》 | 选自林庚的《风筝》，有改动 |
| 资料袋 | 《景阳冈》 | 图文结合，简介《水浒传》中人物武松 |
| 阅读提示 | 《猴王出世》 | 默读课文，遇到不明白的语句，可以猜猜大致意思，然后继续往下读。读后用自己的话说一说石猴是怎么出世的，又是怎么成为猴王的 |
| | 《红楼春趣》 | 《红楼梦》中的许多故事，在我国广为流传。这篇课文讲述的是宝玉、黛玉等在大观园里放风筝的故事。读读课文，能大致读懂就可以。读后和同学交流：宝玉给你留下了什么样的印象？ |
| 课文插图 | 《草船借箭》 | 诸葛亮与鲁肃对话图 |
| | 《景阳冈》 | 武松打虎图 |
| | 《猴王出世》 | 猴王欲跳瀑布图 |
| | 《红楼春趣》 | 大观园放风筝图 |

从表1中可以清楚看到，在单元导读的提示下，教师可以围绕此项内容设计学习情境及任务；在课文中注释的提示下，学生可以自觉读通文意，更清楚地了解有关文本的必要信息；在阅读链接的帮助下，学生

可以打开思路，阅读拓展认识与教材相关联但却不同风格的素材和内容；在资料袋的补充下，学生可以有意识地将搜集资料的活动指向课外，经历了补充、梳理、提取的过程，学生能更好利用资料袋的独特阅读功能；阅读提示为学生从精读走向略读的实践活动提供富有方向性的方法，让学习任务完成得更有针对性；课文插图更是不可忽视的阅读助手，借助插图，学生能初步了解文意，正确把握文本要点。只有理解了教材助读系统的编写意图，挖掘助读系统中的具体指向，方能整体把握开展单元整体教学的框架。

梳理助读系统框架，提取助读系统主要内容，促进教师深入思考：这样的助读系统有怎样的作用？与新课程标准相对应，将"教教材"向"用教材"转变，从而确定明晰的教学目标与内容，并为教学设计和教学实施提供着眼点与落脚点。

**2. 充分利用助读系统各要素，整合资源，指导教学**

（1）以单元导读为导向，确立大单元学习目标

统编教材中的单元导读采用了"双线组织单元结构"，体现了语文学科工具性与人文性的统一。利用单元导读确立单元学习目标，用一条隐线贯穿整个单元，整合零散分布在精读课文、略读课文、口语交际、语文园地中的语文知识、语文能力、阅读策略等，使教学目标清晰化、整体化、层次化。

单元导读是单元教学的统领。人文主题的概述引起情感共鸣，语文要素的训练给予学法指导。教师可以结合课程标准、单元导读、教材内容、学情分析等方面设置大单元的学科大概念、单元学习目标和教学重难点。单元学习目标是语文主题任务完成所要实现的"学生身心发展结果的预期与设计"。确定学习目标，一方面需要从大处着眼，与素养型语文课程目标体系、任务群目标、任务群学段目标等形成逻辑对应关系；另一方面也需要从细处着手，充分考虑学习主题、学习任务内的逻辑体系特征，仔细分析学情，包括学习经验、学习风格、学习兴趣和学习意志等。

随着社会的发展、信息技术的进步、教育学和心理学研究内容的不断深

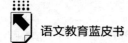

入，现代社会对学生核心素养的要求不断增高，传统班级授课制的教学方式已不能满足大众的期待和要求，以"学生为中心"已经从原来的口号和愿望转变为一种正在实现的事实。① 《义务教育语文课程标准（2022年版）》明确要求："阅读叙事性作品，了解事件梗概，能简单描述印象最深的场景、人物、细节，说出自己的喜爱、憎恶、崇敬、向往、同情等感受。"② 基于新课标中对小学高年级学生"阅读与鉴赏"的要求，结合单元导读、教材内容，制定大单元的学习目标。

一是自主学会52个生字，读准5个多音字，会写26个字，会写17个词语。

二是阅读中国古典名著，感受名著语言，能够对阅读名著有兴趣。

三是能够灵活、恰当地运用"遇到不太明白的语句时，根据上下文猜出大致意思""遇到较难理解的词句时，不用反复琢磨，明白大致所指就可以""借助历史背景、电影、电视剧等拓展资料，更好地理解故事内容"等方法阅读古典名著，感受中国古代传统文化的魅力。

四是学会把握文章的主要内容，尝试结合事件、细节读懂人物特点，辩证地评价人物。

目标中"二是阅读中国古典名著，感受名著语言，能够对阅读名著有兴趣"指向单元导读中的人文主题"观三国烽烟，识梁山好汉。叹取经艰难，惜红楼梦断"。这是将人文主题转化成任务驱动力进行阐述。目标中第三条阐述了学生将学习运用哪些方法阅读古典名著，这与语文要素"初步学习阅读古典名著的方法"相呼应。

（2）以阅读提示为导向，确立课时学习目标

将单元导读作为单元学习目标制定的参考，语文教学就会有的放矢。那

① 刘献君：《论"以学生为中心"》，《高等教育研究》2012年第8期，第1~6页。
② 中华人民共和国教育部制定《义务教育语文课程标准（2022年版）》，北京师范大学出版社，2022，第12页。

么，单元语文要素如何落实在每一节课？可以尝试以阅读提示为参考制定学习目标。

《红楼春趣》是自读课文，阅读提示如下。

> 《红楼梦》中的许多故事，在我国广为流传。这篇课文讲述的是宝玉、黛玉等在大观园里放风筝的故事。读读课文，能大致读懂就可以。读后和同学交流：宝玉给你留下了什么样的印象？

阅读提示是出现在自读课文前的一段提示性材料，既概括了课文的主要内容，又点明了学生在自读过程中需要思考的要点，能够帮助学生自主解读选文，增强学生解读课文、理解知识的能力。利用阅读提示制定学习目标，使其更加科学化、精准化、规范化。阅读提示是教师"怎样教"的提示，更是学生"怎样学"的指引。

读过《红楼春趣》阅读提示，可以抓住关键词：放风筝、读懂大意、品评人物。紧扣关键词，结合大单元学习目标，可以确立该课时学习目标。

> 一是借助注释读懂古典名著中关于风筝的词语、句子，了解有关风筝的习俗；学习积累一些古白话词语、方言词语。
> 二是默读课文，大致读懂课文内容，能够围绕"风筝"梳理有关情节。
> 三是通过人物的细节描写，体会宝玉的人物形象。
> 四是通过阅读链接，激发对《红楼梦》的阅读兴趣。

从单元学习目标到课时学习目标，处处关注助读系统的编排，教师运用提取关键词、阐述学习任务与目标的方法，使教学过程目标明确、条理清晰。教师深入研究助读系统中的单元导读、阅读提示，使学生在教师的指导下，快速有效地从整体上把握单元及课时的学习目标和学习任务，让"助读"变为"助教"，进而"助学"。

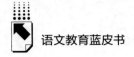

### 3. 结合助读系统进行教学设计

依循助读系统确定好教与学的具体目标，并采用恰当的教学流程达成目标是重中之重。统编教材助读系统的教学设计如图 2 所示。

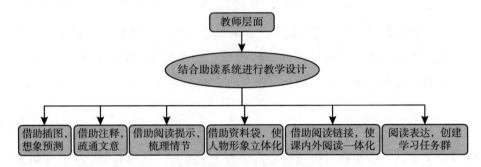

**图 2　统编教材助读系统的教学设计**

（1）借助插图，想象预测

叶圣陶先生指出："好的课本插图是课本的有机组成部分，能够加强对读者的感染力，加深读者的印象，使读者认识得更清楚，绝不是可有可无的点缀。"①　教材中的插图与文本有密切联系，能够辅助学生更好地理解课文的主要内容。借助课文插图指导小学生想象与预测，可以培养发散性思维能力，从而全面提升学生的语文核心素养。例如，出示文中的"诸葛亮与鲁肃对话图""武松打虎图""猴王欲跳瀑布图""大观园放风筝图"，让学生猜猜这四幅图与哪些故事有关。通过预测故事内容，激发学生的学习兴趣。除此之外，让学生认真观察"大观园放风筝图"，并猜猜他们会说些什么、想些什么。充分借助教材插图帮助学生增进对文本内容的理解。

而这样的教学流程，教师可以迁移运用到其他年级和单元整体教学中，可以起到提纲挈领、统领单元整体教学、整体把握单元学习内容的作用。同时，利用插图还可以让学生在阅读中感受图中的表象，使学生学会审美，理解课文的思想内容。在阅读时关注与插图有直接联系的语句，帮助学生理解与积累，也可以利用插图提高学生的说话能力。学生在按照一定顺序有组织地用书面语言把插

---

① 《叶圣陶语文教育论集》（上），教育科学出版社，1980。

图内容清晰完整地表达出来的过程中，内化理解，为创意表达提供有力抓手。

在统编教材中，插图多为水墨画、水彩画，色彩清新，画面和谐，主题明确。插图安排美观且丰富，这不仅符合小学生的身心发展规律，还体现了我国传统文化的魅力。借助插图引领学生主动思考探究，可以激发学生审美创造的能力，也可以坚定学生对中华文化的自信。

（2）借助注释，疏通文意

在统编教材中，课下注释简明扼要，内容主要包括作者介绍、文章出处以及古诗文注释等，主要起到对课文进行解释、补充的作用，从而辅助学生学习。在教学过程中，以注释助读的形式开展学习活动，不仅可以使学生阅读起来更加省时省力，还可以为学生营造一个更加立体化、完整化、情境化的语文学习情境。

学生小学阶段在这一单元首次接触古典名著这一题材。为了降低学生学习的难度，保留名著的原汁原味，教材在一些地方做了注释。如"勾"同"够"（《景阳冈》），"顽"同"玩"（《猴王出世》），"他"指"风筝"（《红楼春趣》），并注明"本文有的用字与现在不同，遵照原文，未加改动"。这样的小细节，虽然不需要一一标注，但是教师要清楚其意图有二。其一，落实单元语文要素"初步学习阅读古典名著的方法"，即遇到不理解的语句时，大致猜出意思就可以继续往下读，不用反复琢磨；也可以用多种方法猜测词语的意思，疏通文意是教学设计中必要一环。其二，要对文章熟读，感受古典名著语言的特点。

从注释说开去，对于整个小学阶段的语文学习乃至未来学生终身阅读的需要来说，关注和借助注释都是一种行之有效的阅读策略。古诗学习可以看注释理解古今对照释义；文言文阅读可以借助注释讲出文本大意，进行创意表达；一般文章可以借助注释了解文中个别词语及文章出处等。总之，注释承载着语文学习的重要功能，是学生阅读时的重要助手。

（3）借助阅读提示，梳理情节

阅读提示中往往提出阅读时要关注和解决的中心问题，学生在大单元学习中，在从精读到略读的阅读实践中，除了需要迁移前面学习的阅读方法，也要思考如何在略读课文中把握文本，有针对性地进行阅读，从而独立完成

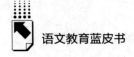

学习任务，形成语文阅读关键能力。这样才能有效实现从学方法到用方法的内化，发展学生语文核心素养。

通过《红楼春趣》中的阅读提示可知，课文以"风筝"为线索，教师可以这样设计。

师：默读课文，简要地说说课文讲了什么事。

生：宝玉与黛玉等姐妹们和丫鬟一起放风筝。

师：那么，他们是直接就放风筝吗?

生1：不是的，先写了拿风筝。

生2：还有拾风筝的描写。

生交流，汇报：拾风筝—拿风筝—放风筝—放飞风筝。

师总结：文中清晰地呈现了故事的脉络，他们的快乐也跃然纸上，传递给我们，让我们感同身受！请浏览课文，画出文中体现他们放风筝之乐的语句。

在阅读提示中寻找关键词，引导学生读文章，首先要了解事情的梗概，其次要找线索，梳理情节，进而根据人物的细节描写品评人物特点。在统编教材中，绝大部分的略读课文可以这样设计教学环节，开展学习活动。这也可以对篇幅较长的文章更为有效地实现整体把握，突破长文短教的教学难点。

除了阅读提示，统编教材中的泡泡语也能够引起学生注意，激发学生的思考，具有很强的指示性作用。泡泡语常常出现在课文需要重点关注的关键词句旁，或是需要学生重点掌握的文章写作方法，或是需要学生体会的思想情感。在教学中，教师也可以利用好泡泡语，实现新课标所倡导的让学生自主学习的目标。

（4）借助资料袋，使人物形象立体化

《景阳冈》一课，引导学生细读武松打虎部分，这也是学生最感兴趣的内容，紧扣连续的动词"闪、轮、劈、揪、按"，结合课文插图，感受武松的智勇双全、胆大心细。在此基础上，教师还要引导学生尝试多角度评价武松。课后的资料袋简介原著的背景及武松的命运，并配以戴敦邦绘的《水浒传》典型人物的绣像图，帮助学生多元感受人物形象，进一步引导学生走近水浒诸英雄，带着兴趣与思考去阅读整本书。

教师在引导学生阅读资料袋的内容时也可以指导学生有创意地梳理资料。统编教材中有不少以资料袋形式出现的文本，通常情况下，师生共读或者学生自读一下便一带而过，这样的阅读不能达到立体理解资料内容的目标。教师可以在阅读资料袋时引导学生利用鱼骨图、树形图、发散导图、线索图等多种方式绘制资料袋的内容索引，指导学生梳理资料，发展学生思维能力，训练学生养成阅读活动中负责任地表达、不盲目跟从的好习惯。

不仅《景阳冈》这一课，三年级上册的《大青树下的小学》、四年级下册的《飞向蓝天的恐龙》、六年级上册的《穷人》等多篇课文中都安排了资料袋，其内容丰富、形式多样，涉及图片、作者介绍、背景简介、知识补充及拓展等，有助于学生深入阅读理解课文内容。当学生对句子的理解、对文本的体会不够深入时，教师可以借助资料袋帮助学生深入理解课文，突破难点。另外，在课前，学生在预习的过程中也可以充分利用资料袋进行自主学习，及时调整自学方法以及阅读思路，从而实现梳理探究能力的进阶发展。

（5）借助阅读链接，使课内外阅读一体化

阅读链接是助读系统的主要部分，不仅丰富课文内容，还拓展学生的知识视野，也是从课内阅读走向课外阅读的渠道之一。整本书阅读任务的开展也有赖于课内外阅读统整的实践活动，学生只有在课内阅读中生发兴趣，才能主动走进课外阅读乃至整本书阅读。统编教材多次运用阅读链接激起学生课外阅读兴趣，扩充文本内容，学生可以依据助读资料阅读。教师可以高效利用阅读链接中的阅读材料，借助梳理内容、抓关键词句、提取信息、绘制内容导图等方法将阅读链接的内容进行二次加工。

在《草船借箭》的学习中，结合阅读链接，通过原著片段与现代文对照尝试进行古典名著的阅读，感受古典文学名著的语言特点，激发学生的学习兴趣。这不仅满足了不同层次学生对阅读深度的需要，更培养了学生文言文阅读的语感，从而激发学生对我国古典文学名著的热爱与探究的兴趣，培

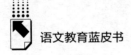 

树文化自信，强化语言运用，提升语文核心素养。这类阅读链接可以看作语言能力实践与运用类别的。

《红楼春趣》的教学结合阅读链接中林庚的散文《风筝》，通过文中描写的北平放风筝等民俗和作者从小对风筝的喜爱，帮助学生进一步了解"放风筝"这一习俗，这也是对中国传统文化的传承。可以将两篇文章进行对比阅读，感受跨越时空的放风筝的快乐。学生在共鸣中达到共情，在共情中陶冶情操，提升品鉴文学语言的审美能力，在文学阅读中，创意表达自己内心的感受，或吟诗，或回忆，或亲自去放风筝体验欢乐之情。这类阅读链接可以看作启发体验、指导活动类别的。

阅读链接的内容包罗万象，不仅丰富了课文内容，而且拓宽了学生视野。因此，教师可以利用这些学习资料创设与文本内容有关的教学情境，激发学生的阅读兴趣。

阅读链接的作用是多方面的。在教学中可以时时链接、处处链接，并留给学生充足的时间去自主阅读、感受并思考，逐渐从小链接走向大阅读，实现课内阅读和课外阅读一体化。

（6）阅读表达，创建学习任务群

"义务教育语文课程结构遵循学生身心发展规律和核心素养形成的内在逻辑，以生活为基础，以语文实践活动为主线，以学习主题为引领，以学习任务为载体，整合学习内容、情境、方法和资源等要素，设计语文学习任务群。"[1] "语文学习任务群由相互关联的系列学习任务组成，共同指向学生的核心素养发展，具有情境性、实践性、综合性。"[2] 综合运用助读系统提供的教学资源，创建符合学生年龄特点和认知规律的学习任务群，围绕"文学阅读与创意表达""思辨性阅读与表达"等发展型学习任务群，扎实推进"整本书阅读"这一拓展型学习任务群。

---

① 中华人民共和国教育部制定《义务教育语文课程标准（2022年版）》，北京师范大学出版社，2022，第2页。

② 中华人民共和国教育部制定《义务教育语文课程标准（2022年版）》，北京师范大学出版社，2022，第19页。

在真实情境推动下的大单元学习任务群设计，以"剧本杀——中国古典名著"为真实情境，以"文学阅读与创意表达"为基本学习任务，设置"名著知识我知道""游戏环节大挑战""复盘细节大总结"三个学习活动，其中"名著知识我知道"中创设四个子任务——三国大咖访谈录、梁山好汉大 PK、各显神通话西游、红楼梦里讲故事，旨在初步了解四大名著；"游戏环节大挑战"以四篇课文为剧本杀内容，在老师设计好的游戏规则和丰富的道具卡、技能卡的推动下，让课文内容鲜活地呈现在游戏中；"复盘细节大总结"以复盘的形式，说一说扮演的人物留下的印象，鼓励学生走进整本书的阅读。最后，单元学习接近尾声时，再以丰富多彩的形式呈现学习成果，以"名著阅读大盘点"为任务，驱动学生运用西游名字大串烧、红楼人物关系图、三国经典大战大盘点、水浒英雄大聚会等书画、描述、表演等形式，展现名著阅读的诸多收获。学生在文本、助读资料、阅读链接等多种阅读材料中，大显身手，以自己喜欢的方式展现阅读成果。

利用统编教材的略读课文，通过教师点拨迁移学法，结合助读系统由"扶"到"放"，逐步培养小学生自主学习的能力。《猴王出世》的阅读提示中强调阅读古典名著的方法：默读课文，遇到不明白的语句，可以猜猜大致意思，然后继续往下读。还强调了在阅读过程中了解故事内容，感受猴王的猴性、神性。学生对这个故事都很熟悉，在教学中，以学习任务群为载体，教师借助辩论会情境，引导学生通过"读通文章""了解内容""品评猴王"三个学习活动进行任务挑战，讨论并交流分享。在"负责任、有中心、有条理、重证据"[①] 的表达中，学生的主体地位充分体现，思维能力有效提升。

## 二　学生层面：借助助读系统，增强学习效果

《义务教育语文课程标准（2022 年版）》指出："教师应树立'教——

---

① 中华人民共和国教育部制定《义务教育语文课程标准（2022 年版）》，北京师范大学出版社，2022，第 29 页。

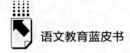

学—评'一体化的意识,科学选择评价方式,合理使用评价工具,妥善运用评价语言,注重鼓励学生,激发学习积极性。"① 在教学过程中,教师可充分利用助读系统评价学生的阅读效果。

当今教育界主要存在三种代表性的评价理念,即"对学习的评价""促进学习的评价""评价即学习"。由于学生是在真实、富有意义的学习情境中完成典型、具体的语文实践活动,后两种评价理念更吻合学习任务群的学习特点。②

**1. 提高自主学习意识,主动利用助读系统**

在课前预习活动中,学生可以充分利用阅读提示、泡泡语、资料袋、阅读链接等内容自主预习,在课前对所学知识产生初步的了解和一定的兴趣。学生可以利用评价工具形成评价结果,作为及时调整学习过程的重要依据。

**2. 依托助读系统,提升学生思维方式**

学生充分利用助读系统开展预习,师生、生生共同分析评价结果,重点关注学生的思维方式以及认知过程。教师适时地将助读系统中的元素补充到教学内容中,进行创新性的重组和整合,设计评价量表,明确评价标准。

借助《红楼春趣》阅读提示设计自读活动+评价量表如表 2 所示。

**表 2 自读活动+评价量表**

| 内容 | 阅读结果 | 等级 | |
| --- | --- | --- | --- |
| | | 自评 | 互评 |
| 1. 准确检索出场人物 | | | |
| 2. 梳理风筝有关情节 | | | |
| 3. 借助细节描写,谈谈宝玉的人物形象 | | | |

评价标准:
1. 书写规范、端正、整洁★★★
2. 语句通顺、用词恰当★★★★
3. 能简单描述印象深刻的细节,说出自己对宝玉的印象★★★★★

---

① 中华人民共和国教育部制定《义务教育语文课程标准(2022 年版)》,北京师范大学出版社,2022,第 48 页。

② 《义务教育课程标准(2022 年版)课例式解读 小学语文》,教育科学出版社,2022,第28 页。

### 3.借助助读系统，提升学生语文核心素养

课上学生积累阅读方法，课下学生自主广泛阅读，"1+X+整本书"的模式，不仅可以培养学生积极的阅读兴趣和良好的阅读习惯，同时也能够以一种"润物细无声"的方式全面提升学生的语文核心素养。在统编教材中，助读系统元素之一阅读链接是课内、课外文学作品的有效衔接桥梁。学生可以根据阅读链接内容制作阅读反思单，从阅读方法、阅读习惯、阅读体验等方面进行自我反思，自我改进；也可以采用读书汇报会、课本剧展演等方式，分享交流整本书阅读的感受，表达阅读体验；还可以采用撰写读书笔记、绘制读书小报等方式交流课后阅读的收获等。

借助《三国演义》阅读链接开展"经典情节交流分享会"，其读书分享会评价表如表3所示。

**表3　读书分享会评价表**

| 标准 | 自评 | 互评 |
| --- | --- | --- |
| 1. 表达有条理,语句通顺 | | |
| 2. 情节描述细致、形象、生动 | | |
| 3. 仪态大方,形式多样 | | |

## 三　域内推广：开展助读专题培训，促进教师专业发展

从上述实例中可以看出，主题任务单元教学视域下助读系统的使用遵循了学生学习的学科逻辑和心理逻辑，以生活为基础，以语文实践活动为主线，从情境性、实践性、综合性三方面体现了"以学习者为中心"的思想，是学生核心素养培育与发展的有效途径。2022年版新课标、新形势、新内容对教师专业素养提出了新挑战，教师凭借原有知识结构和能力水平难以胜任新课程教学。一线教师在理解课标内容、研读统编教材、分析信息时代学生学情、设计学习活动和评价内容等方面存在困难。因此，通过在区域内推广关注统编教材中助读系统探析使用，再结合对新课标的学习与理解，教师能

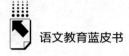

够设计出行之有效的大单元整体教学思路，这些有针对性的助读资料为教师和学生把握教材，开展语文活动提供了有力的抓手。这样的关注助读系统探析使用的教学评一体化活动，可以逐步培养学生自主学习的能力，使其渐渐形成语文学习的必备品格和关键能力。教师在以学生为中心的设计与组织活动过程中也可以走出困惑，迎接挑战。

为全面提高学生语文核心素养，提升学生自主探究的学习能力，以单元导读、注释、阅读链接、资料袋、阅读提示、课文插图等方式呈现的统编教材中小学阶段助读系统研究成果正在吉林市丰满区各小学广泛应用。教师结合教学实际情况充分利用助读系统帮助学生搭建学习支架，在高站位和大格局的教学理念指引下，对教学进行整体把握，从而促进学生全面发展。

1. 开展"助读系统教学"实践应用培训活动

教研引领，理念更新，行动落实。吉林市丰满区教师进修学校小学教研部多次组织开展小学语文助读系统研训活动，在活动中有专家的专业指导，有教师的反思与探究，在学习中探索助读系统的教与学，为打造高效语文课堂奠定了基础。

2. 开展"助读系统教学"教学设计展示活动

实践出真知。为引导教师充分利用助读系统开展课堂教学，吉林市丰满区教师进修学校以大学区为平台，组织开展教学设计展示活动。每一份设计都体现出教师将助读系统作为学生文本解读的延伸点、情感的触发点和课外阅读的拓展点，让语文教与学整体渗透，润物无声。

3. 开展"助读系统教学"学生素养大赛活动

助读系统有效地激活了学生头脑中新旧知识的连接点，起到了助学、助教的作用，学生的语文核心素养也正逐步提高。吉林市丰满区教师进修学校为学生搭建展示平台，在各项语文知识竞赛中梳理助读系统学习与应用的策略，从而促进知识间的碰撞。

教师将助读系统的功能指向、育人立意落到实处，引导学生主动整合学习资源，积极参与语文实践活动，充分进行合作交流，融入真实、富有意义的学习情境，从而提高学生运用语言文字解决与语文学科相关的现实问题的能力。助读系统教学流程的研究已经成为吉林市丰满区师生探究语文学习任务的外在驱动力，更好地培养了学生的合作交流、实践创新、批判思维等关键能力，为地区小学语文教学的发展提供了理念引领和科学依据。

　　总之，统编教材的助读系统内容多样、形式丰富，与文本的关联度紧密，让教师的"教"有深度、有广度，让学生的"学"有思考、有活力，真正实现了教得明确、学得扎实。

# B.6
# 核心素养下的大语文教学县域实践

杨玉昌　孙伟　张海宁　王芳　万静*

**摘　要：**　青州市教育教学研究院在研究相关大语文教学理论的基础上，立足县域实际，积极构建三段联动的、指向提升学生核心素养的大语文教学实践体系，探索县域层面大语文实践的路径和机制。通过探索，厘定了大语文教学的青州定义，通过整合县域阅读资源，精心打造书法课程、阅读课程、写作课程，缜密组织系列大语文教学特色活动，逐步形成以"听、说、读、写、演、悟、书"为基本内容的体验式、开放式的大语文课程体系，形成了"顶层设计—机制建设—课程建构—组织实施—评价反馈—经验推广"的实施系统，积累了县域层面大语文实践的新经验，形成了大语文教学的新样态。

**关键词：**　核心素养　大语文教学　生态发展样态

## 一　县域大语文教学样态形成的重要性

### 1.适应新高考下语文核心素养新样态的需要

《普通高中语文课程标准（2017年版2020年修订）》指出："学科核

---

\* 杨玉昌，青州市教育教学研究院院长，山东省兼职数学教研员，山东省新高考兼职研究员，第五届齐鲁名师建设工程人选，获山东省省级教学成果奖一等奖；孙伟，青州市教育教学研究院初中语文教研员、潍坊市兼职教研员，获山东省省级教学成果奖二等奖、潍坊市优质课一等奖，多次参与省市级课题；张海宁，青州市教育教学研究院小学语文教研员，获山东省中小学教师素养大赛二等奖、潍坊市优质课三等奖；王芳，青州市教育教学研究院高中语文教研员，潍坊市兼职教研员，潍坊市学科育人能手，获山东省青年教师教学竞赛一等奖；万静，青州市团结小学校长，获山东省省级教学成果奖一等奖、山东省优质课一等奖。

心素养是学科育人价值的集中体现，是学生通过学科学习而逐步形成的正确价值观念、必备品格和关键能力。语文学科核心素养是学生在积极的语言实践活动中积累与构建起来，并在真实的语言运用情境中表现出来的语言能力及其品质；是学生在语文学习中获得的语言知识与语言能力，思维方法与思维品质，情感、态度与价值观的综合体现。主要包括'语言建构与运用''思维发展与提升''审美鉴赏与创造''文化传承与理解'四个方面。"①在普通高中语文课程标准的引领下，近几年的高考语文试题思维的广度、命题的难度都在不断提升，这对我们整个县域内的语文课程改革和语文教学样态提出了新的要求，就是要以学生为主体，着力构建从小学到高中三段贯通、三段共同发力的大语文观，从语文教学实践中构建学生的语文知识经验和语文学科思维体系，进而步入语文情境去解决实践中的语文问题。

**2. 落实义务教育新课程新标准的需要**

2022年4月颁布的《义务教育语文课程标准（2022年版）》对义务教育阶段语文课程培养的核心素养进行了细致的阐释，进一步指出义务教育阶段语文课程培养的核心素养"是学生在积极的语文实践活动中积累、建构并在真实的语言运用情境中表现出来的，是文化自信和语言运用、思维能力、审美创造的综合体现"。② 新课标引导广大教师立足核心素养，彰显教学目标以文化人的育人导向；体现语文学习任务群特点，整体规划学习内容；创设真实而富有意义的学习情境，凸显语文学习的实践性；关注互联网时代语文生活的变化，探索语文教与学方式的变革。新课标突出强调了加强学段衔接：注重幼小衔接，依据学生从小学到初中在认知、情感、社会性等方面的发展规律，合理安排不同学段内容，体现学习目标的连续性和进阶性；了解高中阶段学生特点和学科特点，为学生进一步学习做好准备。三段联动的大语文教学就是立足学段基础，建设开放的语文学习空间，充分结合

---

① 中华人民共和国教育部制定《普通高中语文课程标准（2017年版2020年修订）》，人民教育出版社，2020，第4页。

② 中华人民共和国教育部制定《义务教育语文课程标准（2022年版）》，北京师范大学出版社，2022，第4页。

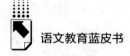

学生的学习和生活经历以及相关生活经验，建立螺旋上升的层级发展机制，搭建学生探究学习的新路径，指向学生语文核心素养的提升。

3. 提升县域范围内基于标准的课堂教学实施水平的需要

县域范围内各学校基于标准的课堂教学实施水平参差不齐，部分学校教学理念落后，统整观念淡薄，新课程标准学习和落实存在明显的问题。部分教师尚未深入领会各学段课程标准，理念滞后化，备课浅层化，目标笼统化，重"人文主题"轻"语文要素"，重"知识点拨"轻"方法引导"，重"单篇讲授"轻"资源整合"，尚未形成新时代基于新课程标准的教学观。县域大语文教学实践的开展，为提升三段基于标准的课堂教学实施水平以及强化学生的贯通式培养奠定了基础，为县域教育的优质均衡发展开拓了新思路。

# 二 大语文教学内涵诠释和特征

## （一）大语文教学的定义

传统意义上的大语文教学主要是使语文教学突破课本与课堂的空间局限，扩展到语文课外活动与学校、家庭、社会三个方面的语文大环境之中。本报告所倡导的大语文教学，是建立在对传统大语文教学成功经验继承基础上，基于语文学科的最基本能力——"听、说、读、写、演、悟、书"和青州市基础年级语文学科教育教学的实际而探索出的一种新的语文教学理念。它通过运用多样态综合的学习策略、多维度选择的学习内容，以及依托"书香校园"评选所形成的良好学习氛围，打造一种全方位、多渠道的语文学习思路和模式，为全面提升学生的语文核心素养打下坚实的基础。

大语文教学以科学的质量发展观和新课程理念为指导，基于语文学科核心素养提升，本着"全员参与、强化规范，重点突破、突出特色"的原则，培养读书习惯、增强阅读能力、提升写作水平、发展演说能力、提高书写品质，为全面提高学生综合素质、推动教师专业发展提供精神动力与智力支持，为全面提升教育教学质量打造"宽底面""有厚度""可持续"的生态发展样态，为学校内涵发展、学习型社会建设奠定重要基础。

实施大语文教学的主体是语文教师，但它又不仅仅依赖语文教师，教研部门、学校领导、其他学科教师、学生、家长以及相关社会机构也须协同配合。

## （二）县域大语文教学的具体内涵

大语文教学的研究立足前期优秀学者的研究成果，借鉴其经验。张孝纯老师指出大语文教学要立足课堂，把学生的语文学习向学生生活领域扩展延伸，发展学生的听说读写能力，通过全面、能动、网络式培训和训练，提升学生素养[①]；朱学清校长带领大语文团队研究了"一基两翼"的课程文化、"三段四步"的课堂教学文化、"三点四步"的学生学习文化，以及"五习与六个结合"的语文活动文化，将大语文教学提升到文化层面[②]；俞玉萍老师在《漫步大语文的教与学》一书中，用自己的教育实践和教育故事引导各学段师生进行大语文教学的实践[③]。

上述理论研究成果和个案研究对于我们大语文教学的研究有一定的指导和借鉴意义。我们根据县域实际探索立足县域层面三段联动的大语文教学的整体推进和实施，除培养学生听说读写能力外，对素养要求较高的演讲、辩论、表演、深度阅读与写作等语文能力和素养提升活动进行设计和研究，以青州市教育教学研究院（以下简称"市教研院"）为依托，以各学段语文教研员为主力，组织骨干教师加强协作，深入分析，探索县域范围内三段共同发力的语文教学新路径。

## （三）县域三段贯通的大语文教学的创新点和突破点

### 1.契合中、高考改革，着眼于学生语文核心素养的层级发展

大语文教学新样态着眼于全面提高学生核心素养和持续发展的能力，相

---

① 张孝纯：《"大语文教育"的基本特征——我的"语文教育观"》，《天津教育》1993 年第 6 期，第 34~35 页。

② 朱学清等编著《"大语文"教育研究》，上海教育出版社，2001。

③ 俞玉萍：《漫步大语文的教与学》，南京大学出版社，2012。

对于只强调工具性和现实思想意义的传统的语文教学思想来说，更适合于当今教学改革的发展和要求。以这种大语文教学新样态来指导我们的语文教学，既是中、高考改革的需要，也是语文教育发展的必然趋势，更是素质教育、学生成长的现实需求。

2.构建以"听、说、读、写、演、悟、书"为基本内容的体验式、开放式的大语文课程

青州市构建的三段联动的大语文教学新样态拓展了时空的观念，倡导联系社会生活、着眼整体教育、坚持完整结构、重视训练效率，追求教育的多样性、开放性、综合性和长效性。这就要求学校摒弃传统的过分强调语文学科的界限、一味追求学生成绩而不利于学生发展的"小语文"教育观，转而努力探索合适的途径与方式来实践大语文课程理念。

3.三段联动保证了学生语文素养提升的系统性、衔接性和序列化

相比传统语文教学分学段研究的弊端，三段联动的大语文教学实践集结了小、初、高三个学段的研究团队，确保策略实施、活动开展、体系构建的系统化和衔接性。三段联动对于推进实践策略的研究、实现学生素养的序列提升极具现实意义和操作实效。

4.构建县域范围内语文核心素养提升与学生关键能力培养实践化的载体和支撑体系

三段联动的大语文教学把语文教学上升到县域语文核心素养提升的课程的高度，对于推动语文学科教研模式的开展具有较大的价值，能够切实提高学生的语言建构、审美能力，增强学生的文化自信。

构建了"宽"容量与"深"理解相结合的大语文阅读内容体系。该体系依托语文课程标准，立足不同学段学生的阅读经验和规律，打破阅读内容和阅读结果的单一化、唯一性，实现了学生的海量阅读与深刻阅读的结合，形成了阅读数量、阅读内容、阅读品质紧密结合的三维一体化体系。该体系追求"量"的充足，小学阶段阅读量不少于400万字，初中阶段阅读量不少于450万字，高中阶段阅读量不少于400万字；该体系追求"面"的宽广，涵盖文化、科技、艺术、历史、自然等多个领域；"宽"容量的体系追求

以"量"为主的语言感悟，既能保证一定量的指令性阅读，又能满足学生的个性阅读和兴趣阅读，最终达到以课内有限带动课外无限的真正"海量"。该体系追求"深"的理解，"深刻阅读"则进阶为以"质"为主的学生思维品质发展，最终达到以阅读为依托训练思维、丰富思想的真正"深刻"。

形成了"海量写作"与"深刻写作"相结合的大语文写作训练体系。该体系依托统编语文教材，立足不同学段学生的写作经验，构建阅读与写作的有效联系，形成了写作兴趣激发、写作形式多样、写作内容个性真实、写作品质深刻的"学—写—评—改"一体化的写作模式。该体系追求"海量"，不间断的练笔，有时间和数量的保证；着重积累日常生活的智慧火花，力求写作内容的个性化、真诚化，全方位真实关注社会人生；最终通过"随堂写作""随笔写作""日记观察""情景写作"等写作形式训练学生语言的建构和运用能力，同时实现学生真情实感的"海量"。"深刻写作"的意义在于实现语言和情感思维的序列化、个性化。在日常海量写作中碎片式积累的真情实感以及对语言运用的反复实践基础上，实现写作资源库的个性积累、写作与个体生活的深度融合，使写作具有鲜明的品格。以此实现学生在写作方面兴趣的激发、技法的学习、资源库的构建、作文能力的提升。

建构了"海量演讲"与"深刻叙说"相结合的演讲表达训练体系。该体系依托语文学习活动，立足语文学习表达需要，建构学生演讲等口头表达能力、思维能力、情感态度等综合性学习，使学生经过自己的深入思考发表见解与认识，达到提高学生独立分析能力与鉴赏能力的目的。该体系追求语言演讲的"海量"，即"多讲多背"。利用一切机会让学生参与各种形式的演讲活动，同时要求教师熟悉学生学段年龄特点，开展层进式演讲活动。该体系追求语言表达的"深刻"，简而言之就是"会讲"。是指在语文学习活动中，培养学生多角度切入、多层次叙说的技能，使学生探微通幽，经过自己的深入思考发表见解与认识，不流于表面形式的泛泛而谈，以达到提高学生独立分析能力与鉴赏能力的目的。通过师生、生生沟通，小组交流等思辨合作，共同体验思维建构的过程。

探索了"海量剧演"与"深刻体验"相结合的剧演活动机制。该机制立足剧演需求，在老师指导下，以小组活动形式编写剧本、分担角色，在课堂环境中演出，并开展即时性点评。该机制要求学校和教师充分利用各种活动契机及开展语文学习拓展活动的机会，引导和组织学生以剧演的形式呈现自己对文本的理解。大语文教学倡导通过师生合作或小组合作开展剧演，引导学生加深对文本内容的理解及对思想情感的体验，"多演"的本质是为了"深悟"。这种"悟"便是学生形成自我教育的途径，在"演"的基础上，"悟"出精髓，因"文"悟"道"，因"道"学"文"。"深刻体验"要求教师在语文教学中通过氛围营造、分角色阅读、人物揣摩、事件解析等形式让学生进行文本的深度体验；同时学生的深刻体验绝不能采取放羊式的自我领悟的形式，必须在老师的引导、师生的讨论下进行，体验中要有思维的培养，要有语言的训练，要有创新的火花。

形成了书法学科规范化实施方案。大语文教学倡导书法教学的规范化，力求做到"会写字"和"写好字"。要强化书法常规教学，在落实语文教学中要求学生在把字写正确、写工整的基础上，进一步按照《中小学书法教育指导纲要》的要求落实书法课程，开展书法教育。

实现了优秀经典传统文化的深度融合。在大语文教学中，学校和教师要精选部分能够体现中华文化精髓、契合时代发展精神、符合学生发展水平和接受能力的优秀传统文化作品，作为中小学每学段的传统文化教育的内容。

以上内容体系和训练体系是一个密不可分的整体，互相依存、相辅相成。读而进乎写，写而辅以说、助于演，最终达到悟。"读、写、说、演、悟"的过程，是以语言的建构与运用为基础的思维能力获得的过程，是审美能力和审美品质发展的重要途径，其最终的目的是促进大语文教学教育理想的实现。

## 三 县域大语文教学的实施策略和探索

### （一）大语文教学的顶层设计和机制建设

为促使大语文教学走向新样态，在青州市教体局核心策略的指导下，组建并成立了以局长为组长的全市大语文教学工作领导小组。依据前期持续不断的调研数据分析，把脉大语文教学实施中存在的问题，规划三段联动的顶层设计，组建教学工作领导小组，制定大语文整体策略；组建核心运营首脑，以大语文项目实施组为依托，进行三段联动的具体实施；组建以校长、业务校长为成员的校域实施指导小组，组织校域相关人员进行集体研讨，实施大语文教学；组建以青年教师为主力军的课堂实践小组，对具体工作进行组织实施，调整课堂组织架构，优化课堂实施环节，形成"教研—实施—观察—提升"四位一体的高效闭环模式。

1. 大语文教学的"五原则"

确立了五项原则——目标导向原则、面向全体原则、典型带动原则、持续推进原则、系统联动原则，从组织领导、开足课时、队伍建设、资金投入等四个方面入手，强力采取"四举措"，推动大语文教学走向新样态。

（1）目标导向原则

制定青州市大语文教学实施意见，从"听、说、读、写、演、悟、书"七个方面进行目标定位，制定细致的学习目标。以阅读教学为例。明确学生阅读量。小学阶段阅读量不少于 400 万字，初中阶段阅读量不少于 450 万字，高中阶段阅读量不少于 400 万字。确保阅读时间。小学、初中阶段每周至少开设两节主题阅读课，确保每天课外读书半小时；高中阶段每周开设两节主题阅读课。规范阅读内容。阅读面要广，涵盖文化、科技、艺术、自然等多个领域。小学、初中阶段要求完成大语文教学阅读基础书目、国学经典诵读书目、语文主题学习丛书等的阅读；高中要求完成潍坊市语文学科推荐阅读书目的阅读，如《平凡的世界》《红楼梦》等。优化阅读策略。构建"教读、自读、课外阅读"三位一体的阅读教学体制，把课外阅读纳入单元课程体系，把整本书阅读纳入语文课内教学的范畴。注重朗读、默读、精读和略读相结合，由易到难，逐步培养学生鉴赏文学作品的能力。

（2）面向全体原则

从学校、教师、学生、家长、社会五个维度出发，依托"书香校园"建设，打造全面渗透的大语文教学的阅读学习氛围。学校方面营造浓厚的读书氛围，开展专题性的读书活动，培养一批"书香班级"，打造在社会上有一定影响的"书香校园"；开展丰富的读书活动，让师生在阅读中成长。通过长期的努力，最终形成具有丰厚文化底蕴的人文底色。教师层面，将朴素的"读书是一种需要"上升为"读书是一种生活方式"，促进教师提高业务素质，享受阅读，享受教育，享受人生；培养学生阅读能力，丰富学生知识积累，让学生博览群书，积淀人文传统。学生层面，倡导"与好书为友"的思想，激发学生的读书兴趣，培养学生"爱读书，读好书"的习惯。家长层面，发出"每天阅读一本书，每天进步一点点，做智慧型家长"的倡议，让每个家庭为孩子营造读书氛围，以点带面，扩大读书范围。社会层面，积极开展全民读书的宣传活动，让每个人都参与到读书活动中，提高全社会的人文素养和行为品质。

（3）典型带动原则

发挥典型学校、典型教师在活动中的模范带头作用。通过典型学校、典型教师的示范、启发与引领，让更多的学校、教师在活动中更积极、更主动，也更有创造性。各单位对大语文教学的开展和落实情况进行自我评估；市教体局对全市大语文教学情况进行专项督导，对活动中涌现的优秀个人和先进单位进行表彰奖励。

（4）持续推进原则

根据规划制定全市层面活动配档表，青州市和各学校定期举办教师论坛和学校论坛，交流研讨；举办青州市中小学生全员参与的语文素养展示、语文综合素养专项测评活动；举办青州市中小学教师阅读、写作、书法课堂教学研讨活动；推广大语文教学中涌现出的学生、教师及学校优秀经验。

（5）系统联动原则

青州市教体局、市教研院、各中心校、各基层学校及学科教研组多级联动、层级推进，建立相应的层级管理机制、教研服务机制、测评机制、成果激励机制，市、镇、校三级联动，教研员、教师、学生、家长四维推进，使大语文教学活动推广得以层层落实，顺利开展。

2. 大语文教学的保障实施机制

一是上下联动的保障机制。从领导小组建设、课程建设、队伍建设、资金保障到位四个方面完善大语文教学实施的保障机制。构建管理体系网，青州市教体局、市教研院、各中心校、各基层学校都成立领导小组，设立项目联系人，上下联动，确保理念科学转变，活动落实到位。合理开发校本课程，由市领导小组统筹调度，结合学校实际合理开发校本课程，形成符合校情、学情的阅读、写作、书法、表演、演讲课程，保障大语文教学实施。加强师资队伍建设，市教研院发挥市级教研团队成员的燎原作用，带动和指导教师全面推进语文教学改革，培养一批有能力、有干劲的大语文教学骨干。建构资金保障机制，设专项资金以保障阅览室、图书角等阅读场所的建设与使用，并按照青州市教体局相关要求，定期做好图书馆藏书剔旧更新工作，为大语文教学及"书香校园"建设提供必要的培训、学习、研究等费用。

二是基于问题解决的教研服务机制。市教研院组建由各学校语文骨干教师组成的大语文项目负责人团队，学习大语文教学活动的思想精髓和最新教学改革动态，实现消息互通、群策群力。依托学校教师工作坊、学科教研组、名师工作室的力量，共同助力大语文教学活动的扎实开展，并充分发挥其领导力、组织力，在各学校范围内，充分组织语文教师开展集体教研活动。推进定点包靠，具体到校。按照一定的周期对责任区内的学校进行教学视导，充分把握该区域学校语文教学改革的方向、力度，解决实践中遇到的各种问题，及时提出应对办法和改进策略，提供学校典型经验和案例供老师们学习。

三是成果展示、共享激励机制。从学校、教师、学生三个层面构建层级表彰和激励制度，完善激励机制。学校层面，各学校结合学校实际情况，从细化评价标准和准则、严格过程管理和中期调度、立足多维度和多主体评价等方面入手制定学校的激励方案，完善学校激励机制建设。并依据细则对大语文教学项目的实施进行评价，学校依据方案进行表彰和奖励。教师层面，关注教师职业幸福感指数，为教师搭建呈现教育效果、人才培养成果、个人专长的平台，推行对教师的激励政策，提升教师的职业幸福感。学生层面，力求形成"追求—努力—成功—自信—（新）追求"的良性循环。学生们通过自身努力和教师的帮助来满足爱与归属的需要、尊重的需要。两种需要的满足，一方面，可以充分发展学生的自信心，让学生产生满足更高一级需

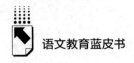

要——自我实现的需要的内动力；另一方面，可以在很大程度上对学生产成激励作用，激发学生能力水平的提升。由此，促使学生语文核心素养的提升。

四是语文综合素养专项测评机制。依托青州市中小学全面开展的综合素养专项测评活动，构建全方位、立体化评价模式。将学生的阅读能力、演讲和诵读等口语表达能力、书法鉴赏及书写能力、编剧演剧能力、现场作文能力等都列入评价体系，实现学生评价的多元化。以学生阅读能力的评价为例，市教研院将基础书目、推荐书目、国学诵读经典篇目等阅读内容，作为各学校语文课程实施和学业水平质量监测的项目之一，不再只围着课本转；将学生参加大语文各项素养展示活动（如"多才多艺小名士"、语文素养展示、"读书之星"评选、"读书月"系列活动等）的情况纳入社会实践活动考核，并作为学生综合素质评价的重要内容。每年都将考评、监测结果纳入学校的年度教学工作整体考评中。

科学、全面的评价在大语文活动的切实开展中得以应用，并发挥其导向、激励作用，也真正成为对学生综合语文能力测评的准星。

### （二）大语文教学的实施路径和具体实施策略

#### 1.统筹全域资源，营造大语文推进环境

（1）科学配置图书，为"大语文"教学提供物质支撑

在推进大语文教学的过程中，各中小学立足于学校实际，相继建立图书室、阅览室，配备相应的语文阅读图书与刊物助推营造大语文教学所需要的环境与氛围。各中小学把开展阅读活动作为"书香校园"创建的突破口，成立"书香校园"建设领导小组，制定建设规划和实施方案。每年组织一届读书节，提倡中小学生每天课外阅读不少于半小时。

（2）利用社会阅读资源，拓展大语文学习时空

在青州市教体局的带动下，各中小学与青州市图书馆、新华书店和社区图书馆加强联系，广开书源，通过开设阅读讲座、城市阅读等形式"倡导全民阅读，建设书香城市"，拓展了大语文阅读的广度与深度，并取得了良

好的成效。积极组织师生参加省市县教育部门组织的中小学生作文大赛、硬笔书法展评、经典诵读和"读书之星"评选等活动。根据地域文化特点和学校的文化传承，开展优秀传统文化艺术进校园，传统文化名家、非遗传承人进学校等一系列"书香校园"创建活动，打造独具特色的"书香校园"。

2. 实施"3456"机制，探求传统文化的深度融合

青州市教体局积极探索实施"3456"中华优秀传统文化教育县域整体推进机制，通过树立"三项"目标，落实"四化"推进，抓牢"五块"阵地，优化"六支"队伍，强化引领，区块联动，将优秀传统文化资源引入语文教学中，结合大语文教学的"听、说、读、写、演、悟、书"的任务要求加以开发和利用，使学生在语文学习中潜移默化地了解地方传统文化，也给青州市优秀传统文化的传承指明了发展方向。

3. 守正笃实，大力弘扬书法教育

青州市教体局积极壮大书法骨干教师队伍，加强与社会书法协会等的合作与交流，聘请书法专业人士进校园，开展书法讲座或举办书法培训班。各学校以骨干教师为依托，开展教师书写基本功培训，加强粉笔字、钢笔字、毛笔字训练，提升教师书写与指导水平，进一步提高了书法教学质量。同时，在青州市教体局、教研院的积极引领下，各中小学积极探索，增强书法校园文化建设，落实、开发书法课程，并取得了一定的成效。

4. 精于课程建构，打造阅读教学新谱系

明确"阅读让教育更丰厚，阅读让人生更精彩"的阅读理念，制定三级阅读目标，实施教研员阅读工程、教师阅读工程、中小学阅读工程。打造"青州教研 TH 读书氧吧""青州教研 TS 百家讲坛""主任荐读"等文化品牌，引领教研员读书学习，深入推进教研员专家化。深入推进教师素质提升工程，引导教师确立专业成长计划，开展专业阅读，丰富专业知识，完善专业技能，逐步在教师队伍中形成浓厚的读书氛围，让教师养成良好的读书习惯。推进主题阅读、单元整合等教学模式的探索和实践，让青州市的中小学阅读教学有章可循，从而遍地生花。积极探索全学科阅读，让阅读渗透到所有课程中，形成"大阅读"格局，积极创建阅读特色学校。

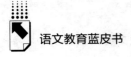

### 5. 创建指向核心素养的部编教材语文写作体系

探索"1+x+1"（主题锚点+群文主题阅读+专题训练）的横向写作体系和贯通培养的纵向写作体系，实现贴近青州市师生实际的以"主题写作方法指导"和"主题写作能力训练"为主要内容的三段写作体系的序列化。进行"写作"与"阅读"融合的课型研究，形成写作与阅读课的新课型："主题读写联动课"依托语文主题学习丛书等阅读资源，结合锚点，开展阅读，积累素材，读写联动；结合"写作方法指导课"，激发学生写作的兴趣，让学生写作心中有法；"写作训练评改课"让学生笔下有文。在这三类课堂中，教师可利用精读美文解读技法，实现学生阅读品质提升，激发学生自主情感表达，提升课后写作批改品质。

### 6. 密织大语文教学特色活动网

全面开展阅读、写作能力提升系列活动，使学生语文实践能力得到提高和拓展。倡议"每天读书半小时"，举办经典片段记诵大赛、美文诵读会、读书报告会、限时作文大赛、"我与疫情防控"主题征文等系列读写展示活动，组织"书香班级""书香年级""读书之星"等评选，开展多种形式的"读书月"系列展评活动。同时，开展线上语文特色系列学习活动，如推介古今文学作品和社会时事热点中优秀人物的自我成长类课程；以名著导读课为载体，学生创设思维导图的阅读写作系列活动；等等。这些活动有效地开阔了学生的语文视野，培养了学生实践与创新能力，全面提升了学生的综合素养。依托"书香校园"的创建，各学校通过开展五彩阅读活动，搭建多样阅读平台，开展主题阅读活动，精选阅读书目，改革阅读教学模式，打造个性教学法，让读书成为生活方式。

通过进行创新性语文教学改革，青州市建立了读写并重的大语文教学体系，以适应时代对语文教学的需求，做到大量阅读与随笔写作有机融合，让名著阅读陶冶学生品行，开拓学生思维，同时涵养学生言语，使阅读积累与生活体验成为学生储备写作能量的主要渠道。把读写结合规律的研究与实践落实到课堂教学中，探索构建读中学写、以写促读的教学体系，形成独特的语文教学格局。

# 四 大语文教学实施的意义与反思

## （一）大语文教学实施的意义

### 1.构建学段贯通下学生核心素养提升的层级机制

量变才能引起质变，学生语文能力的提升建立在遵循语文教学的基本规律上，就是要"举一反三"。以高品质的海量阅读、高质量的技能训练、高水平的能力展示系列活动为基础，建构学生"听、说、读、写、演、悟、书"的语文能力，打通学段发展的限制，规划学生不同学段能力提升的层级机制，构建指向核心素养提升的三段贯通发展体系，建构学生语言力、思维力、表达力、文化力提升的梯度体制，着眼于提高学生的综合素质和持续发展的能力。

### 2.丰富"大语文教学"内涵，拓展学生语文能力提升的新路径

在语文学科的最基本能力——"听、说、读、写、演、悟、书"的基础上，拓展大语文教学内涵，引导学生从海量阅读到深度阅读、海量写作到精品写作、海量演讲到精品辩论、感受理解到表演体验。从不同学段学生学习水平出发，构建提升学生"听、说、读、写、演、悟、书"能力的发展体系，打破学段限制，形成从小学到高中三段贯通、三段共同发力的整体教育。开展以"培养读书习惯，增强阅读能力，提升写作水平，发展演说能力，提高书写品质"为主要内容的实践，着力于优秀经典传统文化的深度融合，全面推动学生综合素质的发展。

### 3.丰富语文教学资源，改变县域语文教学生态

大语文观促使语文教师全面贯彻"生活即语文"的教育理念，充分利用现有条件，通过多种渠道和方式，使语文课同社会生活联系起来，打破以往封闭式的格局，构建课内与课外密切相关的学生整体教育。转变语文学习方式，强调不能只以训练的数量换取成绩，培养学生"听、说、读、写、演、悟、书"的综合能力。把"海量阅读"与"深刻阅读"、"海量

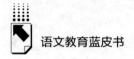

写作"与"深刻写作"、"海量演讲"与"深刻叙说"、"海量剧演"与"深刻体验"等学习手段结合起来，强化学生语文学习的情境性，继而在大量的语文实践活动中提升学生的语文核心素养和关键能力。注重学生的情感体验，让学生走出课本、走出课堂，走向社会、走向实践，改变一味追求语文学科成绩的现象，拓展评价方法，实现多元评价，激发学生课程语言文字学习的体验性、积极性，在体验式学习中，培养、熏陶美好的情感、情操，塑造完美的个性品质，帮助其形成良好的思维方式，发展可支持终身学习的能力等。

**4. 推动区域语文教育教学实践，打造县域经验**

青州市当前所开展的大语文教学活动兼具继承性与创新性，它既是对原先语文教学经验的传承，也是对新课标理念地域性实施的落实。通过不断探索和实践，寻找基于青州市实际的提升三段贯通的大语文教学行动策略，该策略的运用，必定会引导课堂形态变革、学生学习方式转变，引导教师树立"以生为本"的教学观，强化"教师主导、学生主体"的课堂观，从学科教学走向学科教育，从重教书走向重育人，从而积累县域层面大语文教学研究的经验，形成具有地域特色的大语文教学新样态，切实适应中、高考改革的趋势和方向。

## （二）大语文教学实施的反思

### 1. 教研模式和语文活动推进需要进一步完善

教研团队作为核心，应提高业务水平和开阔专业视野，确保大语文教学实践的研究有序、高效、优质运转；大语文教学的模式需要进一步优化结构，完善评价，增强实施过程中的靶向性和实效性。

### 2. 三段联动需进一步落实

小学、初中、高中不同学段间的互动需要进一步加强，不能仅仅局限于青州市教研院组织的作文、书法活动，方式应更多样化，在三段共同发力的同时，更需要探讨如何实现学生语文能力的进阶式提升。

3. 课堂实施需要持续的改进动力

大语文实践研究的成果主要服务于课堂，教师的专业知识和水平以及对语文课程的认知水平，决定了语文课堂实践的效果和高度，因此需要更多专业人士的指导和辅助。新课标下如何实现理论与课堂实践的融合也是我们课堂实施面临的重要问题。

# B.7
# 小学语文教学评一体化教学策略

闫继华 郑珍钰*

**摘 要：** "双新"背景下小学语文课程的目标是培养学生的语文核心素养，这需要教师采取一系列措施来实现。其中，强化教学评一体化机制和创新教学手段同等重要。基于教学评一体化机制，教师可以通过教学、学习和评价相互关联，促进学生对内容的深度理解和有效运用。同时，注重创新教学手段，采用案例教学、课堂讨论等方式，激发学生探究的求知欲，锻炼学生的思维能力。此外，完善多元评价体系，不仅检查学生的知识掌握，更重视能力培养，监测学生学习成效。教师需要强化教学评一体化机制，全面激发学生学习潜力，同时创新教学手段和评价方式，培养学生高阶思维和实践能力。这样才能提高学生运用语文知识完成应用任务的能力，进一步提升学生的语文核心素养。

**关键词：** 小学语文　教学评一体化　教学策略

"双新"背景下课堂评价不再是单方面对学生的评价，而是与其他方面的评价相互作用，形成了多层次、全面性评价的新局面。这是教学质量的重要保证。教学评一体化是一种有效的教学模式。它包含教学、学习和评价三个环节，能够提高课堂效率，全面检测学生水平，同时鼓励自主学习和协作互动，增强学习效果与核心素养。基于学生学情安排，教师应恰当使用这一模式，完善多元教学与评价体系，不仅检查学生的知识掌握，

---

* 闫继华，吉林省白山市抚松县教师进修学校教研室主任，小学语文教研员，高级教师，主要从事小学语文教学研究工作。郑珍钰，吉林省白山市抚松县第二实验小学教师。

更重视能力培养，监测学生学习成效，从而确保小学语文课堂教学有序开展。

# 一　小学语文教学评一体化的现状分析

小学语文教学评一体化是近年来教育教学改革的重要方向之一。它通过教师的教学、学生的自主学习和多元的评价反馈，促进教育教学目标的有效实现。笔者将从教、学、评三个方面进行分析，探讨小学语文教学评一体化的现状及问题。

1. 教学环节

教学环节主要指教师的教学活动。在这一环节中，教师应该注重学生的主体性，采用多种教学手段，引导学生主动学习。然而，在实际操作中，许多教师仍然采用传统的教学方式，忽略了学生的主体性，缺乏多样性的教学手段，难以激发学生的学习兴趣和积极性。

2. 学习环节

学习环节主要指学生的自主学习活动。在这一环节中，学生应该采用多种学习方法，如阅读、写作、讨论等，进行自主学习、协作学习和项目学习。但是，在实际操作中，许多学生缺乏自主学习的能力，对学习方法了解不足，导致学习效果不佳。

3. 评价环节

评价环节主要指教师对学生学习情况的评价和反馈。在这一环节中，教师应该采用多样化的评价手段，如自我评价、同伴评价、教师评价等，及时反馈学生的学习进展和问题。然而，在实际操作中，许多教师仍然采用单一的评价手段，评价过程缺乏科学性和客观性，难以准确反映学生的学习水平。

由此可见，目前教学评一体化的开展仍存在不足，教师需要及时优化，这样才能够更好地推进小学语文教学评一体化的实施，提高小学语文教育的质量。

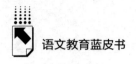
## 二　新课标下小学语文教学评一体化的教学优化思考

随着"双新"的不断深入，教学评一体化成为小学语文教学的重要发展方向。在新的教学理念指引下，教学、学习和评价相互关联、相互支持，形成了一个有机的整体。如何进一步优化小学语文教学评一体化，提高教学质量，是当前的重要问题。教师需要完成课堂教学的创新，给学生提供生动有趣的教学环境。例如，采用信息化教学、问题引导教学、情境创设等多种形式，让学生在不同的活动场景中学习语文知识和技能，增强学习效果。同时学生应该养成自主学习的习惯。在教学评一体化的教学模式下，学生的主体地位更加凸显，学习过程中更需要提升主观能动性。例如，采用小组合作学习、研究性学习、项目式学习等形式，通过课堂观察、对话交流、小组分享、学习反思等，收集和整理学生语文学习的过程性表现，让学生在教学过程中充分发挥主观能动性，增强学习效果。而课堂的评价应该采用多样化、多主体的评价手段，如自我评价、同伴评价、教师评价等。教师应该根据学生的实际情况，选择合适的评价方式，注重评价的科学性和客观性，及时反馈学生的学习进展和问题。评价结果应该具有指导性和反馈性，能帮助学生更好地掌握知识和技能，提高学习水平。此外，评价结果还应该反馈到教学环节，帮助教师改进教学方法，提高教学质量。小学语文教学评一体化的教学优化需要以新课程标准为导向，从多方面着手，采取一系列措施，推动教学、学习和评价的有效衔接，提高教学质量和增强学习效果。只有进行全面的教学优化，才能更好地实现小学语文教育的发展目标，为学生的全面发展和素质提高提供更好的保障。

## 三　新课标下小学语文教学评一体化的教学策略

### （一）创景设问展开教学，提升课堂教学质量

要想提升教学质量，首先要增强学生的学习兴趣。新课程标准对强化信

息技术的运用有明确的要求。其中运用信息技术完成创景设问教学就是一种非常重要的新颖的教学模式。笔者的看法是，一个有效的教育过程不应仅仅专注于学生的短期记忆和考试成绩，更重要的是提高学生的整体参与度及加强学生的思维培养。教师需要注意转换自身角色，激发学生的求知欲望和探寻精神，引导学生主动思考和解决问题。信息技术的运用改变了以往板书式教学形式，为师生之间提供了便捷的问答互动渠道。因为学生的心智尚未成熟，教师需要加强引导，带领学生拨开迷雾探索真谛。教师要利用好信息技术，给学生创造身临其境的问题思考氛围。例如，在《太空生活趣事多》的教学中，从二年级小学生的角度来讲，学生的视野是非常有限的，对于太空生活以及相关科学知识的了解比较肤浅，因此，教师可以结合创景设问的教学活动，拓展教学宽度，提升语文课堂的教育价值。首先，教师用信息技术播放杨利伟登上太空的影视资料，调动学生的学习热情，让学生感受中国人的"飞天梦"。接着展示各种太空生活的场景，让学生走进"宇宙飞船"，比如杯子倒水不会洒、人飘在半空中、站着睡觉等。然后，在画面上提出问题，比如每播放一个太空生活场景，就让学生猜一猜宇航员在做什么，结合提问游戏的模式引导学生去理解文章描述的内容。接着延展问题的深度，比如"为什么太空中会发生有趣的事情"，让学生探究太空的相关科学知识。也可以给学生发言的机会，让学生讲述自己所知道的一些其他太空趣事或者科学知识，有效提升学生的思维活力。提出的问题可以穿插在图文影视资源之间，这样不会像在黑板上书写问题一样产生剥离感，学生在观看网络资源的同时也就不自觉地开始思索问题。教师要对信息技术的运用下一番苦心，并将教育资源进行整理、编辑以及控制，科学且合理地改变教学活动。接着给学生思考和探索的机会，让学生通过教师的问题引导以及信息技术带来的感官体验去思考，逐步深入地进行理解分析，感受太空生活的魅力。只有全面关注学生的思维过程和理解程度，采用个性化的教学方法和完善的评估体系，使用情境创设以及问题引导等多种教学方法来吸引学生的参与，才能促进学生的全面发展，提高学习的效率和质量。

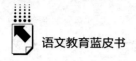
（二）合作互动完成学习，激发学生思维活力

在学习环节的优化中，教师要对语文知识中的实践性内容进行深入挖掘，并结合学生的实际生活以及知识的应用，加强合作活动的设计，为学生营造轻松、愉悦的学习氛围，让学生在课堂中主动对语文知识进行思考，提高学生学习的主动性和积极性。开展小组合作的学习目的主要就是增强学生的自主学习意识，给每一位小组成员提供交流的机会。学生的学习能力高低不等，应让彼此之间的互动功效充分地发挥出来，让学生在互相带动的过程中有所收获，从而相互促进、共同进步，同时学生的情感体验也得到提升。教师可以借助合作活动拓展教学宽度，让学生结合课文去拓展一些故事情节，并以表演的方式将拓展的故事情节展示出来。这样学生可以从合作演出任务中获得综合能力的锻炼，提升学习认知以及增强学习效果。我们依旧以《太空生活趣事多》为例来进行说明。通过前文的创景设问教学，让学生更好地理解"太空生活"，接着教师组织学生以小组的形式分角色对不同的太空生活趣事进行演绎。几个小组可以形成竞争的态势，让学生自主地梳理课文中描写的几种趣事，理解文章的内容。另外教师可以激发学生的创新意识，比如问一问学生，"除了教材上介绍的几种太空趣事，你还知道哪些太空趣事呢"，让学生把自己知道的太空趣事也改编成小品。通过合作表演让学生的想象能力充分地发挥出来，如结合自身想象出来的语气进行对话表演，进一步让学生懂得合作的价值。通过小组合作表演教学模式的构建，学生从课堂的跟随者变成了掌控者，能够结合自身能力与需要进行合作探析，学习参与度与探究能力都显著提升。而在小组合作的基础上，教师又可以融入不同形式的教学活动，使合作教学活动变得更加立体和丰富。学生合作中的配合本身也是一种交流的过程，可以显著提升学生的内心情感体验。角色扮演的课堂不仅能够激发学生参与课堂活动的欲望，调动学生内心情感，也能完成素质教育的渗透。教师应当引入合作式实践教学模块，使学生得以根据阅读内容灵活构建出对应的项目，之后引导学

生结合对阅读内容的理解生成趣味性表演的实践活动，使学生真实地体会到阅读的多元性和创作的合理搭配效力，从而使学生在之后的习作训练中萌发出相应的兴趣。小学阶段应正确地认识合作学习的价值，以合作、互动、表演的形式提供给学生进行实地演练的机会，帮助学生取得较好的学习效果。教师结合合作表演内容来设计实践教育活动，可以丰富教学形式，提高学生的参与度，取得较好的教学效果。

### （三）多元评价实施引导，促进核心素养发展

小学语文多元教学评价指教师根据学生的个性和实际情况，采用多种评价方法对学生的语文学习进行全面、客观、科学的评价。与传统的单一评价方式相比，多元教学评价强调学生的全面发展和多方面素质的培养，注重学生的主体地位和评价结果的科学性与客观性，是一种全方位的评价方式，包括合作互评、教师评价、学生评价等（见表1）。例如，在《太空生活趣事多》的教学评价中，教师可以提出一些问题，比如"大家想要体验太空生活的哪些趣事以及想体验这些趣事的原因"，以此考查学生对课文的理解。首先设计合作互评环节，老师要对学生的思维模式、学习逻辑进行重点指导，让学生互相评价对方的答案，给出自己的意见和建议。合作互评的主要目的是促进学生之间的交流和合作，提高学生的思维能力和语言表达能力。而在接下来的教师评价中，则需要针对合作互评中出现的问题进行评价引导。比如 X 同学的回答："我不想体验太空生活的趣事，因为我感觉太空生活非常辛苦，而且要适应长期的太空生活需要大量的训练与努力。所以我认为太空生活虽然看上去有趣，但实际体验却是很艰苦的。"虽然 X 同学的回答并非该文主旨，但他的思路较为新颖，体现出探究精神和独到见解。教师评价可以激励他继续提高："X 同学，虽然你的回答存在一定的不足之处，但提出的想法颇有个性，彰显了你独特的思维方式与探索精神。你已经考虑到太空生活的种种问题并下了功夫分析，这一点令人赞赏。但你要懂得，对于宇航员来讲，太空生活的'苦'正是'趣'的来源，二者并不冲突。为了进一步提升自己，你需要继续提高思考能力，同时多从不同角度进行分析

考虑，相信日后你的思考能更加周全。"上述评语虽然客观指出问题所在，但更加重视 X 同学的创见与努力。教师并未完全否定其观点，同时赞许其思维方式与探究精神，并提醒其继续不断进取，相信其多加努力就能改善，从而激励 X 同学提升自我。因此，在评价指导的过程中，教师要秉承鼓励激发的原则，肯定学生的成果。最后也给学生发言的机会，让学生说出对教师教学的评价，比如指出教师在讲解、指导中存在的不足。教师也可以根据学生的评价及时完善教学过程，形成双向促进的效果。

**表 1　小学语文多元教学评价**

| 评价类型 | 评价内容 | 评价星级 |
| --- | --- | --- |
| 合作互评 | 学生相互之间对对方发表的观点进行评价 | ☆☆☆☆☆ |
| 教师评价 | 教师根据学生的发言进行鼓励性点评 | ☆☆☆☆☆ |
| 学生评价 | 学生针对教师的授课过程和教学模式进行点评 | ☆☆☆☆☆ |

通过多元化的评价方式，让学生意识到自身不足，并通过教师的指导以及和同学的合作交流，得到更多的启示和帮助。这样学生的自信心以及学习质量都可以得到显著提升，教师也可以完成教学优化，形成教学评的一致性。

教学评价与课堂创新、学习指导的有机结合乃实现有效教学的必然要求，教学评一体化已成为新课程标准下课堂的主流模式。多元评价既能提升课堂教学质量，又能调动学生学习的积极性，要充分利用不同的评价方式、不同的评价内容，尊重学生在学习方面的个体差异，给予适当的评价，使学生建立起对学习的信心。因此，教师在构建这一体系时须精心设计，充分认识评价与教学之间的互通互动关系，同时不断回顾并弥补短板，在构建评价体系前，结合课程标准分析评价活动是如何促进达标的，并明确如何更好地通过评价活动掌握学生的学情。在实施过程中，教师应积极考虑如何利用评价活动改善教学方法，以及学生如何运用评价内容补充提高，以展现教学评一体化最大的教学价值。

**参考文献**

包冬英：《小学语文阅读教学评一体化设计与实践》，《福建教育学院学报》2022 年第 12 期。

王春茂：《浅谈小学语文"教学评一致性"的教学策略》，《考试周刊》2023 年第 2 期。

杨倩雯：《核心素养下的小学语文教学评一体化》，《中小学班主任》2023 年第 12 期。

# B.8

# 中学语文循证式过程性评价实践探索[*]

—— 基于学生-教师-家长匹配数据分析评价提升
中学语文学业水平的实践研究

陶波 蒋承[**]

**摘 要：** 对于中学语文课标精神理念的落地、教学目标任务的高效达成来说，过程性评价策略的变革至关重要。而循证式过程性评价是实现中学语文高质量教学的重要路径，践行中学语文循证式过程性评价，学生、教师、家长既要互为评价主体，又要互为评价对象，要确定循证式过程性评价的维度和角度，在综合各维度数据并进行系统分析的基础上获取过程性评价的参考依据。深圳市福田区初中语文在北京大学教育学院大数据实验室支持下做了3年的循证式过程性评价的实践探索，其研究方法、评价可参考依据和评价建议为中学语文循证式过程性评价研究提供了有价值的参考经验。

**关键词：** 循证教学 过程性评价 中学语文

《义务教育语文课程标准（2022年版）》进一步修订并明确语文课程性质、理念、目标、内容、学业质量等方面的内容，语文课程要致力于全体

---

* 本报告为广东省教育科学规划2021年度中小学教师教育科研能力提升计划项目立项课题"基于学生-教师-家长匹配数据跟踪分析的初中生语文学业水平提升实践研究"（课题编号：2021YQJK552）的阶段性成果。

** 陶波，深圳市教育科研专家，深圳市福田区教育科学研究院中学语文教研员，北京师范大学兼职教师，湖北师范大学兼职教授；蒋承，北京大学教育学院研究员，北京大学教育学院高中教育大数据实验室主任、博士生导师，中国教育发展战略学会高中教育专业委员会副理事长兼秘书长，教育部课程教材研究所兼职研究员，主要研究方向为教育经济与管理。

学生核心素养的形成与发展。而语文课程标准所提出的九个方面总目标的达成，必须依赖课程实施，依赖高质量的语文课堂教学，依赖具体的语文教学过程中教师怎么教、学生怎么学，学习过程中发现问题如何进行科学理性的分析，如何做出科学、全面、及时、精准、灵活的过程性评价反馈，进而形成高效率、高质量的解决策略，促进教与学行为的快速调整，提高评价效率，提升教学效能。所以，对课标精神理念的落地、教学目标任务的高效达成来说，过程性评价策略的变革至关重要。

# 一　循证式过程性评价是实现中学语文高质量教学的重要路径

高质量的过程性评价不仅能够准确、全面地把握教师教的过程、学生的学习过程，能以学生在学习过程中的行为倾向来判断学生的语文核心素养的发展水平，还能及时了解教师教学的问题和需求、学生学习的问题和需求并灵活地提供必要的支持，提高教学效率。新课标在评价建议部分明确提出，过程性评价要贯穿语文学习全过程，重点考查学生在语文学习过程中表现出来的学习态度、参与程度和核心素养发展水平，广泛收集课堂关键表现、典型作业和阶段性测试等数据，体现多元主体、多种方式的特点，鼓励有条件的地区和学校采取信息技术手段丰富评价资料搜集和分析的途径。① 这些语文教学过程性评价建议，直指过去和当下中学语文教学过程性评价的痼疾。长期以来中学语文教学中对教学过程中问题的发现、评价与回应多基于一些经验式、体验式的认知和观点，多基于部分专家和名师的"认识"与"感觉"，虽然不可否认这些"认识""感觉"多建立在个体认知、个性实践和个案成功的基础之上，但弱于长周期的跟踪实验和反复验证，尤其缺少大数据搜集、系统分析和研究，所以，教与学的策略、方式、方

---

① 中华人民共和国教育部制定《义务教育语文课程标准（2022年版）》，北京师范大学出版社，2022。

法，过程性评价和干预的策略、措施往往"公说公有理，婆说婆有理"。而客观上，经验型过程性评价会偏重个体经验，教学成效多依赖学识、经历，易受个体"前见""前设""前有"制约；感觉型过程性评价多基于自身个性化、阶段性、情境性感觉。这样，即便个体、个案成功，一旦情境变化就很难学习、模仿、推广、应用，一线教与学都很难找到科学、具体、高效的着力点。

也正因为如此，长时间以来在语文教学上能给教师和学生解决教与学具体问题的科学、具体、有价值的"方子"其实很少，一问语文学业水平和语文素养如何才能提升，得到最多、最普遍的答案就是"多读""多写"，随课程教学改革推进稍稍演进一点的回答就是增加"多合作""多实践""多探究"等，几乎都是老生常谈、无新意、无新证的"十全大补丸"，没有具体的靶向明确的解决语文教与学问题的良方，比如读什么、写什么，何时读、何时写，读多少、写多少，读写行为和语文学业水平、语文素养有怎样科学具体的关联……对这类一线教学迫切需要的解答，或莫衷一是，或顾左右而言他。而看似"十全大补丸"的"多读""多写"其实是因袭传统诵经和科举应考的教育教学方法，时至今日，面对语文课程、教学新情境、新形势，若总只能用"多读""多写"来回应并实际去贯彻，不仅益处有限，还可能损害其他学科学习，带来教育教学体系内部难以协调的矛盾，这是因为随学生学段升高，学科数量和难度都在叠加，课业负担日重一日，学生用于语文学科的学习时间有限，不可能像传统教育一门人文学科几乎能独占所有教育教学时间，学生不可能天天读写"语文"而置其他学科于不顾。

再者，随语文教育教学改革不断推进，中学语文教师也越来越清晰地意识到语文教学体系有其自身的特殊性。其一，语文教材不像其他学科，内容并非仅仅为语文教学而编写，教材选文原生价值和教学价值融为一体，在语文学科"教"与"学"的过程中厘清二者关系，准确把握"教"与"学"的重点，随着学段提升难度越来越大。其二，语文教学体系尤其是中学语文教学体系，其教材、教师与学生显性的语文智能逐渐趋近，教学过程中智能传导逐步处于"缓流"状态，客观存在语文"智能势差"递减现象，教学的显性效果越来越不明显，所以，不可能像低年级或其他学科相对比较容易有"立竿见影"的教学效果，以至部分学生、教师甚至归纳出中学语文教学特征为"教材难靠""老师难靠""训练难靠"的"三难靠"和"没有新的知识""课堂没有干货""考试没有把握"的"三没有"。中学语文显性学业水平的提升、学科素养的高效提升与发展的归因模糊，有的干脆归结为"侥幸遇良师"和"自然自悟"。

从混沌的语文教学方法和独特的语文课程特征分析来看，中学语文教学似乎比任何学科都迫切需要利用新技术、大数据分析做科学理性的过程性评价实践研究，以找到引发教与学效果差异的各种变量，更有效、更及时地促进教与学的改进。近些年，随着教学改革不断推进，信息技术与教学融合加深，循证教学研究的理论和实践逐步进入中学语文教学研究的视域并日渐凸显。陕西师范大学李森教授在《新时代高质量教学的基本特征与实现路径》一文中明确指出，破除经验主导型教学、主观决断型教学和模仿跟风型教学的弊端，需要教师基于证据施教，实施循证教学是高质量教学实现的重要路径。[①] 循证研究本是 20 世纪 70 年代以来，西方国家对医疗领域的高投入、低效率、国民健康状况不良等现象进行反思，指出医疗领域缺乏精准化的治疗和服务，造成大量资源的浪费，进而提出基于证据、遵循证据的医学治疗理念。在循证医学研究的基础上，1996 年英国剑桥大学教育学教授戴维·哈格里夫斯（David Hargreaves）首先提出循证教育，认为教师也应该像医生一样，根据证据进行教学决策和实施教育行为[②]；认为教育必须基于严格的数据分析与证据研究，要求教育者在教育

---

① 李森：《新时代高质量教学的基本特征与实现路径》，《课程·教材·教法》2023 年第 2 期，第 12~16 页。

② 杨文登：《循证教育学理论及其实践——以美国有效教学策略网为例》，《宁波大学学报》（教育科学版）2012 年第 4 期，第 5~10 页。

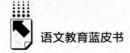

教学过程中将教育专业智慧、优秀经验与数据分析证据整合起来进行教育决策①。基于循证教育理念的循证教学即基于证据的教学，是教师的个体经验、教学智慧与教学证据有机融合的一种更为精准有效的教学形态。循证教学不否认个体教学经验和教学应变智慧，但更强调教与学都应该基于确凿的、现阶段的最佳证据来进行。

可见循证教育教学研究与循证医学研究的追求本质上是一致的，基于"最优"证据，实现以"少"的投入获得更"多"的效果。这也是核心素养时代教育教学的关键要义，知识学不完，技能更新快，教育教学不是教多少知识和技能的问题，甚至也不是教多少正确的知识和技能的问题，而是让学生更高效地学习更有针对性、更有核心价值的知识和技能。从这个角度看，要在基础教育中推动"双减"政策全面落地，要切实加快推进教育高质量发展，大力倡导并研究践行循证教学是必由之路。而中学语文运用循证教学提升教学效能，关键在于不断改进教学评价，注重运用循证式过程性教学评价，聚焦学生、教师、家长等多个与语文教学密切相关的主体，调研分析各个主体行为认知和行为特质，考察在语文教学过程中各个主体的表现，运用信息技术等多种手段广泛收集各主体相关信息，包括语文课堂组织形式、时间分配、工作强度、情感态度，也包括典型作业设计、布置、反馈和阶段性测试等多方面数据，汇集丰富的评价资料，按一定规律对这些资料进行研究分析，切实发现中学语文教与学的特点与现实问题，并以此为循证式过程性评价的依据，进而形成有针对性的教语文与学语文的意见、策略、方法、措施，促进中学语文教学方式转变、学习方法改进，更及时、准确、高效地帮助语文教师优化教学过程，帮助学生提高语文学习效益，指导家长采取更有效的措施支持教师教语文和学生学语文。

---

① 杨文登、叶浩生：《缩短教育理论与实践的距离：基于循证教育学的视野》，《教育研究与实验》2010 年第 3 期，第 11~17 页。

## 二　中学语文循证式过程性评价主体、 对象及可参考依据的建议

在中学语文教学实践中要做好循证式过程性评价，首先要审视清楚评价主体是谁，评价对象是谁，根据什么做出评价。针对这些问题，我们有以下建议。

### （一）学生、教师、家长要互为评价主体，互为评价对象

在评价主体和评价对象上，从目前义务教育语文新课标过程性评价建议部分的表述来看，虽然有提及"体现多元主体、多种方式的特点"，但总体趋向还是把教师作为主要评价主体、把学生作为主要评价对象，这是由教育总的目标导向决定的，教育就是要培育学生，要致力于全体学生核心素养的形成与发展。但教育教学体系本身是复杂的，好的教育教学效果是多主体、多因素综合作用的结果，而且随着教育评价理论的深入发展，尤其是对过程性评价关注度的提升，对过程性评价的主体、对象提出了更多、更新、更明确的要求，越来越多的人意识到过程性评价要内容多维、主体多元、方法多样，要在教学过程中对各类信息加以即时、动态的诠释，优化学习过程、调整教学策略，从而实现教学过程显性的价值增值。

新课标在中学语文过程性评价原则部分明确指出"引导学生开展自我评价和相互评价"，"鼓励学校管理人员、班主任、家长参与过程性评价"，"通过多主体、多角度的评价反馈，帮助学生处理好语文学习和个人成长的关系，发掘自身潜能，学会自我反思和自我管理"。首先，在过程性评价中，学生是评价对象也是评价主体，学生之间也当互为评价对象，互为评价主体。事实上，能准确自我评价、认识自己是教育教学的起点也是目的，而良好的同学互评，让评价在学习过程中随时可见、随时可及，其效果不容置疑，各种教育教学研究理论也都在证明同侪互学是最高效的学习路径。其次，学校管理者、班主任、语文老师确实是重要的过程性评价主

体，不能老高高在上，总居于评价者的位置，要虚心坦然地接受来自学生、同事乃至家长的评价，要乐于做被评价者，只有这样才能真正实现教学相长，单一向度的作为评价方而不愿被评价，很容易陷入僵化思维之中，难以进步，在这个知识指数级增长、技能更新日益加剧的时代，学校管理者、班主任和语文教师若故步自封，对学生、对自身都有害无益。最后，家长也要作为过程性评价的评价主体和评价对象。几乎所有一线教师都能很容易、很清晰地感知学生的个性特质、学习习惯、思想品质与原生家庭关系最为密切。所以，若没有家长参与过程性评价，教育教学效果必然大打折扣。而在过程性评价中，家长最容易固执地站在评价方立场而不愿被评价。事实上，优秀的家长总是和自己的孩子一同成长，总是能圆融地处理好与教师的关系，领会教师的教育教学意图，并能切实地帮助孩子学、助力教师的教学。

### （二）要确定循证式过程性评价的维度和角度

到底要从哪些维度和角度获取有利于更好地开展循证式过程性评价的信息与数据，这是在中学语文教学中推进循证式过程性评价探索的关键。新课标把过程性评价着力点落在课堂教学评价、作业评价和阶段性评价三个方面，这也是传统过程性评价的主要着力方向。但如果我们把学生、教师、家长作为过程性评价互为主体、互为对象的三个着力点，不妨也从这三个维度融合课堂教学评价、作业评价和阶段性评价内容，多个角度去做循证式过程性评价。

一是学生维度，主要研究学生语文学业水平、学科素养差异与其认知特点、个性特质、行为特征等方面的关联，基于差异做出更为精准的"个性化"评价，进而促进学习行为的调整，促进学习效能提升。比如从学生个体特征，学习动机、方法、强度、情绪，课外活动等方面进行调研获取个体信息，在掌握和系统分析这些信息的基础上展开过程性评价。

二是家长维度，从家庭境况、家庭整体教育投入情况、家庭对学生语文课业可提供的辅导情况、亲子活动状况、家庭教养方式等角度获取相对准确的个体信息，基于这些信息分析造成学生性格特征、学习现状、学习品质等现状的具体原因，基于这些原因对学生进行更为有效的过程性评价。

三是教师维度，主要可以从教师个体特征、实际教学工作强度、工作状态、语文作业设计布置要求、教学行为特点等角度，通过问卷调研、课堂观察、学生评价、学校管理者评价等获取相对丰富的信息。再把这些信息通过合宜的途径反馈给教师，促进教师认知和教育教学行为的调整。

### （三）要综合各维度数据在系统分析的基础上获取过程性评价的参考依据

循证式过程性评价与一般过程性评价的最重要的差别是有基于各个评价维度、角度的数据分析，有相对科学、准确和及时的评价可参考依据。循证式过程性评价中的课堂教学评价、作业评价及阶段性评价，要建立在各维度、各角度大数据综合分析的相对科学的依据之上。这样就和所有循证实践面临的问题一样，"证据"质量是循证实践能否成功的关键，中学语文循证式过程性评价依据在哪里？当然要在评价主体、对象上研究寻找，通过对评价主体和对象进行多维度、多角度调研监测获取尽可能多的数据信息，再运用科学的分析方法对这些数据进行研究，基于分析获得现阶段"最优"证据，把这些证据作为过程性评价的参考依据。

为获得相对科学的过程性评价参考依据，除汲取语文教育专家意见、个案研究外，还要进行相对大规模的调查研究，比如以学生的学习和学业水平的差异原因为过程性评价着力点，以一个相对稳定的学生、教师、家长群体为研究对象，以学生为中心，以学业水平的差异原因为核心，研发可以一一匹配学生、教师、家长三个主体关联数据的调研问卷，并展开研究，通过对相应学生语文学业水平多次检测获得学业水平检测数据，通过对学生、教师、家长问卷调研获得与语文学习相关联的行为认知和行为特质问卷调研数据，把检测数据与三方行为认知和行为特质问卷调研数据一一对应，进行匹配分析，进而获得学生语文学业水平差异具体状况，并通过对学生、教师、家长三个维度与语文学习相关联行为认知和行为特质问卷调研数据的研究分析，获取造成学生语文学业水平差异的关联三方的行为认知和行为特质差异的相关因素，在这些研究分析的基础上，进行系统分析，获得某些相对合理的趋向、观点、结论，把这些趋向、观点、结论作为循证式过程性评价参考依据，根据这些参考依据指导学生的学、教师的教和家长教育行为的调整。

## 三 中学语文循证式过程性评价实践案例

近几年，在北京大学教育学院大数据实验室支持下，深圳市福田区初中语文做了 3 年的循证式过程性评价的实践探索。

### （一）福田区中学语文循证式过程性评价实践研究对象、目标和方法

#### 1. 研究对象与研究目标

以深圳市福田区 2020 级初一年级 34 所区属公、民办初中学校 13652 名学生及其家长和 218 名语文教师这一相对稳定的群体为研究对象。以学生的学习表现和学业水平的监测数据差异为核心，匹配学生、教师、家长与语文学习相关联的行为认知和行为特质问卷调研数据。通过对学生、教师、家长三个维度与语文学习相关联行为认知和行为特质问卷调研数据的研究分析，探寻造成学生语文学业水平差异的关联三方的行为认知和行为特质差异因素。

#### 2. 研究方法

（1）数据匹配说明。其一，采用笔试方式，研制评价工具，将评价工具划分为识记理解、分析综合、鉴赏评价、表达应用和探究创新等能力维度，对研究对象进行多次测评，计算出每一能力维度的得分情况。其二，设计面向与语文学习相关联行为认知和行为特质调研问卷，展开对所有研究对象（包括学生、教师、家长）的问卷调研。将笔试测评数据与问卷调研数据进行主体一一对应的匹配。参与检测评价和问卷调研的有 13652 名学生及其家长、教师，实际得到学生、家长、教师检测数据和大规模关联行为认知和行为特质问卷调研数据有效匹配样本量为 7543 份。

（2）研究方法说明。一是描述统计：采用独立样本 t 检验、方差分析、相关分析等描述统计的方法，对不同群体的学生语文成绩进行异质性分析。二是多元线性回归分析：通过提供变量之间的数学表达式来定量描述变量间相关关系的数学过程，其基本思想是通过构建因变量与自变量之间的回归方程，在控制其他变量的情况下，考察自变量对因变量的影响。三是多层线性模型（HLM）：一种处理嵌套数据的统计方法。通过定义不同水平（层）的模型，将随机变异分解为两个部分，一个是第一水平个体间差异带来的误差，另一个是第二水平班级的差异带来的误差。可以假设第一水平个体间的测量误差相互独立，第二水平班级带来的误差在不同班级之间相互独立。

（3）分析方法说明。分析的时候采用数理统计分析的办法，确定因变量和自变量，例如以初一下测评语文成绩为因变量，学生层面包括学生背景、学习策略、学习动机、学习状态、师生交流 5 大类为自变量，教师层面包括教师个体特征、教学行为、工作状态 3 大类为自变量，构建多水平分析模型，其中学生层面为第一水平变量，教师层面为第二水平变量。

构建模型如下：

$$水平 1：语文成绩_{ij} = \beta_{0j} + \beta_{1j}(学生背景_{ij}) + \beta_{2j}(学习策略_{ij}) + \beta_{3j}(学习动机_{ij}) + \beta_{4j}(学习状态_{ij}) + \beta_{5j}(师生交流_{ij}) + \varepsilon_{ij}$$

$$水平 2：\beta_{0j} = \gamma_{00} + \gamma_{01}(个体特征_j) + \gamma_{02}(教学行为_j) + \gamma_{03}(工作状态_j) + \mu_j$$

通过分析学生层面的变量对语文学业成绩的影响和教师层面的变量对语文学业成绩的影响得出初步结果，将这些初步结果作为中学语文循证式过程性评价的可参考依据。

## （二）福田区基于匹配数据分析获得的中学语文循证式过程性评价可参考依据

### 1. 学生维度

个体特征：匹配数据分析显示，初中女生的语文学业水平得分均显著高于初中男生的语文学业水平得分；独生子女的语文学业水平得分均显著高于非独生子女的语文学业水平得分；自我教育期望为硕士的学生语文学业水

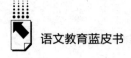

得分均显著更高。

学习方法：用死记硬背的方法记住拼音和字词，匹配数据分析显示低频使用该学习方法的学生语文学业水平得分均显著更高；遇到陌生字，放在那里不去管，低频使用该学习方法，即经常会主动查找陌生字词的学生语文学业水平得分均显著更高。高频练字，提高书写水平的学生语文学业水平得分均显著更高。高频使用读书时批注圈画和摘抄这些学习方法的学生语文学业水平得分均显著更高。高频用读后感的形式来写读书笔记的学生语文学业水平得分均显著更高。经常写日记，和同学交流写作内容和写作方法，和家长、老师或同学交流阅读内容和感受，在课堂上主动举手发言，敢于并乐于当众发表自己的观点等的学生语文学业水平得分均显著更高。

学习强度：每周写作练笔字数为 1000~2000 字的学生、每月背诵 7~12 篇古诗文的学生、一学期能阅读 11~15 本书的学生、每周能自主阅读 7~12 小时的学生的语文学业水平得分均显著更高。

学习动机：不符合因可以得到父母和老师的夸奖而想要获得好成绩这一浅层动机的初中生语文学业水平得分均显著更高；而符合认为语文学科的学习很重要这一浅层动机的初中生语文学业水平得分均显著更高；符合学习语文开心有趣、喜欢选择富有挑战性的语文学习任务这些深层动机的初中生语文学业水平得分均显著更高。

学习状态：具备语文学习自信心、为了读喜欢的书宁可不看电视不玩游戏、语文学习兴趣更高的初中生语文学业水平得分均显著更高。

学习焦虑状况：高频处于觉得手上学习任务太多无法完成状态、遇到挫败时很容易发脾气、轻松一下就觉得内疚的初中生语文学业水平得分均显著更低。

学生课外活动状况：经常阅读散文类、小说类、历史故事类等课外书，学习文艺课数量、参观文化场所、参加活动类型更多的初中生语文学业水平得分均显著更高。

生活状态：周一至周五平均每天使用手机时间更长的初中生语文学业水平得分均显著更低；高频率深入了解热点新闻并思考、经常感觉生活很幸福愉快、高频率运动锻炼的学生，经常和家人吃早餐、睡眠质量高的学生，他们的语文学业水平得分均显著更高。

2. 家长维度

家庭背景：家长学历更高、家长从事管理或专业技术职业、家庭位于城镇、家庭较为富裕的学生的语文学业水平得分均显著更高。

家庭教育投入：语文学科支出在家庭教育支出中占比超过 20%、家庭藏书量更多、家庭学习资源数量更多、家长教育期望最高学位为硕士的初中生语文学业水平得分均显著更高。

语文辅导：家长非常关心且高频率检查或交流语文作业的初中生的语文学业水平得分均显著更高；家长在辅导子女语文作业的方式上，让学生独立完成并自行检查、在遇到困难时家长耐心讲解的初中生语文学业水平得分均显著更高；学习行为认知和行为特质调研显示，不需要家长辅导的初中生语文学业水平得分均显著更高，而需要家长辅导时长越长的学生语文学业表现越差；父母每月阅读作文且交流次数为 4~6 次的初中生语文学业水平得分均显著更高。

亲子活动：家长自身阅读、亲子阅读频率为每周 3~4 次、每次时长30~120 分钟的初中生语文学业水平得分均显著更高；亲子共同观看语言类节目或名著相关影片、共同玩成语诗词类游戏的学生，每月观看电影 1~2次、每学期外出旅游 1~2 次的学生，他们的语文学业水平得分均显著更高。

教养方式：家长会与子女讨论学习成功或失败的原因，会在子女成绩不理想时给予鼓励，会管理子女的娱乐玩耍时间，其子女语文学业水平得分均显著更高；会和家长讨论学校的活动或感兴趣事情的初中生语文学业水平得分均显著更高；家长会因为使用手机而忽略子女或表现出不耐烦，其子女语文学业水平得分均显著更低。

3. 教师维度

个体特征：女教师教授的初中生语文学业水平得分均显著高于男教师教授的学生；41~60 岁年龄段教师教授的初中生语文学业水平得分整体显著更高。

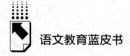
工作强度：语文教师是否担任班主任，其学生语文学业水平得分不存在显著差异；周课时数 1~6 节、每天工作 6~10 小时、每周行政工作 4~7 小时的语文教师，他们教授的学生语文学业水平得分均显著更高。

工作状态：教师行为认知和行为特质调研自评认为能充分掌握教学进度，及时向学生提供学习反馈信息的教师，能与同事、学生及家长建立友谊，借此开展教育教学活动的教师，能充分激发学生主观能动性，建立积极融洽班级氛围的教师，对语文教育教学工作充满热情和积极性，很愿意尝试新的教学模式，愿意为学生牺牲自己的休息时间的教师，工作时面对突发问题能保持情绪稳定的教师，他们教授的初中生语文学业水平得分均显著更高。

作业设计、布置和要求：定期要求练字，每周会设计、布置阅读作业，定期要求写读书笔记，定期训练和讲评作文，每周设计、布置写作练习总时长为 2~3 小时，每周设计、布置阅读时长超过 3 小时的教师，他们教授的初中生语文学业水平得分均显著更高；从设计、布置作业的形式来看，经常设计、布置抄写/默写/背书和完成习题等传统形式作业的教师教授的学生语文学业水平得分显著更低，而经常设计和布置开展课题研究和实践活动等更具探究性质形式作业的教师所教授学生的语文学业水平得分显著更高。

教学行为：查阅教学参考书、搜集素材，以自行制作课件授课为主的教师，课堂上经常为学生提供自主研究学习、同学间交流合作学习时间，大部分教学时间使用多媒体授课的教师，经常写评语指点学生写作的教师所教授初中生的语文学业水平得分显著更高。

### （三）福田区基于可参考依据的中学语文循证式过程性评价建议

基于匹配数据分析获得的中学语文循证式过程性评价可参考依据，福田区尝试着在区域内分别给初中学生、家长、教师一些循证式过程性评价建议。

#### 1.给学生的建议

一是状态动机：要有比较明确长远的语文学习目标，不断提高语文学习自信心，提升对语文学习重要性的认知，激发语文学习兴趣，勇于选择富有挑战性的语文学习任务，敢拼想赢不怕输，面对挫折能努力自我调适，热爱生活，情绪稳定，阳光健康。

二是字词学习：可适当减少死记硬背拼音和字词，可灵活运用联想记忆、及时迁移运用等方法，尽可能使学到的拼音和字词内化理解运用；遇到陌生字词不能经常性置之不理，或者总是跳过，应当准备字词积累本，养成遇到陌生字词勤查字词典的习惯；增强对练字的重视，描摹规范字帖，纠正写字习惯，不断提高书写水平。

三是阅读：读书时养成批注圈画和摘抄的习惯，以增强对阅读内容的记忆，但不建议死记硬背，摘抄的内容一定是自己切实喜欢、有情感或认知共鸣的，及时链接已有储备，建构意义，活学活用；建议阅读之后尽可能多地采用读后感的形式来写读书笔记，以强化对阅读内容的理解、消化、吸收，尽量把文本语言转化为自己的习惯性语言，培养独立思考能力和批判思维能力；时常和家长、老师或同学交流阅读内容和感受，以获得新观点，在不断整合梳理中拓展自己看待问题的深度；不断拓展阅读视野，经常阅读经典散文类、小说类、历史故事类等课外书，逐步形成自己的阅读爱好、阅读取向、阅读风格，逐步养成问题探索式阅读和主题研究式阅读的习惯。

四是写作：养成写日记或周记的习惯，及时记录所见所想；时常与同学交流写作内容和写作方法，坚持每周 1000 字以上的写作练笔，可不拘泥内容和形式，有感触就及时落笔纸上，不断涵养基于某个话题或问题展开持续感悟式和研究拓展式写作的能力，有意识地培养持续写作的品质。

五是实践活动：适当多选修文艺课、参观文化场所、参加校内外有益的社团活动，在公众场合多主动举手发言，敢于并乐于当众发表自己的观点，不断总结发言得失，重视发言内容的逻辑梳理和理据整合。

六是手机使用：调研数据显示，初中生手机使用时长与学业成绩负相关，所以要控制自己使用手机的时长，在此基础上可适当使用手机来学习或看新闻，收集多方面信息，深入全面地了解热点新闻，并对热点新闻事件、现象进行深入思考，提出自己的见解并积极与他人交流观点。

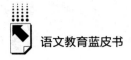

**2. 给初中语文教师的建议**

一是课堂教学：尽量少从网上直接下载他人课件或直接使用其他教师的教学设计，多查阅教学参考用书、搜集适合的教学素材以自行制作课堂教学课件，多途径调研了解掌握学情，多基于自己学生的实际需要设计教学；合理安排课堂教学内容，为学生预留自主研究学习、同学间交流合作的时间，增加学生上课的参与感和获得感，助力学生梳理所学，巩固所学；创设有价值、有意义、契合教学内容的个体体验情境、社会生活情境、学科认知情境，激发学生学习探究兴趣，让教学内容与学生体验、现实生活和学科本体问题密切联系，让学生在完成情境任务过程中学习运用知识，提升语文能力，并体验问题产生、发展、解决全过程，进而把握语文学习规律和思维规律；尽量多运用学校教室所能提供的多媒体教学设备，尽可能使课堂教学活动变得更加活泼、生动、有趣；在所任教班内多组织演讲、辩论、学习成果展示和评价等语言运用综合实践活动，鼓励学生积极当众发表自己的观点，制定相应奖励机制支持和鼓励学生积极参与活动；适度增加与学生的对话交流互动，鼓励学生举手发言，多倾听，包容异见，对学生的发言有及时的点拨、梳理、提炼、提升等高质量的回应，并通过学生的言语揣摩推理其言语思维逻辑的优缺点，帮助其提高言语能力。

二是作业：每日语文书面作业量在 30 分钟左右为佳，匹配数据分析显示，作业完成时长超过 1 小时，学生就会产生疲惫感和厌烦感，完成的质量和效果都比较差，也不符合国家"双减"政策；精心设计作业，每一项作业都要以促进学生语文核心素养发展为出发点和落脚点，表述规范、要求明确、难度适宜；合理安排不同类型作业比例，增强作业的可选择性，低学段抄写、默写、背书和做习题等传统语文作业形式虽然是夯实基础的必要手段，但是匹配数据分析显示，在提升学生的语文学业水平上，课题研究和实践活动等更具有探究性质的语文作业效果会更好，所以，作业上要"减负提质"，在作业设计上多下功夫，尽量少直接用教辅作业，尽可能根据课程标准、核心素养教育教学的要求自主设计作业，不断提高作业设计质量，多设计与语文课程、语文课堂教学、社会生活、学生关注点有密切关联的研究性作业题目和实践活动类作业；教师布置任何作业有发起就一定要有回收、回应、评价，每一次作业都能形成作业任务设计、布置、完成、评价的闭环；认真批阅学生作业，针对学生作业水平和个性特质提出建设性意见，及时反馈和讲评，激发学生学习热情，尊重学生个性差异，还要对自己学生的作业进行跟踪观察分析，及时发现变化，并根据变化做出评价，让具体而有针对性的评价更好地促进学生学习。

三是阅读：每个学期初就做好阅读计划的引导动员，指导所带班级学生自主制定学期阅读规划，持续激发、关注、鼓励、支持学生按照自己的阅读规划有节奏地去阅读，逐步养成良好的阅读习惯和持续阅读的品质；教师可以为学生选定推荐书单，但更要重视引导学生根据自己的阅读兴趣、爱好、取向拟定自己的阅读书单，教师在尊重学生阅读取向差异和水平差异的基础上对学生拟定的阅读书单做一些点评、建议；指导学生阅读的书目不要仅局限在课标推荐读物上，可大胆拓展，古今中外经典著作，散文类、小说类和历史故事类的课外书均对提升语文成绩有显著的正向影响；注意培养学生在阅读时圈画、摘抄、批注的习惯，鼓励并搭建多种交流分享平台让学生在阅读后写读书笔记，做课前介绍、演讲，与家长、同学分享阅读感受等，巩固阅读所得，提升逻辑思维能力和表达能力。

四是写作：匹配数据分析显示，每周练笔字数在 1000～2000 字的学生的写作能力显著优于同龄人，所以要鼓励学生多写作，每周设计、布置适切的写作练习，提高学生写作水平，促进学生形成良好的持续写作的品质；定期进行课堂限时写作训练，对学生的习作进行分析、讲解和点评，多于学生习作优缺点处写旁批，尽可能多地肯定优点、强化长处、淡化缺点，慎用限制性、抽象性、模糊性、标签化评语；鼓励学生经常性自评、互评，鼓励学生与自己的同学交流写作内容和写作方法，或者与家长分享最近的习作作品和写作体会，并多创造条件，搭建丰富多样的展示交流学生优秀作品的机会和平台，让学生有创作的荣耀感、成就感和获得感。

五是师生交流：匹配数据分析显示，近半数的学生不愿意主动找老师沟通，所以语文教师要主动加强与学生的交流，利用课后辅导时间及时向学生提供语文学习进程和阶段成效的反馈信息，及时了解学生近期的学习状态及其背后影响因素；匹配数据分析显示，学生长期处于高压、焦虑状态不利于学业成绩的提升，所以语文教师应该多留心观察，通过作业评语交流、小纸条、情绪信箱等方式了解学生的情况，寻找恰当时机给予学生一定的关爱、关注、点拨、鼓励，拉近与学生的距离，构建可以顺畅沟通、亲切和睦、有安全感的师生关系。

3. 给家长的建议

一是语文教育投入：家长需适当增加语文学科支出在家庭教育支出中的占比，匹配数据分析显示，当语文学科教育支出在家庭教育总支出中占比超过20%时，子女的语文学业水平均显著更高；增加语文学习资源的种类和数量，购买子女喜爱的图书、影音资源、网络在线讲座资源，舒适的课桌和座椅等，都能够有效帮助子女提升语文学业水平。

二是语文辅导：家长应适当关心子女的语文学习状况与作业完成情况，关注子女语文作业并能与之交流作业内容，条件允许的情况下能辅导子女作业，在辅导过程中尽可能采取让子女先独立完成并检查，遇到困难时再及时介入、耐心分析、疏导或讲解的方式；家长应善于发现子女在语文学习方面的优点，并能经常基于切实的优点真诚赏识赞扬；匹配数据分析显示，初中生每月 4~6 次与父母交流语文作业和作文，其语文学业水平显著更高，家长应在与子女和谐交流沟通的基础上，鼓励子女把习作拿给家人或亲朋阅读，家长在倾听或阅读子女习作的过程中应设身处地、还原情境、感同身受，有高质量情绪交流和认知共鸣。

三是亲子活动：匹配数据分析显示，亲子阅读对提升子女的语文学业水平作用明显，应合理把握亲子阅读时间，初中阶段亲子阅读频率每周 3~4 次、每次 0.5~1 小时为宜；条件允许的情况下家长可多与子女一起共同观看语言类节目或名著相关影片、共同玩成语诗词类游戏、一起看电影、共同旅游等，匹配数据分析显示，亲子看电影的频率每月 1~2 次、每学期 1~2 次亲子旅游，这些活动都能显著提升初中生语文学业水平。

四是亲子沟通：加强与子女在语文学习过程方面的沟通与交流，包括与子女讨论学习成功或失败的原因，结合具体的考试交流得失，在子女成绩不理想时给予鼓励等；除学习内容和学习过程方面的沟通交流，在生活方面家长也应与子女积极沟通，如与子女讨论学校的各种活动或其他感兴趣的事情等，在讨论过程中尽量多倾听，在应答的时候多真诚地使用"你怎么看""你认为更合理的是什么""你很棒"等语句，少武断地下结论、定性；合理干预与调整子女的娱乐时间，尤其是要在手机管理方面与子女有协商有制度，同时，家长也应以身作则，尽可能避免因使用手机而忽略子女或表现出不耐烦的情况出现。

## 参考文献

陶波、蒋承：《中学语文循证教学研究：学业水平差异探因》，中国大百科全书出版社，2022。

邓敏杰、张一春、范文翔：《美国循证教育的发展脉络、应用与主要经验》，《比较教育研究》2019 年第 4 期。

高馨培：《PIRLS2016 阅读评价框架下的教科书练习设计研究》，硕士学位论文，上海师范大学，2015。

龚继红、钟涨宝：《融合与差异：城市化背景下家庭教育与流动儿童学业表现》，《学习与实践》2016 年第 6 期。

顾理澜、李刚、常颖昊：《PISA2018 解读：中国学生阅读开展状况的分析及建议——基于中国四省市 PISA2018 数据的分析与国际比较》，《中小学管理》2020 年第 1 期。

胡立根：《试论中学语文教学的"智能势差"困境及其出路》，《课程·教材·教法》2013 年第 6 期。

胡立根：《中学语文教材教学价值特征简论》，《深圳教育学院学报》1999 年第 2 期。

蒋晓芳：《父母教养方式及学科态度对小学生数学学业表现的影响：自尊的中介作用》，硕士学位论文，上海师范大学，2017。

寇思源：《社会资本理论视角下家庭环境与子女学业成就的关系研究——基于高校学生的网络问卷调查》，天津理工大学硕士学位论文，2018。

李静：《初中语文教师阅读教学备课的有效性》，《读写算：素质教育论坛》（教师版）2016 年第 11 期。

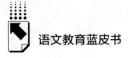

李利：《家庭文化资本对初中生学习成绩的影响研究》，硕士学位论文，辽宁师范大学，2017。

李忠路、邱泽奇：《家庭背景如何影响儿童学业成就？——义务教育阶段家庭社会经济地位影响差异分析》，《社会学研究》2016年第4期。

刘浩、翟艺芳：《处境不利学生阅读素养的影响因素——基于PISA2018我国4省市数据的HLM分析》，《中国考试》2020年第5期。

刘佳：《中学教师影响教学有效性的能力素质与关键行为研究》，博士学位论文，华东师范大学，2018。

刘雪杰：《教师期望对初中语文素质教育及学科成绩的影响探究》，硕士学位论文，河南师范大学，2017。

卢春梅：《中学生语文作文批改的导向作用》，《教师博览》（科研版）2014年第11期。

陆璟：《阅读参与度和学习策略对阅读成绩的影响——基于上海PISA2009数据的实证研究》，《教育发展研究》2012年第18期。

时晨晨：《研发·评估·整合·改进：美国循证教育改革的核心要素》，《外国教育研究》2019年第11期。

孙芳萍、陈传锋：《学业情绪与学业成绩的关系及其影响因素研究》，《心理科学》2010年第1期。

王安全：《教师群体学历增长中的形式主义政策及其归正》，《教育理论与实践》2017年第22期。

王力娟：《中小学教师状态焦虑研究》，博士学位论文，西南大学，2008。

王晓青：《教师个人阅读对学生语文素质培养的重要作用》，《课外语文》2014年第10期。

徐亚茹：《多媒体呈现方式在语文情境教学中的应用研究》，硕士学位论文，闽南师范大学，2018。

于海洋：《多媒体教学在语文教学中的应用》，硕士学位论文，中央民族大学，2013。

张帆、吴愈晓：《与祖辈同住：当前中国家庭的三代居住安排与青少年的学业表现》，《社会》2020年第3期。

张文静、辛涛：《阅读投入对阅读素养影响的跨文化比较研究——以PISA 2009为例》，《心理发展与教育》2012年第2期。

# B.9
# 小学语文学业评价指南的构建与实践

## ——以山西省小学语文学业评价研究为例

郭乐静 杨 花*

**摘 要：** 目前，小学语文学业评价面临缺少具体评价指标体系、评价偏离课标教材等问题。小学语文学业评价指南的构建，对一线教学有非常实际的指导意义。因此，山西省教育科学研究院精研课标教材长达十四年，实践检验后历经十余次完善修改，构建了"一核导向，一线贯穿，六维支撑"的小学语文学业评价指南。该指南以发展学生核心素养为导向，以课程标准为依据，结合统编教材，细化一至六年级十二册小学语文三级评价标准体系，基于导向性、发展性、情境性、实践性、综合性和开放性六个维度展开学业评价，并形成《指向核心素养的小学语文课程目标进阶一览表》，形成小学语文学业评价指标体系的构建策略，研发出系列评价工具（课堂学习评价单）、评价样例（作业评价设计、阶段性评价设计）供一线教师使用，助力教师飞跃。小学语文学业评价指南的构建与实践，有利于教师精准把握课程标准与教材，在教学中实现教学评一致性。

**关键词：** 小学语文 学业评价指南 评价工具

学业评价又称为学业成绩评价、学业质量评价，是指对学生个体学习进展和变化的评价。学生个体学习的进展和变化，不仅包括学生在知识技能方

---

\* 郭乐静，山西省教育科学研究院义教中心副主任，小学语文教研员，特级教师，主要研究方向为小学语文教育；杨花，山西省太原市迎泽区教研科研中心小学语文教研员，主要研究方向为小学语文教育。

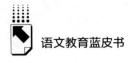

面的进步和变化，还包括学生能力、思维、情感、态度、价值观等方面的变化。小学语文学业评价，即以语文课程标准为依据，运用恰当、有效的工具和手段，系统地收集学生在语文学科学习方面的进展和变化信息，进而对学生在语文知识技能、能力思维、情感态度价值观等方面发展水平进行价值判断的过程。

目标达成是学业评价最重要的衡量尺度。在核心素养的课程改革背景下，以学业评价切入，基于语文课程标准，构建精准、细化、可操作的评价指南，发挥学业评价的导向功能，对精准实施语文课程标准，提高教学有效性和学业质量具有重要意义。伴随统编教科书推广使用，以及《义务教育语文课程标准（2022年版）》（以下简称"新课标"）的颁布，许多一线教师正陷入不能精准把握课程目标、不能准确把握编者意图、不能正确使用教材的困惑，收获良好的教学效果更无从谈起。教师要教到什么程度，学生要学到什么程度，很多教师不甚清楚。目标不清，评价标准不清，很难让新课标理念精准落地，实现课堂教学高质量发展。

学业评价是语文教学质量检测的重要手段，对语文教学质量发挥着重要的导向功能。然而，目前小学语文学业评价却面临缺少具体评价指标体系、评价偏离课标教材等问题。

## 一　小学语文学业评价指南构建的意义

小学语文学业评价指南的构建，对一线教学有非常实际的指导意义。小学语文学业评价指南的构建，实则是对新课标的细化，对统编教科书的梳理。该指南用图表的方式呈现，将课标学段目标与统编教科书语文要素合二为一，便于教师纵向、横向把握每一册教材和整套教材之间的联系。该体系也是一套评价工具，既可导引教师精准定位课堂教学，也可测评学生语文学业水平，有利于实现教学评一体化。

### 1.细化课程标准便于教师精准把握课标

课程标准是纲领性文件，除总目标外，具体的目标是按照学段分四个领域提出具体要求的。以新课标为例，小学阶段分为三个学段，涵盖六个年级十二个学期。即便一个学段目标对应的也有两年四个学期。每个具体目标在每个学期达到什么程度，教师把握起来难度较大。

例如，新课标第二学段阅读领域中有这样一条目标："2. 能联系上下文，理解词句的意思，体会课文中关键词句表达情意的作用。能借助字典、词典和生活积累，理解生词的意义。"① 该目标主要聚焦于学生理解词句能力和体会关键词句作用的能力，如何逐步推进落实是教师教学的困惑点。

通过对三、四年级统编教科书四册书的细致梳理，整理出的学业评价指标很清晰地对课程标准这一内容的学期实施侧重点做了具体呈现。

三年级侧重于运用多种方法理解词句。三年级上关注理解难懂的词语，三年级下关注理解难懂的句子。同时三年级也涉及体会关键语句的表达，如三年级上要求借助关键语句理解一段话的意思，三年级下则是借助关键语句概括一段话的意思。

四年级侧重于体会关键词句表达情意的作用。四年级上侧重于通过人物的动作、语言、神态体会人物的心情，体会文章准确、生动的表达；四年级下则侧重于抓住关键词句初步体会课文表达的思想感情，从人物的语言、动作等描写中感受人物的品质。

通过学业评价指标的呈现，教师很容易精准把握课标在不同年级不同学期的落脚点，为课堂精准施教奠定基础，从而提升教师精准制定教学目标的能力。

### 2. 梳理统编教科书便于教师整体把握教材

统编教科书具有明晰的语文要素，在很大程度上解决了教师不知教什么的难题，但该教到什么程度，如何联系前期学过的要素，如何为后续即将学习的要素做铺垫，又成为很多教师的教学盲区。帮助教师梳理统编教科书中的语文要素，寻找要素之间的前后联系，提高整体把握教材的能力，是构建

---

① 中华人民共和国教育部制定《义务教育语文课程标准（2022 年版）》，北京师范大学出版社，2022，第 9 页。

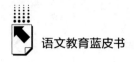

小学语文学业评价指南的意义所在。

该指南虽以册为单位进行梳理，但由于每册均按照课标的四大领域按序整理，纵向比较十二册的相同领域便有助于教师整体把握相应的内容。

例如，每一册学业评价指南的阅读领域中都有"理解词句"的评价指标。纵观一至六年级这一要素的安排，体现了"由词语到句子再到句与句之间""由了解到理解再到体会"等多维度由浅入深的螺旋上升。看似繁多的要素堆积，实则是一个要素一条线的不断延伸。因此，学业评价指南的建构，有助于教师弄清楚散点要素之间的联系，去繁取精，实现整体把握教材能力的提升，同时也为教师正确使用统编教科书科学施教夯实了根基。

3. 提供评价依据便于课程标准精准实施

小学语文学业评价指南，是对学生语文学业成就综合表现的刻画，是教师教学的参考依据，更是教师评价学生的过程评价、结果评价与考试命题的依据，也是学生作业测验的依据。因此，同一套评价工具，却能作用于教师教学、学生学习的全过程，由同一目标展开不同的教学活动，从而实现目标高度聚焦的教学评一体化的良好课堂生态。

## 二 "一核·一线·六维"的小学语文学业评价指南

为解决以上小学语文评价问题，山西省教育科学研究院精研课标教材长达十四年，实践检验后历经十余次完善修改，构建了"一核导向，一线贯穿，六维支撑"的小学语文学业评价指南（见图1）。

一核导向，指以核心素养为小学语文评价导向，体现新课标理念。

一线贯穿，指以《指向核心素养的小学语文三级评价标准体系》为线索，全程贯穿小学语文学业评价。该评价体系依"标"（课程标准）扣"本"（教科书），对课程标准、教科书进行精准梳理、细化对应，将较为宏观、笼统的课程目标、课程内容、学业质量具化为与统编教科书每一册对应

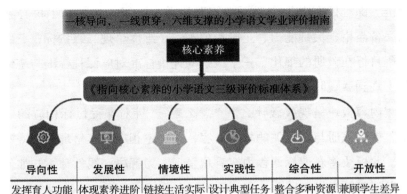

**图1　"一核·一线·六维"的小学语文学业评价指南**

的三级评价标准体系，便于教师准确把握课程标准，在实践中进行小学语文学业评价。

六维支撑，指以一线贯穿进行学业评价时，具体指向课堂评价、作业评价与阶段性评价，可从发挥育人功能的导向性、体现素养进阶的发展性、链接生活实际的情境性、设计典型任务的实践性、整合多种资源的综合性、兼顾学生差异的开放性等六个细化的维度综合考量。

"一核导向，一线贯穿，六维支撑"的小学语文学业评价指南，以发展学生核心素养为导向，以课程标准为依据，结合统编教科书，细化一至六年级十二册小学语文三级评价标准体系，基于导向性、发展性、情境性、实践性、综合性和开放性六个维度开展学业评价。

小学语文学业评价指南，是以语文核心素养及其表现水平为主要维度，结合语文课程内容，对学生语文学业成就的总体刻画。该指南与新课标一致，体现教学全链条上教学评的一致性。该指南从课程目标、课程内容、学业质量描述三大板块分册呈现每一学期教师教什么，学生学什么，教师怎么评。该指南依据课标、统编教科书梳理而出，依照小学六个年级十二册编排。

课程目标板块呈现"教到什么程度"，以识字与写字、阅读与鉴赏、表达与交流、梳理与探究四大语文实践活动为领域，每一领域逐级细化为三级

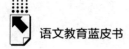

评价标准。课程标准中每一项语文实践活动为一级指标；基于核心素养导向，从必备品格、关键能力、正确价值观三个维度呈现二级指标；三级指标则是课程目标在该册的细化。三个级别的评价标准对应课程标准与统编教科书，从宏观到微观阶梯式呈现。

课程内容板块呈现"教什么""怎么教"，针对课程目标相应的三级评价标准，梳理该册与之相关的教学内容，并确定相应内容呈现方式——学习任务群。此板块将新课标课程内容具化呈现，为解决一线教师不知如何确立学习任务群难题提供思路。

学业质量描述板块依据新课标，对"学业质量"做精细梳理，设有优秀、良好、合格、待提高四个等级的质性描述，便于教师学业评价时对照参考。其中，以课标要求保底，达标为合格等级，未达标为待提高等级。团队依据学生学习实际情况，通过实践校准，确立良好等级。由于学生核心素养是在真实情境中解决问题体现出来的，优秀等级更偏重于在生活情境中解决问题的描述，这样更符合新课标理念。四个等级质性描述是对前面三级评价标准和课程内容呈现方式的回应，是"学生学到什么程度"的相应体现（见表1）。

横向三个板块整体聚焦核心素养，努力实现教学评一体化，填补了可操作的小学语文学业评价标准研发空白，便于教师精准把握每册课程标准，对相应的学生做出学业评价。

此外，为帮助一线教师建立课程目标年段之间进阶关系，整体把握课程标准，在六年十二册《指向核心素养的小学语文三级评价标准体系》基础上，梳理整合课程目标板块，形成《指向核心素养的小学语文课程目标进阶一览表》（见表2）。该表是对十二册三级评价标准的综合呈现，纵向呈现了课程标准体现的一级指标四大语文实践活动下对应的二级、三级标准，横向则呈现了每一条标准在六年十二册内的进阶发展。依据此表，教师便于把握语文要素在学段、年级甚至是每一册的进阶，实现了"精准"把握课程标准，为"精准"实施课程标准夯实根基。

表1 指向核心素养的小学语文三级评价标准体系 (一年级下册) (部分)

| 课程目标 | | 课程内容 | | 学业质量描述 | | | |
| 一级指标 | 二级指标 | 教科书内容 | 学习任务群 | 优秀 | 良好 | 合格 | 待提高 |
|---|---|---|---|---|---|---|---|
| 表达与交流 | 3~1 态度<br>1.与别人交谈,态度自然大方,会用礼貌用语 | 口语交际 | 实用性阅读与交流 | 在日常交际中,与人交谈能做到非常有礼貌,态度特别自然大方 | 在日常交际中,与人交谈有礼貌,态度比较大方 | 在日常交际中,与人交谈有礼貌,态度大方 | 在日常交际中,与人交谈自然,态度不够自然,不会使用礼貌用语 |
| | 2.有表达的自信心,积极参加口语交际 | 口语交际 | 实用性阅读与交流 | 在创设的不同话题中,有表达的自信心,积极参加讨论,敢于表达自己的意见 | 在创设的不同话题中,能积极参加讨论,发表意见 | 在创设的不同话题中,有表达的自信心,能积极参加口语交际 | 在创设的不同话题中,讨论,发言不积极 |
| | 3~2 习惯 必备品格<br>学说普通话,逐步养成讲普通话的习惯 | 一单元至八单元 | 语言文字积累与梳理 | 在学习和生活的不同场合里,生动地流利讲普通话,并养成讲普通话的良好习惯 | 在学习和生活的不同场合中,能流利地讲普通话,并养成讲普通话的习惯 | 在学习和生活的不同场合中,能说普通话,逐步养成讲普通话的习惯 | 在学习和生活的不同场合中,不能学说普通话,讲不成养成讲普通话的习惯 |

续表

| 课程目标 | | | 课程内容 | | 学业质量描述 | | | |
|---|---|---|---|---|---|---|---|---|
| 一级指标 | 二级指标 | 三级指标 | 教科书内容 | 学习任务群 | 优秀 | 良好 | 合格 | 待提高 |
| 表达与交流 关键能力 | 3~3 字词句运用 | 1. 能运用词语说话 | 七单元18课《小猴子下山》课后3题，语文园地七"字词句运用"2题；语文园地八"字词句运用" | 文学阅读与创意表达 | 在学习和生活中，能轻松运用词语说话写话 | 在学习和生活中，能较为灵活地运用词语说话写话 | 在学习和生活中，能运用词语说话写话 | 在学习和生活中，运用词语说话写话费力、生硬 |
|  |  | 2. 能仿照课文句式说话写话 | 六单元13课《荷叶圆圆》课后"字词句运用"1题；八单元19课《棉花姑娘》课后3题 |  |  |  |  |  |
|  | 3~4 倾听 | 1. 能认真听别人讲话，努力了解讲话的主要内容 | 一单元口语交际：听故事，讲故事 | 实用性阅读与交流 | 在日常生活的不同场景中，能认真听别人讲话，了解讲话的主要内容 | 在日常生活中，不同场景认真听别人讲话，努力了解讲话的主要内容 | 在日常生活中，不同场景基本能认真听别人讲话，努力了解讲话的主要内容 | 在日常生活的不同场景中，听别人讲话不认真，没有主动了解讲话内容的意愿 |

续表

| 课程目标 | | | 课程内容 | | | 学业质量描述 | | | | |
|---|---|---|---|---|---|---|---|---|---|---|
| 一级指标 | 二级指标 | 三级指标 | 教科书内容 | 学习任务群 | | 优秀 | 良好 | 合格 | 待提高 |
| | 3~4倾听 | 2. 没听清能请对方重复 | 五单元口语交际：打电话 | | | 在与人交际时，没听清能大方又礼貌地请对方重复 | 在与人交际时，没听清能大方地请对方重复 | 在与人交际时，没听清能请对方重复 | 在与人交际时，没听清却不敢让对方重复 |
| | | 3. 听故事，能借助图画记住内容 | 一单元口语交际：听故事，讲故事 | 实用性阅读与交流 | | 在听不同故事时，能主动借助图画轻松记住内容 | 在听不同故事时，能主动借助图画记住内容 | 在听不同故事时，能借助图画记住内容 | 在听不同故事时，不关注图画内容 |
| 表达与交流 | 3~5表达 | 1. 讲故事能大声，让别人听清楚 | 一单元口语交际：听故事，讲故事 | | | 在讲故事时，能做到声音洪亮，语言生动 | 能大声讲故事，语言较为生动 | 能大声讲故事，让别人听清楚 | 讲故事声音不洪亮 |
| | 关键能力 | 2. 说话时可以一边说一边做动作，让别人更明白 | 七单元口语交际：一起做做游戏 | | | 在与人交流时，能加上肢体语言，自如地表达 | 说话时能灵活地用肢体语言恰当表达 | 说话时能加上肢体语言 | 说话时不能用肢体语言 |

续表

| 一级指标 | 二级指标 | | | 课程内容 | | 学业质量描述 | | | |
|---|---|---|---|---|---|---|---|---|---|
| | | | | 教科书内容 | 学习任务群 | 优秀 | 良好 | 合格 | 待提高 |
| | 二级指标 | 三级指标 | | | | | | | |
| 表达与交流 | 关键能力 | 3~5 表达 | 3. 能使用礼貌用语 | 三单元口语交际：请你帮个忙 | 实用性阅读与交流 | 在学习和生活的不同场合中，能准确、自如地使用礼貌用语 | 在学习和生活的不同场合中，能准确、贴切地使用礼貌用语 | 在学习和生活的不同场合中，能使用礼貌用语 | 在学习和生活的不同场合中，不能使用礼貌用语 |
| | 正确价值观 | 3~6 文明表达 | 学习运用文明礼貌语言与他人交流沟通 | 口语交际 | 实用性阅读与交流 | 学习运用文明礼貌语言与他人交流沟通，感受美好亲情，学会感恩 | | | |

**表2 指向核心素养的小学语文课程目标进阶一览表（部分）**

| 一级指标 | 二级指标 | 课程目标（三级指标） | | | | | | | | | | | |
| --- | --- | --- | --- | --- | --- | --- | --- | --- | --- | --- | --- | --- | --- |
| | | 一上 | 一下 | 二上 | 二下 | 三上 | 三下 | 四上 | 四下 | 五上 | 五下 | 六上 | 六下 |
| 识字与写字 | 必备品格　1~1 兴趣 | 喜欢学习汉字，有主动识字、写字的愿望 | | | | 对学习汉字有浓厚的兴趣，主动识字的习惯 | | 对学习汉字有浓厚的兴趣，养成主动识字的习惯 | | 对汉字有浓厚的兴趣，乐于在生活中识字，乐于探索汉字的历史文化特点 | | | 主动通过多种方式独立识字 |
| | 1~2 书写习惯 | 能注意坐姿端正，握笔姿势正确，书写姿势正确 | 写字时要保持正确的坐姿和执笔姿势，端正、整洁，书写姿势正确。写字的时候，先看后写，减少修改次数，保持页面整洁。注意观察字的每一个笔画在田字格的位置，注意字的结构 | | | 写字姿势正确，指导学生掌握钢笔的执笔姿势，养成良好的书写习惯 | | 写字姿势正确，养成良好的书写习惯 | | 写字姿势正确，有良好的书写习惯 | | | |

义务教育语文课程培养的核心素养，是学生在积极的语文实践活动中积累、建构并在真实的语言运用情境中表现出来的，是文化自信和语言运用、思维能力、审美创造的综合体现

续表

| 一级指标 | 二级指标 | 三级指标 | 课程目标 | | | | | | | | | | | |
| --- | --- | --- | 一上 | 一下 | 二上 | 二下 | 三上 | 三下 | 四上 | 四下 | 五上 | 五下 | 六上 | 六下 |
| 义务教育语文课程培养的核心素养，是学生在积极的语文实践活动中积累、建构并在真实的语言运用情境中表现出来的，是文化自信和语言运用、思维能力、审美创造的综合体现 | 关键能力 | 识字写字<br>1~5 识字写字量 | 认识常用汉字300个，会写100个 | 认识常用汉字400个，会写200个，累计认识常用汉字700字，其中会写中会写300个 | 认识常用汉字450个，会写250个，累计认识常用汉字1150字，其中会写中会写550个 | 认识常用汉字450个，会写250个，累计认识常用汉字1600字，其中会写中会写800个 | 认识常用汉字250个，会写250个，累计认识常用汉字1850字，其中会写中会写1050个 | 认识常用汉字250个，会写250个，累计认识常用汉字2100字，其中会写中会写1300个 | 认识常用汉字250个，累计认识常用汉字2350字，其中会写中会写1550个 | 认识常用汉字250个，会写250个，累计认识常用汉字2600个，其中会写中会写1800个 | 认识常用汉字200个，会写220个，累计认识常用汉字2800字，其中会写中会写2020个 | 认识常用汉字200个，会写180个，累计认识常用汉字3000字，其中会写中会写2200个 | 会写常用汉字180个，累计认识常用汉字3000个，其中会写中会写2380个 | 会写常用汉字120个，累计认识常用汉字2500个 |

续表

| 一级指标 | 二级指标 | 三级指标 | 课程目标 | | | | | | | | | | | |
|---|---|---|---|---|---|---|---|---|---|---|---|---|---|---|
| | | | 一上 | 一下 | 二上 | 二下 | 三上 | 三下 | 四上 | 四下 | 五上 | 五下 | 六上 | 六下 |
| 义务教育语文课程培养的核心素养,是学生在积极的语文实践活动中积累、建构并在真实的语言运用情境中表现出来的,是文化自信和语言运用、思维能力、审美创造的综合体现 | 识字与写字 关键能力 | 1~6 识字能力 | 能根据简单的加减,认识象形字;能联系生活识字,分类识字;能识记学习的规律字;能联系会意系生活字的意思;能借助图片识字;能借助身体位置区分形近字(左……);能发现通过猜字谜识一些汉字的意义 | 能联系生活识字,归类识字;能联系形声字规律识字,分类识字;能识记学习规律字;能运用查字典的方法识字;能根据形声字的特点识字;能用同类方法识字;能借助偏旁部首表义的方法识字;运用阅读中能 | 能联系生活识字,归类识字;能联系形声字的特点识字;能识记学习规律字;能运用查字典的方法识字;能根据形声字的特点识字;能说出形字,结合语境识字;能借助部首检字法识字;会 | 有初步的独立识字能力;能借助熟字识字,利用序检字;用形声字部法和部首检查的特点;识字查字典,词典,识多认少;能借助拼音多识字;识字结合语境;能借助部首检字法识字;初步建立语境中整体识字;联系生活事物的联系,初步感受汉字的文化内涵 | 有初步的独立识字能力;能综合运用多种识字方法;借助声旁,认多换方法;识同语多识字;能借助词语识出形字;借助语境建立汉字形、义、音间的联系,初步建立语境中整体识字与生活中的事物的联系 | 有初步的独立识字能力:能综合运用多种方法独立识字;能综合运用多种识字方法,在真实的语言文字运用情境中独立识字,结合语境识字 | 有自觉整理学过的字。能分类整理学过的字;有自觉发现自己不认识的字,在社会生活中认识更多的字,能根据字音字义,推断自己的推断;借助语境和工具书验证自己的推断,感受汉字特点,体会汉字蕴含的智慧 | 有较强的独立识字能力,主动通过多种方法独立识字。能主动通过按照汉字形结构等规律梳理学过的汉字 | | | |
| | | | 能综合独立识字,借助工具书准确理解不同语境中汉字的意思,能辨识同音字,形近字,纠正错别字 | | | | | | | | | | | |

续表

| 一级指标 | 二级指标 | 课程目标 三级指标 | | | | | | | | | | | |
|---|---|---|---|---|---|---|---|---|---|---|---|---|---|
| | | 一上 | 一下 | 二上 | 二下 | 三上 | 三下 | 四上 | 四下 | 五上 | 五下 | 六上 | 六下 |
| 识字与写字 | 关键能力 1~6 识字能力 | | 联系上下文尝试猜测字的读音和意思；能根据字义区分同音字；能区分形近字、易错字；学习使用音序查字法查字典 | 用多种方法猜读识字 | 运用多种方法精准识字 | 运用音序检字法和部首检字法查字典、词典 | 常见难字、容易出错的字；能区分形近字 | 常见的事物的识字等。能感知常用汉字音、形、义之间的联系；立汉字与生活中事物、行为的联系，初步感受汉字的文化内涵 | | | | | |

义务教育课程语文课程培养的核心素养，是学生在积极的语文实践活动中积累、建构并在真实的语言运用情境中表现出来的，是文化自信和语言运用、思维能力、审美创造的综合体现

# 三　小学语文学业评价指南的构建策略

小学语文学业评价指南的构建策略包括以下三个方面。

第一，依标扣本精准构建学业评价指南。如果说《义务教育语文课程标准（2022 年版）》是语文教师教学的"根本大法"，统编教科书则是教师教学时的"根本依据"。从此意义来说，小学语文学业评价指南的构建，必须严格遵循课标与统编教科书的编写理念及内容。小学语文学业评价指南基于课标与统编教科书的内容进行梳理，保证了科学性、严谨性，也确保了学业评价指南构建的精准性。

第二，逐级细化阶梯构建学业评价指南。梳理课标中的年段目标发现，四大实践活动（识字与写字、阅读与鉴赏、表达与交流、梳理与探究）是每个年段皆有的内容，故设立为一级指标。通过梳理统编教科书，整合相近的内容，把这样细致的要素确定为三级指标。然而，一级指标过于宽泛，三级指标又过于具体，能否在一级指标和三级指标之间建立二级指标呢？考虑可以将三级指标提炼为学生必备的核心素养。核心素养，是适于学生终身发展的必备品格和关键能力。因此，通过相近的三级指标合并同类项，便可提炼出学生的语文必备品格和关键能力。

例如，《义务教育语文课程标准（2022 年版）》第一学段有阅读与鉴赏领域，因此把"阅读与鉴赏"作为一级指标；经过对统编教科书第一学段课本的梳理，将课标中"学习用普通话正确、流利、有感情地朗读课文。学习默读"这一目标细化为通过四个学期实现的分目标（见图 2）。这些细化到每一学期的目标就是三级指标。从一级到三级之间存在断层，于是提炼为学生必备的语文核心素养"朗读、默读"。因此，二级指标成为链接一级、三级指标的桥梁。

由此，就形成了从一级指标到三级指标逐步细化的"阶梯"，较为清晰地呈现了由粗到细的指标体系，有利于教师清晰导向课堂教学。

第三，质化描绘等级构建学业评价指南。三级评价标准体系的建立，让老师们心中有"标"。但学生与学业评价标准该如何对应？教师又该如何依

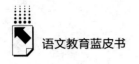
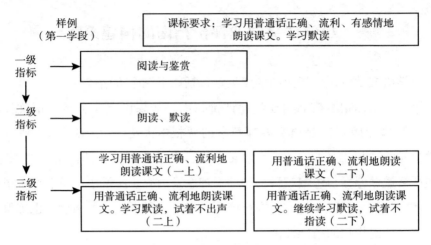

**图2　小学语文学业评价指南（部分）**

据标准体系来评价学生的学业呢？将标准体系具象化是不错的主意。因不同地域、不同家庭、不同层次学生之间差异巨大，为让每一名学生都有提升，秉承"下要保底，上不封顶"的原则，我们将课标要求、统编教科书要求设置为合格等级，不能达标则为待提高等级，为学有余力的学生设置弹性的良好等级、优秀等级。同时，依据一线丰富的教学资源反馈，将评价标准体系每一个三级指标后附有优秀、良好、合格、待提高四个等级的质性描述，教师、学生通过对照四个等级，即可判断出学生学业水平程度深浅。用质性描述，能很好地辅助评价课堂和学生，有利于促进教学质量的提升。

识字与写字是低学段教学重点。在低学段结束的二年级下学期，二年级的学生识字能力应达到什么程度？如何评价二年级下学期学生的识字能力？我们可对照标准体系，找到相应的二年级下册识字能力的三级指标，借助后面四个等级的质性描述来评价学生。不难发现，独立识字能力较差的学生属于待提高等级；具备基本识字能力，敢于利用形声字规律大胆猜读的学生属于合格等级；在此基础上能交流识字方法的学生属于良好等级；而能主动交流、乐于交流的学生则属于优秀等级。这样的质性描述让教师心中有"标"，精准定"标"，也让学生明确自己的提升之"标"。课堂上的所有力量就同一目标形成合力，教学质量提升则指日可待。

如果说学业评价是撬动教育高质量发展的杠杆，制定一套精准的学业评价指南则是杠杆的有力抓手。学业评价指南一定会助力教师准确把握课标，整体把握统编教科书，促进课堂教学高质量发展。

## 四 小学语文评价工具实施案例

《指向核心素养的小学语文三级评价标准体系》的构建，有利于教师精准把握课程标准与教材，实现了对课程标准中课程目标、课程内容、学业质量的精准解读，实现了教学评一致，但从理论层面转向日常教学实践，仍有一段实践的距离。为实现华丽转身，在日常课堂教学、作业评价、阶段性评价中助力一线教师精准实施，团队以素养为导向，依据标准体系，关照六个维度，研发出系列评价工具（课堂学习评价单）、评价样例（作业评价设计、阶段性评价设计）供一线教师使用，助力教师飞跃。

### （一）评价工具——课堂学习评价单实施案例

课堂教学效率低下，很多情况源于目标制定不精准，目标实施不聚焦。引导教师寻找课时目标与该册三级评价标准体系的关联并建立联系，是促进课程标准精准实施的有效路径。

图 3 为研发的课堂学习评价单，体现了课堂学习评价单与三级评价标准的紧密联系。

课堂学习评价单中的"目标自检清单"既是对课时目标的呈现，也是对相应的三级评价标准的关联。而每个教学活动提出的具体评价指标，即课时目标的分解目标。新课标指出："在小组合作、汇报展示过程中，教师应提前设计评价量表、告知评价标准，引导学生合理使用评价工具，形成评价结果。"[1] 因此，教师设计课堂教学时以此评价单先行，不仅有助于教师完

---

[1] 中华人民共和国教育部制定《义务教育语文课程标准（2022年版）》，北京师范大学出版社，2022，第48页。

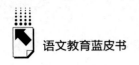

## 课堂学习评价单样单设计

| 学习主题 | | | | | | | | |
|---|---|---|---|---|---|---|---|---|
| 情境任务 | | | | | | | | |
| 学习活动 | | | 评价标准及☆级进阶 | | | 评价人 | | |
| | | ☆ | ☆☆ | ☆☆☆ | 同学 | 小组 | 老师 | 其他 |
| 活动一： | | | | | | | | |
| 活动二： | | | | 。 | | | | |
| …… | | | | | | | | |
| 目标自检清单 | 1.<br>2.<br>…… | | | | | | | |
| 为自己点赞的方面 | | | 需要努力的方面 | | | | | |

**图3　课堂学习评价单**

成在课堂上落实课程标准的课程目标，而且有助于学生根据评价标准调整学习行为，为培养核心素养做准备。

### （二）依托标准体系研发评价样例

以一年级下册"快乐读书吧"《读读童谣和儿歌》（见图4）为例，日常课堂，教师容易忽视此课教学，目标往往定位在读读书上推荐的童谣和儿歌感受下有趣即可，至多要求背诵，告知学生课下阅读，未必能做关于童谣和儿歌整本书阅读实践的指导。而该教师经过研读此册三级评价标准，针对"快乐读书吧"导向课外阅读的功能，设定此堂课目标为：一是能尝试阅读整本书，并选择有趣的、能增长知识的或有生活场景的歌谣进行推荐；二是能借助课上所学的多种朗读方法，进行创意表达，推荐歌谣。

这样的目标设定，是对三级评价标准"能主动进行课外阅读"的细化，是对童谣和儿歌这种文体的初步认知。与三级评价标准链接，确实会让课堂目标更精准、更聚焦。

课堂学习评价单体现新课标核心素养导向。课堂学习评价单与三级评价标准对接，也是教师课堂教学整体规划的呈现。核心素养具有情境性、综合性、实践性的特点，意味着核心素养的培养，应在同一个学习主题下，在情境化综合化的任务中，通过几个实践活动，让学生自主、积极构建。因此，课堂学习评价单由学习主题、情境任务、学习活动等构成，促使教师思考教学任务、活动设计与课时目标、该册三级评价标准的关联，这样才能实现教学评的一致性。

依然以一年级下册"快乐读书吧"《读读童谣和儿歌》为例。教师为达成学生主动进行课外阅读的三级指标，逆向设计教学活动，在学习童谣和儿歌中，设计了由书本推荐走向老师推荐走向小朋友推荐三个活动，即从学习书本中的歌谣走向学习课外的歌谣，自然而然引发学生课外阅读的兴趣。同时，在三个活动中通过表演读、打拍子读等方式，激发学生读歌谣的兴趣，为"自主"阅读做好铺垫。因此，当教学任务和活动与目标良好对接后，课堂教学的目标达成度才会高。着眼于学生核心素养的培养，课堂才有价值。这张课堂学习评价单无疑在促使教师以核心素养为导向设计任务与活动。

**课堂学习评价单**

学习内容：一年级下册"快乐读书吧"《读读童谣和儿歌》　　　　学习时间：2022.3

| 学习主题 | 读读童谣和儿歌　学做歌谣推荐官 | | | | | | |
|---|---|---|---|---|---|---|---|
| 情境任务 | 争做歌谣推荐官 | | | | | | |
| **学习活动** | 评价标准及☆级进阶 | | | 评价人 | | | |
| | ☆ | ☆☆ | ☆☆☆ | 同学 | 小组 | 老师 | 其他 |
| **活动一：初识"歌谣推荐官"，明确任务**<br>1.对话冰墩墩，激发学习兴趣。<br>2.冰墩墩推荐《春节童谣》，初识长知识的歌谣。<br>3.交流已知童谣，明确学习任务。 | ①能简要说出喜欢冰墩墩推荐的歌谣的理由。☆ | ②能围绕内容说出喜欢冰墩墩推荐的歌谣的理由。☆ | ③能联系生活说出喜欢冰墩墩推荐的歌谣的理由。☆ | √ | | √ | |
| **活动二：探究方法，学做"歌谣推荐官"**<br>1.书本推荐，了解生活中的歌谣。<br>2.老师推荐，感受有趣的歌谣。<br>3.小朋友推荐，选择有出处的歌谣。 | ①能简单说出喜欢的理由。☆ | ②能根据歌谣内容说出喜欢的理由，并能运用多种方法朗读，比如：有节奏地读、或做动作朗读。☆ | ③能联系生活说出喜欢的理由，能灵活运用多种方法朗读，进行创意表达。☆ | √ | | √ | |
| **活动三：梳理方法，争当"歌谣推荐官"**<br>1.交流梳理推荐歌谣的方法。<br>2.出示图片，整理成为"金牌推荐官"的标准。<br>3.拓展书目，小组内相互交流推荐，争做"歌谣推荐官"。 | ①能声音洪亮地大胆推荐喜欢的歌谣。☆ | ②能依据推荐标准，推荐有趣的、长知识的或有生活场景的歌谣。☆ | ③能根据推荐歌谣选择课上所学的推荐方法进行创意表达。☆ | √ | √ | √ | |
| **目标自检清单** | 1.能尝试阅读整本书，并选择有趣的、能长知识的或有生活场景的歌谣进行推荐。□<br>2.能借助课上所学的多种朗读方法，进行创意表达，推荐歌谣。□ | | | | | | |
| | 阅读与鉴赏 | 2-6课外阅读 | 能主动进行课外阅读 | 快乐读书吧、和大人一起读 | 整本书阅读 | | |

**图4　《读读童谣和儿歌》的课堂学习评价单**

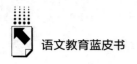
（三）评价样例——作业评价设计、阶段性评价设计实施案例

学业评价中，课堂评价是小学语文过程性评价的重要组成部分，课堂学习评价单的使用可以促进课程目标实施与转化。作业评价也是过程性评价的重要组成部分，教师要以促进学生核心素养发展为出发点和落脚点，精心设计作业。阶段性评价则是在教学关键节点开展的过程性评价，应秉持素养立意，紧密结合课程内容，关注内容之间的进阶关系和横向联系，合理设计评价工具。而在实际教学中，评价工具良莠不齐，如何指向核心素养，依据课程目标选题、命题，是教师教学的难点。因此，团队以一核为导向，一线来贯穿，依托六维支撑，研发了作业评价、阶段性评价等不同的过程性评价样例，以助力教师精准实施课程标准。下面从六维的角度呈现作业评价设计、阶段性评价设计的案例。

1."注重导向性，发挥育人功能"评价案例

"立德树人"是教育的根本目的，一切教育活动都要围绕这个目的开展，小学语文学业评价也不例外，应体现导向性，充分发挥评价的育人功能。以一年级上册作业评价样题为例。图5这组题目考查的是学生是否具有联系生活识字、分类识字的能力，内容与三级评价标准1-1-5以及教材要求相一致。一年级的识字题也可以育人吗？是的。样题依托神舟十三号飞船成功发射，乘组在天宫空间站工作时长6个月等时事新闻，考查学生生活中识字的能力，潜移默化地引导学生为祖国感到骄傲自豪，为航天员默默奉献的精神点赞。育人无处不在，这种样题，导向为在情境中测查学生素养，在情境中潜移默化育人。

2."注重发展性，体现素养进阶"评价案例

阶段性评价是在教学关键节点开展的过程性评价，应秉持素养立意，紧密结合课程内容，关注内容之间的进阶关系和横向联系。因此，阶段性评价应注重发展，体现素养进阶。以三年级上册第四单元教材分析（见图6）为例。三年级上册第四单元属于策略单元，每课从不同角度引领学生在读故事中学习预测方法，对应评价指标2-2-7，因此，单元作业请学生徜徉在故事中，由指导预测到练习预测再到自主预测，形成整体推进的评价工具，为学生实现素养进阶提供有效平台。

（3）请你借助拼音读读句子，看看图片，再选择合适的词语填序号。

★ 神舟十三号＿＿＿＿有三名宇航员：两名＿＿＿＿宇航员，

一名＿＿＿＿宇航员。

① 女　　　　② 飞船　　　③ 男

★ "神舟十三号"在2021年10月16日发射，三位宇航员是在＿＿＿＿出发。

他们将在空间站工作6个月，等2022年4月返回时，已经是＿＿＿＿了。

① 春天　　　② 夏天　　　③ 秋天　　　④ 冬天

**图5　神舟十三号飞船成功发射相关样题**

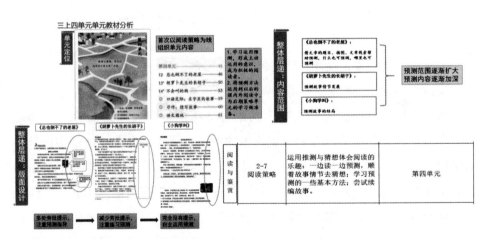

**图6　三年级上册第四单元教材分析**

### 3."注重情境性，链接生活实际"评价案例

新课标要求："考试命题应以情境为载体，依据学生在真实情境下解决

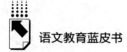
问题的过程和结果评定其素养水平。"① 因此，从考查素养的角度出发，评价工具应以问题情境为串联线，串联起价值引领的金线与关键能力的银线。以一年级上册《金木水火土》作业评价样题（见图7）为例。该课是一年级学生进入小学阶段学习的第一个单元第2课，如何让学生充满兴趣地开启小学学习之旅应放在教师教学首位。该课要认"金木水火土"5个生字，如何测查更有意义？设计样题时，老师结合三级评价标准1-1-5，为5个生字的识记设计生活外延这一情境，对学生由字形考查上升到音形义的结合考查，无形中提升了学生识字能力。

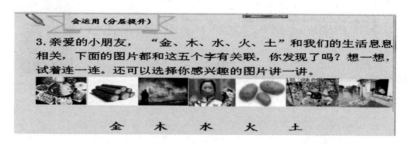

**图7　一年级上册《金木水火土》作业评价样题**

### 4."注重实践性，设计典型任务"评价案例

新课标指出："义务教育语文课程培养的核心素养，是学生在积极的语文实践活动中积累、建构并在真实的语言运用情境中表现出来的。"② 情境性、实践性和综合性是核心素养表现出的特征。因此，在学业评价中设计具有情境性、实践性的典型任务，能促进核心素养的培养。以三年级下册阶段性评价样题为例。该册教材设计综合性学习"中华传统文化"单元，对应课程目标和教材考查学生的综合素养是难点所在。在样题中，教师依据三级评价标准，设计端午节家庭聚餐选择餐厅任务（见图8），考查学生语文实践活

---

① 中华人民共和国教育部制定《义务教育语文课程标准（2022年版）》，北京师范大学出版社，2022，第9页。

② 中华人民共和国教育部制定《义务教育语文课程标准（2022年版）》，北京师范大学出版社，2022，第4页。

动梳理与探究的素养，形成课内学语文、课外用语文的有效回环，引导学生学语文用语文，积极参与社会实践的意识，初步培养学生解决问题的兴趣。

7.王霞的爸爸想在端午节那天中午带王霞的爷爷、奶奶去餐厅聚餐。假如你是王霞，请你和爸爸一起为这次聚餐做准备。

①爸爸在网上搜集了一些网友对热门餐厅的介绍与评价，请你结合家人的具体情况，帮爸爸选择最合适的餐厅( )。

| 家人饮食注意事项 | 热门餐厅A | 热门餐厅B | 热门餐厅C |
| --- | --- | --- | --- |
| ★奶奶对海鲜过敏。 ★爷爷患有慢性咽炎，不宜吃辛辣的食物。 | 辛香汇 锦里 餐厅特色：四川风味 以麻辣为主 食客评价：4分 | 海世界海鲜广场 餐厅特色：海鲜 以海鲜为主 食客评价：4.2分 | 清和元 餐厅特色：山西风味 以大众口味为主 食客评价：4分 |

②你想在聚餐时送给小弟一份端午节的礼物，送( )最合适。

A.元宵   B.月饼   C.五彩绳   D.压岁钱

**图8　端午节家庭聚餐选择餐厅任务样题**

### 5. "注重综合性，整合多种资源"评价案例

素养导向下的学业评价，依托学习任务，往往整合多种资源，体现综合性。在多种资源中提取、梳理、整合信息，并用以解决实际问题，是具备核心素养的体现。以四年级下册第二单元阶段性评价为例。围绕"中国空间站"主题（见图9），整合多角度信息报道和图片，让学生从不同的角度了解，并考查多角度提问、说新闻等语文要素，体现了综合性。

**图9　"中国空间站"主题的样题**

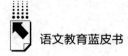
### 6. "注重开放性，兼顾学生差异"评价案例

新课标倡导教学面向全体学生，注意因材施教。在班级授课制的前提下，如何开展因材施教的教育？关注话题的开放程度，考量不同学生的达成程度，是在面向全体的前提下最好的因材施教策略。因此，素养导向的学业评价，应兼顾学生间的差异，注重开放性。以六年级上册第一单元阶段性评价样题为例。天龙山石窟佛首归来的消息尽人皆知。如何让所有的学生都有话说？样例设计了根据口语交际信息编写讲解词、对别人观点提出看法等任务（见图 10），对应三级评价标准，让学生观看身边新闻，建立课内外学习的渠道，由课内引向课外，引导学生关注生活，积极参与社会实践。考查语用建构——编写讲解词、用正确的拼音汉字拼写姓名、解决生活中可能出现的问题、针对事件发表自己的观点的各项能力，综合评价学生语文语用素养。

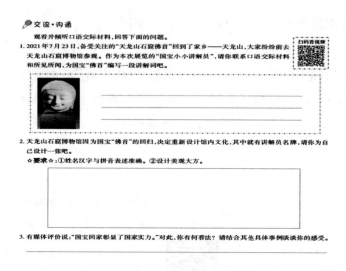

**图 10　天龙山石窟佛首归来的样题**

以核心素养为导向，精准细化课程目标并贯穿学业评价全过程，通过六维支撑评价样例，实现由理论到实践操作一整套完整指南，是对课程目标从精准把握到精准实施的全过程。下一步将继续巩固成果，加大研究实践力度，在推广实施上有新突破。

# B.10
# 九年一贯制学校高质量推进阅读
# 教学的探索与实践

丁 丽 王孟利 孙海忠*

**摘 要：** 高质量推进阅读教学是深化全民阅读的关键环节，鉴于此，禹城市永锋双语实验学校对本校学生的阅读状况进行了研究。经过多年教学实践，学校探索出"13559"阅读教学模式。该模式以提升学生语文核心素养为核心，利用教师阅读、学生阅读、家长阅读三方联动，依托学校阅读教学的五大板块，借助基于大单元整体教学的"五种课型"，发挥九年一贯制学校优势，进行九年一体设计，旨在解决学生阅读面临的现实困境，培养学生核心素养。

**关键词：** 阅读教学 核心素养 新课标

21世纪是知识和信息量迅速增长的时代，终身学习将成为人的自我完善、自我发展的必然要求。作为知识社会的主体，人们只有在开放的环境中积极主动自由地学习，才能实现学习与创造的并存和融通。阅读作为一种学习方式，是指学生在教师或他人的指导下，充分发挥主体作用，自主、自觉

---

* 丁丽，禹城市永锋双语实验学校教师发展中心主任，初中语文学科组长，优课上榜"一师一优课"省级优课，荣获德州市命题比赛一等奖、禹城市青年教师基本功大赛一等奖、禹城市"先进教育工作者""巾帼标兵"等多项荣誉，主持研究省市级规划课题并成功结题；王孟利，禹城市教学研究室主任，参与多项省级课题研究，并获得山东省教育科学研究优秀成果一等奖、德州市教育教学工作突出贡献个人称号；孙海忠，禹城市永锋双语实验学校校长，德州市人大代表，德州市教学能手，德州市教育教学工作突出贡献个人，在报刊发表文章40余篇，主持、参与完成多项省市级课题。

地调控阅读学习情绪和学习策略，逐步掌握有利于自身素质持续提高的阅读方法和学习技术的学习过程。其目的是让学生通过具体的阅读实践过程掌握阅读学习规律，形成阅读习惯。随着素质教育的全面推进，阅读对于拓宽学生的知识视野、开发学生的学习潜能所起到的积极作用，已被越来越多的教师普遍认同，也引起广大家长的高度重视。开展阅读教学的实践指导不仅仅是为了拓展学生的阅读范围和简单累积学生的阅读数量，也是为了重视和关注学生阅读的质量。这既是从根本上保证教育部关于"减负增效"的会议精神的进一步贯彻的需要，又是促进学生健康、和谐、持续发展，实现"终身学习"目标的需要。

综观目前中小学生的课外阅读情况，不难发现，由于受片面追求教育的短期效应这一错误思想的影响，许多教师和家长因急功近利而忽视甚至是限制学生阅读课本以外的图书，孩子的求知欲望受到禁锢。量少、无序、低效等学生课外阅读的问题，严重地阻碍了学生创新思维能力的提高和发展。

禹城市永锋双语实验学校是一所九年一贯制市直公立学校，坐落于禹城市的城郊。2018年建校至今，一直致力于高质量推进阅读教学的探索与实践。经过几年的摸索，形成"13559"阅读教学模式，并初见成效。

"1"是一个核心，提升学生语文核心素养；"3"是三方联动，教师阅读、学生阅读、家长阅读相互促进，合力创建"书香校园""书香班级""书香家庭"；第一个"5"是语文学习的五个板块，教材阅读、写作教学、经典诵读、课外阅读和语文实践活动，整体设计、统筹推进；第二个"5"是基于大单元整体教学的"五种课型"，保障理念落地，实现课内大量阅读、深度阅读；"9"是发挥九年一贯制学校优势，九年一体设计，九年一贯培养，让孩子形成终身阅读的习惯。

## 一　聚焦一个核心，提升学生语文核心素养

"核心素养是学生通过课程学习逐步形成的正确价值观、必备品格和关键能力，是课程育人价值的集中体现。义务教育语文课程培养的核心素养，

是学生在积极的语文实践活动中积累、建构并在真实的语言运用情境中表现出来的，是文化自信和语言运用、思维能力、审美创造的综合体现。"① "核心素养的四个方面是一个整体。语言是重要的交际工具和思维工具，语言发展的过程也是思维发展的过程，二者相互促进。语言文字及作品是重要的审美对象，语言学习与运用也是培养审美能力和提升审美品位的重要途径。语言文字既是文化的载体，又是文化的重要组成部分，学习语言文字的过程也是学生文化积淀与发展的过程。在语文课程中，学生的思维能力、审美创造、文化自信都以语言运用为基础，并在学生个体语言经验发展过程中得以实现。"②

《义务教育语文课程标准（2022 年版）》指出："义务教育语文课程结构遵循学生身心发展规律和核心素养形成的内在逻辑，以生活为基础，以语文实践活动为主线，以学习主题为引领，以学习任务为载体，整合学习内容、情境、方法和资源等要素，设计语文学习任务群。"③ 语文学科不仅要注重语言的教学，同时还需要从文化、思维等方面引导。由此，在时代发展的进程中，"核心素养"就成为语文学科教学的核心。而语文核心素养的培养是一个不断积累的过程，需要教师时刻意识到语文核心素养于语文教学的重要意义，不断通过实际的教学去实现这一目标。

## 二 加强三方联动，合力创建"书香校园"

新课改给教师提出了更高的要求，这是时代发展和社会进步的必然结果。照本宣科的课堂教学已经不能吸引学生的眼球，阅读匮乏的教师，其语言单调，知识面狭窄，教学方法陈旧，以至于课堂教学枯燥无味，无法激发学生的兴趣，更不要说引导学生认知自己了。所以教师要丰富自己的学科知

---

① 中华人民共和国教育部制定《义务教育语文课程标准（2022 年版）》，北京师范大学出版社，2022，第 4 页。

② 中华人民共和国教育部制定《义务教育语文课程标准（2022 年版）》，北京师范大学出版社，2022，第 5 页。

③ 中华人民共和国教育部制定《义务教育语文课程标准（2022 年版）》，北京师范大学出版社，2022，第 2 页。

识，提高自己的文化修养，特别是对阅读经典的提升。教师不仅要按时按规地完成教学任务，还要使课堂充满活力、充满乐趣、充满互动。阅读使教师的知识结构更加完善、专业素养更加成熟、对教育教学规律的认识更加透彻，教师只有使自己更加强大，才能更丰富、更精准、更完善地开展教育教学活动，才能解决教学实际中遇到的"疑难杂症"。苏霍姆林斯基一生与读书写作为伴，他说教师获得教育素养的主要途径就是读书，读书，再读书。①

教师的每一个好习惯，无形中都在影响着学生，学生会效仿、跟随、追踪，阅读也是一样。教师在教育教学活动中，十分注重对学生个人习惯的培养，但很多时候对自身专业素质的提高和对自身习惯的养成有所忽视。萨克雷说："播种行为，可以收获习惯；播种习惯，可以收获性格；播种性格，可以收获命运。"② 一个好的习惯可以增强教师的人格魅力，可以使教师自己更"有料"，可以提高工作效率，节省更多时间，节约更多成本。学生养成一个好的习惯，可以更加深入地了解自己，加深对自己的认知。

学校鼓励支持教师阅读的目的，一方面是迅速增强青年教师个人职业素养；另一方面则是以教师阅读带动学生阅读，以学生阅读带动家庭阅读，从而为"全民阅读"氛围的创设添砖加瓦。

为鼓励青年教师阅读，永锋双语实验学校每学年提供购书款，从实际出发予以支持。阅读内容既要广泛全面，又要从中精选主题内容，不局限于某一学科。推荐阅读书目包括学科教学、教育、家庭教育、社科四种门类。为发挥年级、备课组集体的智慧，组织进行年级共读、备课组共读活动，集体研讨，讨论交流，共促成长。除了读，还要交流。学校每学期举办不同形式的读书交流活动，为教师阅读与成长搭建交流平台。大家分享读书的快乐，分享书中的智慧，既锻炼与增长了能力，也营造与创设了良好的氛围。

亲子共读，能够培养学生良好的阅读态度，能够让孩子体会阅读的价

---

① 《苏霍姆林斯基教育智慧格言》，肖甦主编译，人民教育出版社，2014，第322页。
② 徐晓林主编《中外教育名人名言》，企业管理出版社，2019，第151页。

值，享受阅读的乐趣，能够创造良好的亲子沟通渠道，增强孩子与家长的感情交流，有利于儿童健康成长。学校举办"亲子共读"活动，让读书活动从学校向家庭延伸，让校园浓郁的书香飘进家庭。通过评选"书香家庭"激发学生与家长阅读书籍的热情，使家长与孩子之间的关系更加融洽，促使孩子与家长在阅读中增长知识和智慧，形成"教师引领学生，学生影响家长，家庭推动社会"的良好读书氛围。评选依据主要是该学期规定阅读书目的阅读量、读书笔记撰写情况、家长参与读书分享活动的情况、家庭藏书量等。

# 三　统筹五大板块，打造永锋阅读模式

教材阅读、写作教学、经典诵读、课外阅读和语文实践活动整体设计、统筹推进。

五大板块之教材阅读方面，永锋双语实验学校制定了单元教学策略和精读课文教学策略。单元教学策略，以主题整合教材，确定精、略读篇目。两类课文教学着重点不同，教学目的也不同，精读文教学从文体特点入手，不同文体采用不同策略，逐步使学生实现从"学一篇"到"会一类"的迁移，重点落实课文的文章、文学、文化内涵，侧重习得方法；略读文教学，让学生粗知大意，了解主题，学会生字新词，突破重点难点即可，重点在于运用精读文习得的方法，广泛积累，表达运用。

五大板块之写作教学方面，问题多多，语文教师往往想改革又力不从心，无所措手足。《中庸》中有一句话："博学之，审问之，慎思之，明辨之，笃行之。"一线教师经过"博学、审问、慎思、明辨"一番功夫之后，关键是要"笃行"，也就是要坚定不移地去做。进入网络时代，资讯便捷，各种经验、模式泛滥。对于我们来说，缺的不是模式，而是如何找到适合自己的做法，然后真正把它落到实处。永锋双语实验学校在近几年的作文教学实践中探索出"三线并进，全面提升学生语文素养"的作文训练模式。

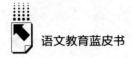

第一，课堂教学线。

用好教材这个例子。叶圣陶先生有句名言："教材无非是个例子。"① 对这句话我们可做两方面的理解。一是语文教材只是媒介、手段，而非目的。我们的目的是以教材为媒介，培养学生的听说读写能力。换句话说，应该用教材教，而非教教材。二是教材作为例子，具有以一当十、举一反三之功效，所选课文均为文质兼美之作，课标要求学生掌握的知识点、能力点均蕴含其中，语文教师一定要用好这个例子。

鉴于以上认识，永锋双语实验学校的具体做法如下。

一是胸有全局，一课一得，务求实效。不少语文教师的课堂教学存在这样一个误区：每教一课，从字词句篇到语修逻文，面面俱到，唯恐有所遗漏。这样教学，势必将课文肢解得七零八落，不仅课文的美感荡然无存，而且从实际效果来看也不理想。面面俱到，必然蜻蜓点水，处处肤浅。语文教师要有全局观念，统筹安排，把初中三年六册教材作为一个整体，至少要将一册教材当作一个整体，将要求学生掌握的知识点、能力点分解到各课，一课一得，课课相连，反而容易取得良好的效果。

二是注重整合，打通读写，整体推进。阅读与写作既相对独立，又相辅相成。读写不能截然分开。但现行语文教材重读轻写的倾向还比较明显。这就需要语文教师自己放开眼光，整合语文教材，找准读写的结合点，打通从读到写的通道，以有利于学生语文素养的综合提高。如教学七年级上册第一单元《春》《济南的冬天》《雨的四季》这一组课文，在阅读教学中反复强化"从多方面选材表现事物的特点"这一写作方法，然后布置学生从多方面观察家乡秋天的特点，以《家乡的秋天》为题进行写作训练。

三是强化文体意识，实现从"这一个"到"这一类"的迁移。现行语文教材在编排上打破了过去按文体分单元的做法，一个单元内各文体都有。高考、中考写作，也是淡化文体，文体不限，只要写得好，可以八仙过海，各显神通。这样的改革，解放了学生的思维，对于提高语文教学质量大有

---

① 《叶圣陶教育文集》第 3 卷，人民教育出版社，1994，第 336 页。

好处。但是，淡化文体并不是不要文体。著名特级教师程翔有一段话是这样说的：阅读教学必须引导学生尊重文体，因为文体与阅读理解有密切的关系。中国是一个重视文体的国家，文体学具有悠久的历史。在阅读教学中适度强化文体意识，可以帮助学生实现从"这一个"到"这一类"的迁移。我们认为，抓住了文章的文体特点，也就抓住了解读这一类文章的"牛鼻子"，就能达到"教是为了用不着教"的理想境界。如教学《在山的那边》，没有利用课后练习中两个现成的思考题"文中妈妈是一位怎样的母亲""我是一个怎样的人"。当然，通过讨论这两个问题也可以把诗歌那坚持不懈追求真理的主题挖掘出来，但学生解读诗歌的能力却得不到培养和提高。我们选择的教法是从诗歌的文体特点出发，通过"读"的形式，一读明节奏，二读析意象，三读悟情感。这样，使学生对怎样学习诗歌有了初步的感性认识。

四是求真务实，创建高效课堂。课堂是提高教学质量的主阵地。但限于师资水平，农村中学语文课堂还普遍存在"满堂讲""满堂问"等现象，学生参与度不高，学生主体地位得不到落实，课堂普遍低效甚至无效。多年来，广大语文教师一直苦苦寻求课堂高效之路。洋思中学、杜郎口中学的异军突起，使广大农村学校看到了课堂改革的曙光。永锋双语实验学校是禹城市最早学习洋思、杜郎口经验的学校之一。语文教学结合本校实际，在课堂教学中融入了当堂训练、小组合作、学生展示等元素，学生的参与度及课堂效率明显提高。当前，永锋双语实验学校课堂教学改革尚处于实验阶段，效果如何，还有待时间及中考的检验。在改革中，也遭遇过种种困惑和困难。例如：学生主体地位强化了，教师主导地位有所削弱；课堂表面热热闹闹，学生思维却缺乏深度；课堂开放度大了，生成性强了，既定教学目标的实现却无法保障；等等。这些都有待于继续研究和借鉴同行经验。

第二，课外阅读线。

"多读多写文自工。""读书破万卷，下笔如有神。"大量读写是提高学生语文素养的必由之路，这已成为语文教育界的共识。但是，在目前应试教育愈演愈烈，学生课业负担普遍超重的情况下，如何实现大量读写，又不加

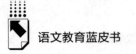

重学生负担，成为困扰许多学校的难题。永锋双语实验学校的应对策略是：精打细算，利用好"边角余料"，开展丰富多样又扎实有效的活动，营造浓郁的语文学习氛围。

经典诗文诵读。预备铃响后，歌声嘹亮，书声琅琅，已成为永锋双语实验学校一道人文景观。起初，主要是指导学生诵读古诗词，并编辑了《精选课外诗词100首》校本教材。为了使诗文诵读工程落到实处，永锋双语实验学校将预备时间唱歌、背诗作为一日常规，纳入对班主任和语文教师的考核。并且每学期以年级为单位组织诗文诵读比赛，以检验工程开展效果。随着"国学热"在全国范围内的升温，永锋双语实验学校又认识到"读经"的重要性。2023年，学校初一又增加了《三字经》《论语》《老子》等经典的诵读。诵读经典诗文，可能在短期内并不能直接提高语文成绩，但它切切实实提升了学生的人文素养，对学生的可持续发展起到了不可估量的作用。打个比方，经典诗文犹如蜂王浆，充饥虽不如馒头，但论营养价值，馒头却不可与之同日而语。语文教师既要给学生一张升入高一级学校的门票，又要着眼于学生的终身发展。两手都要抓，两手都要硬。缺少任何一项，都是对学生不负责任。

课初美文欣赏。每天课初三五分钟，由学生按学号轮流上台朗读一篇千字左右的美文，并说出推荐理由，然后师生做简要点评。"奇文共欣赏，疑义相与析。"美文欣赏锻炼了学生朗读、倾听、口语表达、即席演讲等多项能力，使一个个朴实的学子变得落落大方、口齿利落。美文欣赏受到历届学生的欢迎，更重要的是，它使大量阅读以学生喜欢的形式得到了落实。我们可以粗略地算一笔账：每天1篇，一年就是300篇，三年近1000篇，而六册语文教材统共只有180余篇课文。得法于课内，得益于课外。我们已经初步品尝到大量阅读的甜头。

每日格言。学生轮流每天在黑板一角用楷书写一句格言警句，并在名人、伟人的姓名下方注上自己的姓名。学生每日与名人、伟人并肩，见贤思齐，心中必升腾起一股积极向上的豪情。学校又把该活动和每天的书法练习相结合，规定练字就以当日格言为内容。反复书写，学生自然将格言牢记在心；内容统一，教师又便于指导。

阅读课。为了避免阅读课流于形式、流于随意，学校对每周的两节阅读课从两方面进行规范。一是规范读物。选择读物的三项原则是：内容健康，适合中学生阅读，有益于学生读写能力的提高。如《语文报》《读者》等报刊。二是规范教学流程。阅读课环节为：一读（读书）；二抄（摘抄）；三创（仿写、概括、写读后感等）；四背（背诵精美语段）；五展（展示阅读成果）。时间分配如下：读、抄、创三环节共占30分钟，背诵5分钟，展示10分钟。这样做的理论依据可用老子的话来概括。《老子》第二十二章说："少则得，多则惑。"一句话：宁可读得少一些，也要读得实一些。

第三，写作训练线。

听、说、读、写是语文能力的四大支柱，其中，又以写的能力最为核心。但由于种种原因，长期以来写作教学处于很尴尬的境地，费时低效，甚至费时无效。知其不可而为之，我们长期艰难探索作文教学高效之路，力图改变作文教学无物、无的、无法、无序、反馈慢、效果低下等现象。

"巧妇难为无米之炊。"作文教学首先要解决"写什么"的问题。换言之，要使学生言之有物。策略有二。一是语文生活化，生活语文化。生活是写作的唯一真正源泉。只有打通写作与生活的联系，引导学生关注生活本身，笔下才有取之不尽、用之不竭的写作素材。对每学期的写作训练统筹安排，提前布置观察、体验任务，这样，学生写作都是有感而发，不吐不快，自然有话可说。例如：开学不久，学校就布置学生以"__变了"为内容对本班学生进行观察，两个月后写一篇文章。这样，既训练了学生的观察能力，又让每一名同学感受到全体同学的关注、监督，促进了班级管理。根据完成的作文来看，效果良好。结合推行的"值日班长制"，又布置了一篇作文——《当官的感觉》。在进行初一上学期第二单元"生活处处有语文"写作训练时，提前一周布置学生从影视、歌曲、手机短信、商店招牌、对联、大自然等方面寻找语文。二是以文化补生活的不足。毋庸讳言，由于受升学压力的影响，当前中学生生活圈子狭窄，内容单调。受余秋雨"文化散文"的启发，学校开展了走近名人、走进经典活动。同时，将优秀影视引进课

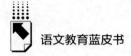

堂，如组织学生观看"感动中国年度人物颁奖典礼"。提倡写文化散文，以文化来弥补生活的不足，收到了较好的效果。

鲁迅先生曾经说过，他们那一代人学写作，"一条暗胡同，一任你自己去摸索"①。当然，从"暗胡同"里也摸索出了文学大师，但那毕竟是极少数。语文教学的任务是让全体学生"理解和运用祖国的语言文字"，教师有责任给学生指出一条路，哪怕仅仅是羊肠小道，有总是聊胜于无。这条路就是读写结合，从读悟写，以写促读。例如，教学《童趣》，让学生仿其总分式结构写一写自己的童年趣事；教学《紫藤萝瀑布》，让学生仿照从整体到局部的顺序观察老师或一名同学；教学《济南的冬天》，让学生运用对比的手法写出某个人物的变化；教学《春》《济南的冬天》《雨的四季》这一组课文，让学生学习借鉴从多方面选材表现事物的方法，写一写家乡的四季……运用读写结合的方法，仅半学期就进行写作训练十几次，学生的写作能力和写作兴趣明显增强。

说到"有序"，尚未形成一个比较科学的写作序列。仅从文体角度大体分为：初一主要训练记叙文；初二主要训练记叙文和说明文；初三主要训练议论文和散文，进而不限文体进行所谓"话题作文"的训练。

为了解决反馈慢、效率低等问题，教师对传统的作文教学流程进行了改革。具体做法如下。两堂课连上，中间不下课。将100分钟分为四个板块：写前指导，约占20分钟；独立写作，约占45分钟；交流互批，约占20分钟；师生点评，约占15分钟。做几点说明：写前指导包括"教师出示题目、要求—小组交流、启发思路—小组展示—教师指导"等环节。先说后写，一是启发了思路，二是在写前纠正了部分偏误。交流互批，以小组为单位互换作文，组长组织组员通览4篇作文，商议赋分或评定等级，然后由两名作文程度较好的同学写上批语。赋分、写批语都要根据训练要求进行。这样，较好地避免了批阅的随意性。

这套教学流程使学生的作文在当堂就得到了多层次的反馈。课后，教师

---

① 《鲁迅全集》第4卷，人民文学出版社，2005，第276页。

收齐作文，还要进行二次批阅，主要是为了掌握整体情况。有必要时，还要进行作文讲评。

对作文讲评也进行了规范，基本环节如下：榜上有名—佳作欣赏—妙点赏析—问题诊断—范文链接。其中，佳作欣赏环节，精心选择几篇有特色的学生习作，主要鼓励学生评头论足，教师只做点拨引导，不把自己的观点强加给学生。

为了激发学生的写作热情，学校做过多种尝试，如组织文学社、编印作文选、举行有奖征文等。其中，最有效的是教师下场，师生同写。庄子说："水之积也不厚，则其负大舟也无力。"（《庄子·逍遥游》）一个笔头枯涩的教师，指导起学生写作来，要么捉襟见肘，要么隔靴搔痒；教师本人勤于笔耕，如果再经常有文章见诸报刊，就是对学生最大的鼓舞和带动。

五大板块之经典诵读，主要依靠《中华颂》及"语文主题学习丛书"这两套书来进行。书中所选内容与教材经典诵读主题相关、要素一致，浅显易懂，朗朗上口，有些较长、较难的篇章，采用节选的方式，管中窥豹，以期在孩子们心田上种下传统文化的种子。学生语文素养的提高是一个缓慢渐进的过程，在语文学习上没有立竿见影的方法。点滴积累，是最原始的方法，也是最有效的方法。"学如春起之苗，不见其增，日有所长。"相信我们所做的一切努力都有价值。今天，教师在学生的心田上播下一粒种子，多年之后，那里会长成一片绿荫。

五大板块之课外阅读，为了保障课外阅读的顺利开展，永锋双语实验学校出台了《整本书阅读教学方案》，从阅读内容、读物保障、时间保障、师资保障、氛围营造等方面精心设计，全面推进，提高学生阅读素养。

五大板块之语文实践活动，是语文学科阅读的集中体现，学生只有亲身参与实践活动，才能建立个体与阅读的互动性关联，形成个性化的具体认知。永锋双语实验学校主要语文实践活动包括影视课程及演讲、朗诵、征文等语文学科活动。

新课标指出语文课程的主题与载体形式包括中华优秀传统文化、革命文化和社会主义先进文化。学校以此为依据和标准选定优秀影片。优秀影片具有生动、形象、感染力强等显著特点，蕴含着丰富的思想、艺术和文化价值。利用优秀影片开展中小学生影视教育，是加强中小学生社会主义核心价值观教育的时代需要，是落实立德树人根本任务的有效途径，是丰富中小学育人手段的重要举措。为保障影视课程顺利有效进行，各年级由语文组备课组长总负责，课程表中规定初中部学生每周观看《新闻周刊》，每月一部优秀电影；各年级要提前做好观影准备，如拷贝电影，下发观影笔记，介绍影片看点等；给学生播放的影片必须报请学校审查批准，原则上在学校推荐的影片中选取；安排好值班教师，确保观影秩序、质量和安全；观影当周上交观影笔记，在积累本上记录"一句话、一个人、一件事"，由语文老师留存。加强中小学影视教育，着力在坚定理想信念、厚植爱国主义情怀、加强品德修养、增长知识见识、培养奋斗精神、增强综合素质上下功夫，努力构建德智体美劳全面培养的教育体系，对于激发学生对党、国家和人民的热爱，促进学生增强对"四个自信"的理解与认同，从小养成良好思想道德、心理品质和行为习惯，形成正确的世界观、人生观、价值观，提高审美和人文素养，形成健康文明的生活方式等具有重要意义。

以上为永锋双语实验学校语文阅读教学"五大板块"的具体策略，通过这五大板块整体设计、协同推进，学校阅读教学真正将听、说、读、写进行整合，直指新课标"文学阅读与创意表达"学习任务群，通过整体感知、联想想象，让学生感受文学语言和形象的独特魅力，获得个性化的审美体验；了解文学作品的基本特点，欣赏和评价语言文字作品，提高审美品位；观察、感受自然与社会，表达自己独特的体验与思考，尝试创作文学作品。

## 四 立足"五种课型"，保障阅读理念落地

单元预习课、教读引领课、组文阅读课、主题写作课和名著导读课"五种课型"保障理念落地，实现课内大量阅读、深度阅读。

单元预习课是对一个单元的基础知识进行自主学习，培养学生借助工具

书完成单元字词、文学常识积累及整体感知文意的预习习惯；教读引领课以教材内的教读篇目为依托，进行"1+x"文本整合，发挥经典文本的"定篇"或"样本"作用，教师示范引领，教方法，引导学生把在"1"中学到的阅读策略迁移到其他篇章的学习中；组文阅读课以单元教学目标为核心，让学生将在教读引领课习得的阅读方法、策略运用于多个文本的阅读实践，主要发挥文本的"例文"作用，反三归一，帮助学生提升阅读能力；主题写作课以单元写作教学目标为方向，阅读相关的类文材料，积累写作素材、提炼写作手法、激发创作灵感，发挥文本的"样本"或"用件"作用，为学生搭建现场写作的平台；名著导读课利用单篇文章或者片段赏读帮助学生走进整本书阅读，对学生阅读名著进行方法或者兴趣方面的导读，发挥文本的"样本"或"用件"的作用。让学生在课内围绕主题进行大量、自由阅读，立足于培养学生的核心素养，围绕主题，为学生的语文学习提供了丰富的、序列化的阅读资源。

## 五 九年一体设计，发挥九年一贯优势

九年一贯培养，让孩子形成终身阅读的习惯。小学阶段的课外阅读内容往往侧重于"绘本、故事、童话"等，初中阶段的课外阅读又以"诗歌、散文、戏剧"等为主，为培养语感，就需要广泛的阅读和有效的衔接。仅仅依靠教材所起的作用犹如一朵花之于花园、一滴水之于大海。九年一贯制学校语文教学正因为连接了多个学段，会通阅读的内容、形式，才可以避免课外阅读内容"小学读初中不读，初中读小学不读"所产生的学习断层和"小学读初中也读"的内容重复。通过衔接，调整、替换功利型、反复型的课外阅读内容，使课外阅读回归积淀语言、培养语感的本源，尤为重要。

九年一贯制学校由于其教学的连贯性和继承性，更容易保证课外阅读时间，以最终达成对语言文字根据自己的需要、倾向等加以改造，使其成为自己的思想感情投射的语感培养目标。与此同时，使学生感受到语言文字背后的深奥与美妙，从而达到真正提高学生的语文核心素养，塑造学生完美人格

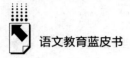

的目的。

　　阅读是一切教育的基础，阅读最根本的功能是教育，阅读的本质属性是教育性。随着当今世界科技日新月异的发展、网络新媒体技术的迅速普及，中学生阅读环境发生了深刻变化。面对新时代、新要求与新挑战，中学生阅读必须与时俱进。学校依托"13559"阅读教学模式，引领学生从爱读书、读好书，到逐渐形成善读书、读懂书的能力，全面提升学生核心素养。高质量阅读教学研究，我们一直在路上。

# 专题篇 ⟩⟩

## B.11
## 以"实事求是"的原则基于新课标
## 进行语文教学评的研究[*]

温儒敏[**]

**摘　要：**《义务教育语文课程标准（2022 年版）》与《普通高中语文课程标准（2017 年版 2020 年修订）》提出了许多新的概念与要求。本报告尝试对思维能力、审美创造、文化自信与语言运用之间的关系进行阐释，强调语言运用是语文学科的本质属性，提出"以一带三"的方式来进行语文教学，并结合实际情况给出了路径与方法。本报告还对新课标背景下学业质量评价研究进行了阐释，强调了在当前的语文教育背景下开展学业质量评价的重要意义，并提出要在进行研究时注重理论和实践的结合，进行广泛的调研，带着理论的视野解决现实提出的问题，按照实事求是的原则去进行语文教学评的研究。

---

[*]　本报告为温儒敏教授于 2023 年 2 月 24 日在"基于义务教育语文课程标准中学业质量的评价研究"课题启动会上的讲话整理稿，收录整理时已经作者审阅。

[**]　温儒敏，北京大学语文教育研究所荣誉所长，教育部聘中小学语文教科书总主编，教育部基础教育专家委员会成员，山东大学人文社科一级教授，博士生导师。

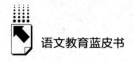

**关键词：**　　新课标　语文教学评　"以一带三"

《义务教育语文课程标准（2022 年版）》《普通高中语文课程标准（2017 年版 2020 年修订）》提出了很多概念，可以说大家都是"在概念的森林里穿行"，但其实，这些概念是可以化繁为简的，其中最重要的概念是"语文核心素养"。以前也有过类似的说法，比如说语文素养，其内涵就是听说读写，或者加上文化、文学的修养等，并没有人那么认真地去做明确的界定。而现在课标提出语文核心素养，"核心"凝练了语文学科的功能、性质，这样一来，大家就不用去争论语文是什么、语文教什么。

《义务教育语文课程标准（2022 年版）》和《普通高中语文课程标准（2017 年版 2022 年修订）》在阐述语文核心素养的时候略有不同，但是基本上是一样的。《义务教育语文课程标准（2022 年版）》提出："在语文课程中，学生的思维能力、审美创造、文化自信都以语言运用为基础，并在学生个体语言经验发展过程中得以实现。"① 但是为什么高中没有把"文化自信"排在前面，而是单独列出来？本报告认为，是为了更突出文化建设，强调文化自信。文化自信当然重要，但能把其他三项都带起来的，却应该是语言运用。

除去概念性的内容，新课标还革命性地提出了对学业质量评价的要求建议，包括过程性评价、课堂教学评价、作业评价、阶段性评价等内容。结合当前的背景来看，进行新课标中学业质量的评价，有非常重要的现实意义。

# 一　"以一带三"进行语文教学

语文教学以语言运用为本，这是出发点，也是落脚点，所以可以把其他

---

① 中华人民共和国教育部制定《义务教育语文课程标准（2022 年版）》，北京师范大学出版社，2022，第 5 页。

方面带起来，融为一体，这就叫作"以一带三"①。语文核心素养的四个方面不是并列的，不该一项项分开来完成。有些教师在备课时非常紧张，希望能把语文核心素养的各个要素都落实在每一课的教学中，这是没有必要的，应该自然地将语文核心素养融入教学里面。例如，有些课可能没有更多地讲到审美，那就不一定非要有审美创造素养的要求；有些课以审美为主，那其他方面的要求就少一点，自然地、综合地用语文课特有的形式去达成各项素养的学习指标。

《义务教育语文课程标准（2022 年版）》《普通高中语文课程标准（2017 年版 2020 年修订）》在表述上有差异，但改革的精神是一致的，就是强调思维能力、审美创造、文化自信，都以"语言运用"为基础和载体。语言运用是语文学科的本质属性，文化自信是语文学科要承担的一项重要内容，而思维能力和审美创造培养，其他学科也要承担，如数学课重视逻辑思维，美术课注重审美能力等。

语文课之所以历来都是主科，是因为语文在国民生活能力的培养方面担负着很重要的功能。无论是语言表达的能力，还是思维与审美的能力，归根结底都是生活能力。在学生学习语言过程中，语文以独有的方式（比如说熏陶、感悟、积累等）作用于其人格和整体，使其提高思维与审美的能力，获得对民族文化的认同和自信，因此语文是其他课所不能替代的，在语文教学中一定要注意落脚于语言运用，强调其本位的引领和覆盖作用。

提出"以一带三"是有现实针对性的。第一，可以避免过于重视情境和活动，而忽略经典阅读的问题。现在实施任务群学习、大单元教学，或者项目化学习、任务驱动等，教师往往用很多的心思去考虑怎么组织活动、怎么营造学习的情境、怎么让学生在语文实践中去解决讨论问题。这样做带来了一些好处，例如，增加了学生的阅读量，活跃了课堂氛围；但同时也带来

---

① "一"是"语言运用"，"三"是"思维能力""审美创造""文化自信"。语文教学必须以"语言运用"为本，这是出发点与落脚点，通过"语言运用"的教学，把其他三个方面（还可能有其他方面）"带"进来，彼此融为一体，在不断的语言实践中得到综合提升。

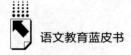

了一些问题，例如，因为需要更多地照顾到情境和活动，课文反而沦为讨论问题的支架或材料。

以前的语文教学注重一篇课文要学透、讲透，可能导致教得很死板；现在却容易吃不透课文，特别是一些经典的课文。这些课文都是人类智慧的精华，目的是让学生在小学、初中、高中阶段有所接触，为整个人生打底子。而经典大都是过去留存下来的，和当代的阅读习惯肯定是有隔膜的，包括语言的隔膜。比如鲁迅的用词、记事、语气等，现在的学生读起来会感到很"各"，甚至认为鲁迅的造句是不规范的、不通顺的。其实鲁迅作为天才的文学家，其个性化的语言表达方式，正是他复杂思维的呈现。包括鲁迅的文章在内的一些经典课文，跟学生有些隔膜其实是正常的，这时，学生就需要在老师的指导下去阅读，对内容大致有所了解之后，再去讨论问题。如果连基本的课文都没有解读，就去组织问题讨论，讲完之后也没有"干货"，这就是本末倒置了。

第二，可以避免过于重视群文教学，而忽略基本功。现在，包括大单元教学在内的"群文教学"是相对普遍的教学方法。有些群文教学的教案，特别是文言文、古诗词的，还没有精讲、细讲，让学生读懂，就先"任务驱动"，让学生带着问题去找材料、去完成某个项目，这样也远离了语言运用本位。想要解决这个问题，就要回到"以一带三"。

## 二　实现"以一带三"的路径方法

怎么实现"以一带三"？

第一，要让学生先"正读"，尤其是精读，然后再去延伸。无论是文言文还是现代文，先让学生自己正读，以精读为主。范读的课文，对学生放宽一点要求，先读通、读懂，对作者的个性、文体、语境、表达方式等有一个粗略的了解。这种了解是阅读的基础，也是语言文字学习的前提。每个学生情况不一样，因此读一篇课文也会有不一样的感触，对此，老师要充分地尊重。老师所要做的就是点拨，疏通重点、难点，让学生在个体语言实践中学习和体会课文,从而培养文化自信、审美创造、思维能力等。

第二,要用好统编教材,用好"大单元教学"或者"学习任务群"。在当前的教学中,许多精读课也不"精"了,许多必要的篇章教学被淹没在任务驱动的讨论中,这样的语文课就被掏空了。当前情况下,古诗文的教学还是保留了比较多的单篇教学,也比较注重语言运用;而现代文,学生一般都能读懂,教师认为没有什么"讲头",就基本上不讲,放手让学生自学,这些都是新出现的一些偏向。语文课内的教学要延伸到课外,但和课外阅读的要求是不一样的。课外阅读可以有更多自主选择,阅读范围更广,甚至容许"连滚带爬"地读,以增加阅读兴趣。这和课内要求的"正读"不矛盾,是相辅相成的。

第三,各个学段、各个年级的教学要求、标准、梯度要尽量清晰。现在小学阶段比较注重语言运用的教学,新课标对小学语文三个学段中识字写字、阅读几个方面的教学目标是具体的,梯度和标准是清晰的,这些都是教学的"干货",老师在教学时要把握住。初中三年,学生的认知水平发展很快,可能一个学期一个样,但整个初中在课标里面只是作为一个学段,每个年级、每个学期,关于语言运用的标准和梯度就不像小学那么明显了。到了高中三年,分为"必修"和"选择性必修",高三实际上是在复习,这么一来,高中语言运用方面的标准和梯度就更不明显。面对这些情况,我们在教学中就要多思考怎么去弥补。

第四,不能因警惕知识性的灌输而弱化了语言运用的本位要求。这些年的课改反对"满堂灌",反对知识性讲解的系统化,反对"死记硬背",强调"随文学习"。这个动机是好的,却导致了语言运用的必要知识教学被弱化。为了解决这个问题,初中语文统编教材有意在每个教学单元提供一个语法修辞的知识点,用方框把这个知识点标识出来,提示这是个知识系统,应该纳入教学内容。对语文教师来说,教学的难处就是怎么重视语言教学,"以一带三",同时又把其他方面的要求、素养的要求综合进来。有些东西,不是推广某一个教学方法或者公开课,就可以让大家"依着葫芦画瓢"来解决的。如今有了便捷的网络,教案随时都可以找到,导致课

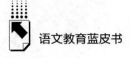

也越来越没有个性，老师的个性更多地体现在制作 PPT、营造氛围上。老师的主动性、个性降低了，语言运用的本位就更被忽略了，课堂的总体效果就很难增强。

新课标提出"大单元教学""学习任务群"等理论概念，其本意是要推进课程改革，这是一个值得肯定的大方向，但改革是一个艰难的、长期的过程，现在刚刚开始。我们作为研究者，作为一线老师，并不是照章办事就行，而是要根据推行过程中遇到的实际问题不断去调整完善。语文课改不是颠覆式的革命。教育有连续性、滞后性，也有其稳定性。我们应当继承或吸收以前好的教学经验，也要按照新教材的要求去稳步推进改革，努力平衡好素质教育和应试教育的关系。这个过程很艰难，也很漫长，但总要往前走。目前最关键的问题是调动教师课改的积极性，让他们主动去课改，而不是"被课改"。

除此之外，新课标还革命性地提出了对学业质量评价的要求建议，包括过程性评价的原则、课堂教学评价的建议、作业评价的建议、阶段性评价的建议，以及对学业水平考试的命题的要求等。新课标特别强调过程性评价，从理论上说没有问题，这肯定也是今后语文教学改革的方向，但问题是要怎么落实，能否大面积地推行。

## 三　新课标背景下学业质量评价研究

当前，教育界正面临严峻的现实。自从提出初中毕业要"分流"以后，学业水平考试（也就是中考）就承担着"分流"的功能，这样一来，家长就非常紧张。现在中考的压力比几年前要大得多，而且看趋势，这压力在未来的 5 年内会越来越大。现在大多数家长不愿意让孩子读职业学校、技校，孩子上不了大学对他们来说是非常恐怖的事。当然，这是矛盾的两个方面。从国家发展的角度看，提前分流是必要的，这是一个战略性的考虑；但是现实的情况是，分流可能会造成大面积的恐慌。在这种情况下，新课标提出的一些评价和建议，虽然很好，也指明了今后的发展方向，但目前看来，落实起来会有一定难度。

比如说过程性评价。现在从初中甚至小学高年级开始，一些平时的测验以及学期考试、学年考试，考查的一些内容并不是教材要求教学的，其题型和内容已经在某种程度上指向中考，这样一来，这些测验就失去了过程性评价的意义。中考本来就应该指向教学，检测教学的情况，发现问题，指导教学，但现在由于要指向高考，其题型和内容也有相当一部分脱离了教学，脱离了教材。

在这样的背景下，进行新课标中学业质量的评价研究有非常现实的意义。

第一，要"实事求是"，不能认为新课标就是不可动摇的标准，不能认为我们的研究就是给新课标以某种更具体的阐释，加强它的理论色彩，找到一些有利于它的个案或数据来证明它的必要性和合理性。这合理性、必要性不需证明，而是要研究可行性，要征求一线教师的意见，要在理论和实践的结合上去做研究。

第二，要把调查作为研究的前提，以问题来立论，并研究可行性。应该看一看课标中的哪些要求和标准是能够大面积落实的；哪些要求可能有些类型的学校是不可能或很难落实的；落实课标的过程中会遇到哪些普遍性的障碍；有哪些改革措施是必要的，但要付出什么样的代价；等等。

第三，研究既要有理论的视野，又要真正切入现实提出的问题，并在一定程度上解决问题。无论是中考还是高考，和我们所向往的全人教育、素质教育之间都是有矛盾的，我们的工作就是要找到那个最合适的平衡点，两边都照顾一点，不能只顾一头。比如说，想要减轻一线教师"被课改"的负担，让他们主动地参与课改，就要寻找平衡点；再比如说，现在由考试带来的焦虑紧张，当然不能找老师和学校来问责，这是整个社会转型所造成的，但是我们作为教育工作者，对于这个焦虑还是可以起到部分拆解、稀释的作用的，这也需要我们把握一定的平衡。

总而言之，基于新课标进行教学评的研究，一定要和一线教学的经验结合起来，按照"实事求是"的原则去做，就一定可以做好。

# B.12
# 基于课程标准的教学评一体的
# 理论思考与实践路径

赵宁宁　张秋玲*

**摘　要：**　基于标准的基础教育课程改革是世界各国的教育改革大趋势。中国学者提出要建立基于课程标准的教学评一体的理念。其设计理念包括"明确目标，理清表现，联结教学评""区分活动，主体多元，融通教学评""素养导向，并行开拓，贯穿教学评"。在教学设计路径中，需以素养目标为内隐主线，以主题活动为外显载体设计教的活动；以文化材料为言语对象，以学习任务为实践对象设计学的活动；以目标体系为评价依据，以学业质量为评分标准设计评的活动。

**关键词：**　语文教育　课程标准　教学评一体化

教学评一体是基础教育课程改革纵深发展的要求。自20世纪90年代以来，以标准为基础的基础教育课程改革席卷全球，各国均修订国家课程标准，推动"基于标准的教育改革"①。同样，我国也开启了基于标准的教育改革的新篇章，并形成了独有的教学评一体的理念和基础。这种理念可以称为"三位一体"的理念架构，这是未来基础教育改革的方向。

---

＊　赵宁宁，北京师范大学文学院教授，主要研究方向为语文教育测评、课程与教学论、语文教育心理学；张秋玲，北京师范大学文学院教授，博士生导师，主要研究方向为语文课程设计、实施与评价，移动互联网生态中的语文教育学。
①　韦斯林、贾远娥：《学习进程：促进课程、教学与评价的一致性》，《全球教育展望》2010年第9期，第24~31页。

基于课程标准的教学评一体既是一种课程理念，用来指导课程实施和课程改革，也可以是一种教学设计理念，用来指导教师开展教学设计，更是一种课堂教学的操作策略，用来指导课堂教学的开展。"三位一体"中的"一体"指的是课程标准，强调的是基于课程标准开展教的活动、学的活动和评的活动，标准明确了学生在特定内容领域应该知道什么和能够做什么。在课程标准这个"一体"的统领下，教的活动是为了让学生达到目标而搭建的将人类文化转化为个体心智的活动；学的活动是学生获得标准中所述的知识、能力和素养的实践活动；评的活动是基于标准来收集与学习结果相关的证据，用以论证学习效果的活动。三类活动统一服从于"一体"的指导，构成课堂教学当中的"教学评一体"。

## 一　基于课程标准的教学评一体设计的研制理念

基于标准的教学评一体具有多层含义。教师要梳理清楚如何在日常的课堂教学中实现教学评的一体，对课堂教学进行通盘考虑，开展以课程标准的目标为内隐线索的教学评一体活动设计。

### （一）明确目标，理清表现，联结教学评

基于课程标准的教学评一体理念通过内隐的线索——标准内置的目标体系——把教学评串联起来。

2022 年版的课程标准提供了课程目标，并呈现了达标学生的具体表现。以《义务教育语文课程标准（2022 年版）》为例，我们可在课程目标板块中找到"总目标""学段目标"，在课程内容板块中找到"学习任务群"的"目标"，同时，也能在学业质量板块中找到达到相应水平学生的"学业表现"。我们可以从"总目标"、"学段目标"甚至是"学习任务群"的"目标"中构建出标准的"目标体系"；而"学业质量"则将"目标体系"在学生的表现中具象化地展现在我们面前。而这就是将教学评连成一体的逻辑的起点和终点。目标体系是起点，也是终点，其内隐地贯通教学评活动的始

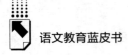
终；而学业质量是对不同水平学生表现的详细描述，帮助我们判断学生所处的状态。如果说学段目标是要抵达的终点，那么学业质量标准则描述了抵达终点的学生所表现出来的不同的具体状态。

### （二）区分活动，主体多元，融通教学评

基于标准的教学评一体理念从活动的角度区分了教的活动、学的活动和评的活动，但并没有确认活动的主体。因此，活动的主体有可能是多元的。

以某节课堂教学为例，在课堂教学中，当教师搭建的教的活动的主体是学生时，那么教的活动就变成了一种学的活动，通过教来实现学的目的；同样地，当评的活动的主体是学生时，那么评的活动也变成了学的活动。例如，在基于自我调节的写作教学实验中，学生通过掌握评价的量规，基于量规来对同伴的作文进行评判的时候，其实也是在开展学的活动。[①] 因此，这种区分了教学评活动的理念抛弃了用主体来规约不同主体活动的方式，融通了教学评本身，实现了一体的新样态。

### （三）素养导向，并行开拓，贯穿教学评

基于标准的教学评一体理念以素养为导向，通过主题来凝结教学评的活动。在教的活动设计过程中，要始终考虑学的活动和评的活动的设计。在"三位一体"的理念下，素养是我们的终极目标。

在课程设计的过程中，教师要开展教学设计，就要思考教的活动主体、活动对象、活动材料、活动方式和活动结果；也要考虑学和评的活动主体、活动对象、活动材料、活动方式和活动结果。比如，在直接教学的过程中，教的活动主体是教师，活动对象是学生，活动材料是各种媒介所承载的材料，活动方式是讲授，活动结果是学生在某方面的发展。而学的活动主体是学生，活动对象是教师讲授的话语，活动方式是学生大脑内部发生的图式重构，活动结果是某方面的发展。评的活动主体则可以是教师或学生，如教师

---

① 赵宁宁等：《基于量规的写作过程指导实验研究》，《教育导刊》2021 年第 3 期，第 60~67 页。

让学生对讲授内容进行质疑，那么评的活动主体就是学生，活动对象就是教师的讲解内容，活动结果还是学生的发展；如果教师让学生阐述对教师话语的理解，或者让学生根据教师的讲解来制作思维导图，教师来加以检查，那么评的主体就是教师，活动对象就是学生对教师传递内容的重构，活动方式就是衡量两个内容的逻辑一致性，活动结果还是学生的发展。

## 二 基于课程标准的教学评一体理念的设计路径

基于课程标准的教学评一体需要采取如下的实践步骤，才能建构其丰富多彩的课堂教学实践。

### （一）步骤一：基于课程标准建立教学评一体的素养目标体系

#### 1.基于课标，找寻目标，多元补充

《义务教育语文课程标准（2022年版）》在不同板块均提供了有关目标体系搭建的相关信息。我们可以从课程目标板块里面的"总目标""学段目标"中梳理和细化目标体系，也可以从课程内容板块里的"学习任务群"相关目标阐述中提取和细化课程的目标体系。

比如说，有关"阅读与鉴赏"的实践范畴，我们在"总目标"中找到这句话："学会运用多种阅读方法，具有独立阅读能力。能阅读日常的书报杂志，初步鉴赏文学作品，能借助工具书阅读浅易文言文"。[1] 然而，这句话太过抽象，我们可以进一步查找"学段目标"，如第一学段用五个小点分点阐述了每一个具体目标的子目标，分别围绕阅读习惯、词句段阅读能力、篇章阅读能力、整本书阅读、阅读积累等五个领域范畴进行阐述。[2] 随后，我们可进一步查阅"课程内容"板块的"发展型学习任务群"中所有有关阅读的阐述。下面以"文学阅读与创意表达"为例，我们找到了该学习任务群的定位，即"本学习任务群旨

---

[1] 中华人民共和国教育部制定《义务教育语文课程标准（2022年版）》，北京师范大学出版社，2022，第6页。

[2] 中华人民共和国教育部制定《义务教育语文课程标准（2022年版）》，北京师范大学出版社，2022，第7~8页。

在……通过整体感知、联想想象，感受文学语言和形象的独特魅力，获得个性化的审美体验；了解文学作品的基本特点，欣赏和评价语言文字作品，提高审美品位……"①，同时，还找到了该学习任务群第一学段的"学习内容"，该学习内容从"革命领袖、革命英雄、爱国志士的童年故事""诗文""儿歌、童话和图画书"等领域进行了叙述，同时兼顾了部分对于目标的阐述，如"阅读并学习讲述""表达敬仰之情和向他们学习的愿望""感受""体会""体验"等。

2.分类整理，归纳总结，拆分组块

教师通过对所查阅的信息进行分类整理，建立起"内容范畴·认知操作·达到水平"三者之间的关联。

举例来说，针对课程标准中第三学段目标中的"阅读叙事性作品，了解事件梗概，能简单描述印象最深的场景、人物、细节，说出自己的喜爱、憎恶、崇敬、向往、同情等感受；阅读诗歌，大体把握诗意，想象诗歌描述的情境，体会作品的情感"②，我们可以通过"语义组块拆解"的方法建立初步的目标体系（见表1）。

表1　初步的目标体系

| | 内容范畴 | 认知操作 | 达到水平 |
|---|---|---|---|
| 目标1.1 | 叙事性作品 | 了解事件梗概 | 梗概 |
| 目标1.2 | | 简单描述印象最深的场景、人物、细节 | 简单 |
| 目标1.3 | | 说出自己的喜爱、憎恶、崇敬、向往、同情等感受 | 自己的；限定范畴的情感 |
| 目标2.1 | 诗歌 | 把握诗意 | 大体 |
| 目标2.2 | | 想象情境 | 诗歌内描述 |
| 目标2.3 | | 体会情感 | |

3.逻辑建构，阶梯递进，组建模块

通过初步目标建构，我们可以形成一整套的零散的目标体系，随后，我们

---

① 中华人民共和国教育部制定《义务教育语文课程标准（2022年版）》，北京师范大学出版社，2022，第26页。

② 中华人民共和国教育部制定《义务教育语文课程标准（2022年版）》，北京师范大学出版社，2022，第12页。

可以进一步搜寻不同学段中阐述同一个目标的词语变化，体会这些词语变化对于能力、素养提升的重要意义。在此，教师要做好两点重要的工作：一是要在标准的知识、能力和素养等方面进行各个年级之间的垂直对齐，二是要在标准的学习任务群、单元教学目标、学科实践活动等方面进行年级内的水平对齐。

举例来说，不同年级的指标之间要存在连贯性，指标之间可以存在递进的变化，例如，有关理解文章主要意思这一个点，在第一学段并没有做出具体要求，体验、感受即可；到第二学段，则需要"领悟大意"；到第三学段，该指标可以称为"把握诗意"；而第四学段，该指标可以称为"领悟内涵"（见表2）。从"大意"到"诗意"再到"内涵"，实现了这种认知操作的逻辑进阶，因此，在搭建目标体系的时候，要维系这种垂直关系的递阶，同时，还要进一步关注不同板块的内容。

表2　目标体系的逻辑搭建举例

|  | 学段 | 内容范畴 | 认知操作 | 达到水平 |
|---|---|---|---|---|
| 目标1.1 | 第一学段 | 浅近诗歌 | 展开想象 |  |
|  |  |  | 获得体验 | 初步 |
|  |  |  | 感受语言 | 优美 |
|  | 第二学段 | 诗歌 | 领悟大意 | 大意 |
|  |  |  | 展开想象 |  |
|  |  |  | 体验情感 |  |
|  | 第三学段 | 叙事性作品 | 把握诗意 | 大体 |
|  |  |  | 想象情境 | 诗歌内描述 |
|  |  |  | 体会情感 |  |
|  | 第四学段 | 文学作品 | 领悟内涵 | 初步 |
|  |  |  | 获得启示 |  |
|  |  |  | 说出体验 | 对感人的情境和形象 |
|  |  |  | 品味语言 | 富有表现力 |

## （二）步骤二：基于目标体系开展课堂的教学评活动的设计路径

基于课程标准的教学评一体的理论模型如图1所示。

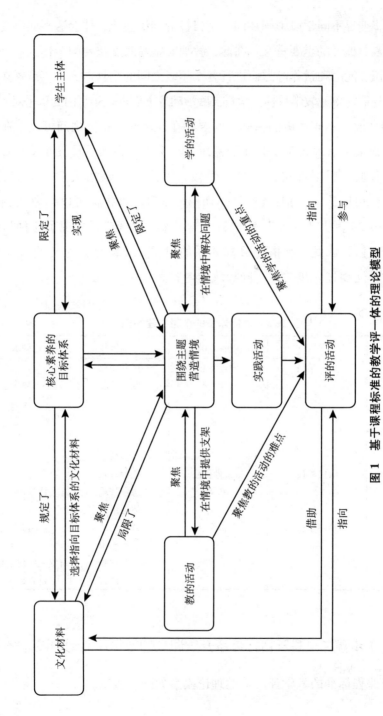

图1 基于课程标准的教学评一体的理论模型

在教学评活动的设计过程中，要留心以下三点要素。

1. 以素养目标为内隐主线，以主题内容为外显载体设计教的活动

在教的活动当中，目标体系始终是内隐的主线，而主题活动则可以作为外显的载体。《义务教育语文课程标准（2022 年版）》提出，语文课程的内容的载体是富含社会主义先进文化、革命文化、中华优秀传统文化的文化材料。教师需要从文化材料中提炼出可能的主题，围绕主题的外显线索以及目标的内隐线索搭建教的活动。

在这里，教师要处理好如下几个关系：第一，外显线索和内隐线索之间要实现巧妙的融合，主题要以目标为基础，目标要以主题为导向；第二，在学习进程中，外显线索和内隐线索之间要实现"拾级而上"，主题要逐步推进达成最后升华，目标要符合心理发展顺序；第三，外显线索和内隐线索要实现逻辑纵深，主题要有利于目标的实现，目标要作为落实主题的台阶。

以九年级上册第四单元为例，这一单元导语标明了单元主题是"少年成长"，三篇文本均从少年视角去观察社会，带着对社会和人性的反思与批判，试图重构自己所处的社会。在文本当中，每一位作者都带有自省意识，"少年成长"虽然看似个人的成长，但其实也是社会的成长和增强自信的过程。由此，这个单元可根据单元主题衍生出几个子题，如"生命之救赎""自我的成长""个体与社会的成长"等。教师可以基于学生学情和发展特点选择合适的子题进行探究，从中研发教的活动。同时，单元目标可以结合课程标准中对于文学类作品的目标要求进行定位，如第四学段的目标是"领悟内涵、获得启示、说出体验、品味语言"（见表 2），通过对照单元导语中对单元目标的定位"学习这个单元，要学会梳理小说情节，试着从不同角度分析人物形象，并结合自己的生活体验，理解小说的主题"，学业质量标准要求是理清思路、品味语言、分析手法、理解主题[①]。

为此，该单元结合小说的特征，聚焦"梳理情节、分析形象、理解主

---

① 中华人民共和国教育部制定《义务教育语文课程标准（2022 年版）》，北京师范大学出版社，2022，第 43 页。

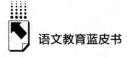
题"等三个目标,选定"少年成长"的主题,确认情境为"社会生活情境",核心任务为"布置学校连廊处的展区"。基于此,教师可设计三个任务,如"构建维度,梳理情节""选取角度,品析人物""比较研读,主题升华"等(见表3)。在每一个任务中,再来设置合适的教的活动。比如,在"构建维度,梳理情节"这个任务上,要把教的活动放在"如何梳理"这一要点上,确定学生梳理情节的三个切入点——"线索"、"结构"和"场面"。这三个切入点是教师的智慧,也是从课标到教学的"最后一公里"。教师要结合学生特点进行设计,如可先让学生总结梳理情节的方法,然后分课文进行运用;又可先让学生自行梳理,最后归纳总结;还可以先教会一种梳理情节的方法,让学生自行训练。这几种教的活动根据学生能力层级进行选择即可。

表3 九年级上册第四单元"人生主题"

| 课标要求 | ➤目标:领悟内涵、获得启示、说出体验、品味语言<br>➤学业质量标准:理清思路、品味语言、分析手法、理解主题 | | |
|---|---|---|---|
| 单元目标 | ➤梳理情节、分析形象、理解主题 | | |
| 教学目标<br>(以语言目标为例) | (1)从线索、结构和场面的维度,借助表格或示意图梳理小说情节<br>(2)从情节、环境、描写,考虑时空和观察变化等不同角度捕捉人物特点,通过抓取关键词、概括和推论等方式,构建人物档案和人物词汇库等,以品析人物形象<br>(3)比读课文,研讨小说主题的共性和特性 | | |
| 学习材料 | (1)本单元三篇课文;小说创作背景;人物品析和主题解读文章<br>(2)优秀的展板;展板设计要求 | | |
| 人文主题 | 少年成长 | | |
| 情境创设 | 班级要对学校连廊处的"小说天地·少年成长"展区进行布置 | | |
| 核心任务 | 从"故事展示""人物特色栏""主题文化栏"三个角度布置展区 | | |
| 任务 | 教的活动 | 学的活动 | 评的活动 |
| 1. 构建维度,梳理情节 | 任务:围绕展板,整体设计版面内容;思考故事、人物和主题关系 | | |
| 学习材料 | 课文三篇;增补思维导图清晰材料 | | |
| 第一课时 | 教师示范情节梳理 | 学生填写导图或图表 | 评信息提取 |
| 第二课时 | 教师开展多角度引导 | 学生绘制部分导图 | 评线索关联 |
| 第三课时 | 教师允许学生多角度思考 | 学生独立绘制导图 | 评线索多元 |

续表

| 课段评价 | 小组合作制作情节导图,思考其间的同和异 | | |
|---|---|---|---|
| 2. 选取角度,品析人物 | 任务:围绕展板,设计人物特色展示图文结合方法 | | |
| 学习材料 | 课文三篇;增补品析人物方法 | | |
| 第一课时 | 教师示范 | 学生填写图表 | 评信息提取 |
| 第二课时 | 教师开展多角度引导 | 学生补全图表 | 评人物多面 |
| 第三课时 | 教师鼓励多角度思考 | 学生独立制作图表 | 评人物变化 |
| 课段评价 | | | |
| 3. 比较研读,主题升华 | 任务:确认展板主题;整体设计情节、人物和主题版面 | | |
| 学习材料 | 课文三篇;增补故事的背景材料;增补主题材料 | | |
| 第一课时 | 教师示范提炼主题 | 学生填写图表 | 评主题概括 |
| 第二课时 | 教师组织主题研讨 | 分组研讨,总结主题共性 | 评主题分析 |
| 第三课时 | 教师引导主题展示 | 学生展示小组主题 | 评优确认 |
| 课段评价 | 小组合作制作情节导图,思考的同和异;选择合适的主题进行展示 | | |
| 单元评价 | 给定新的小说篇章,提炼主题 | | |

资料来源:庄春美《创建小说天地,寻找成长启示——九年级上册第四单元整体教学设计》,《语文教学通讯》2021 年第 Z2 期,第 139~143 页。该表提炼并修改了该课例。

### 2. 以文化材料为言语对象,以学习任务为实践对象设计学的活动

在学的活动中,学生发展遵循了人类发展的路径"人—活动—环境",而在语文学科学的活动中,学生要以文化材料为中介,通过围绕言语活动的学习任务,发展高级心理机能,实现自我高级心理机能与外部社会文化环境的互动。[①] 在语文课程当中,学的活动的搭建也需要教师提前选择合适的文化材料,设计学习的核心任务和子任务,提前搭建学的活动的脚手架,引导学的活动的顺利开展。

在这里,教师要处理好如下几个关系:第一,学的活动和文化材料要围绕外显主题和内隐目标进行设置,两者均要"以主题为表·以目标为里";第二,学的活动要始终基于文化材料,文化材料要辅助学的活动,做教科书的额外补充;第三,学的活动要"满足递阶·聚焦语言·综合实践",文化

---

① 赵宁宁:《谁是"真正"的继承者?——论维果茨基的理论及其对马克思思想的"继承"》,《教育学报》2008 年第 5 期,第 39~45 页。

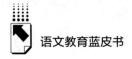

材料则要"多元丰富·准确生动·启思明智"。

仍以九年级上册第四单元为例，配套"构建维度，梳理情节""选取角度，品析人物""比较研读，主题升华"等三个任务，学的活动就需要思考清楚，每一个任务中学的活动是什么，如何实现进阶；配套的阅读材料包括什么，是否要给出相应的脚手架等。比如，在"构建维度，梳理情节"这一阶段，如果通过思维导图的方式呈现，那么思维导图的绘制就需要进阶，比如第一篇课文的思维导图是给定的，第二篇课文就要删除支脉，只留中心线索，第三篇课文就需要完全删除思维导图，让学生自行绘制。

**3. 以目标体系为评价依据，以学业质量为评分标准设计评的活动**

目标体系是教的活动、学的活动和评的活动的唯一依据。在评的活动中，教师要以目标体系为依据，结合学业质量标准的水平描述，设计多样化的活动。在课堂教学过程中，评的活动要跟学的活动、教的活动配套，教师要对活动结果的成效进行及时的评估。

在这里，教师要处理好如下几个关系：第一，评的活动要同时考虑起点和终点，将目标体系跟学业质量配套来使用，目标体系是评的活动的起点，学业质量是评的活动的终点；第二，评的活动要以目标为聚焦的要点，要对同一目标底下的不同学业水平的表现进行具体描述；第三，目标体系要将起点和终点的描述结合起来。

以九年级上册第四单元为例，配套"构建维度，梳理情节"中的任务和目标，学生要在教的活动和学的活动中掌握如何分析情节，知晓三个具体的落地方法，为此评的活动就要紧密围绕这个来设计。比如，以上文提到的进阶式的"绘制思维导图"的学的活动为例，评的活动要步骤清晰：第一步，针对给定情节线索的思维导图，评的活动重点在于"提取准确、概括合理、用词合适"，此时重点在于评学生是否能在给定的情节线索基础之上进行准确的把握；第二步，针对删除了情节线索的思维导图，评的活动重点在于"线索提炼"，前面的"提取、概括、用词"则成为次要附属品；第三步，针对自行绘制的思维导图，评的活动重点在于"选择合适的线索"，前面两步的重点也成为本轮次的附属评价目标。

### （三）步骤三：基于素养目标体系进行教学评活动的反馈调整

反馈调整机制是整个教学评活动的运转中枢，这个机制运行的顺畅性决定了教学评活动在这个过程中的灵活周转，也决定了整个教学过程的效果。

1. 以课堂目标体系为对照，根据活动结果设计过程性动态调整路径

课堂教学目标是每一节课堂的目标，是课堂教学过程中教学评活动的即时性依据。课堂教学目标提供了教学评活动的动态调整方向。在课堂教学中，教师可能会临时发现教的活动、学的活动或评的活动无法及时满足当前需求，这就需要迅速进行调整，调整依据为前期学情分析时没有收集到的信息和内容。

在这里，教师要关注过程性的动态调整：第一，教师可依据学生作答情况，调整课堂目标的达成程度，通过转变教学评活动的主体，灵活调整难度；第二，教师可根据学生现场参与情况，调整课堂目标的达成方式，通过变革教学评活动的形式，增加形式的吸引程度和多样性；第三，教师可根据学生现场的生成情况，调整课堂目标的顺序，通过调整教学评的顺序，适应当前的目标达成情况。

2. 以阶段目标体系为参照，调整和设计阶段性的课程以补全当前差距

阶段目标体系是指学期的目标体系，是课堂教学中教学评活动的中端依据。阶段目标体系为教学评活动提供了中端标准。在课堂教学中，教师会发现前期设计的教学评活动与阶段目标体系之间存在一定的差距，这种差距可能是由课堂目标体系之间的承接和突破造成的，也可能是由课堂教学目标没有很好实现导致的。教师可以在特定的时间，结合阶段目标体系，针对课堂教学的目标和相应的教学评活动进行调整。

在这里，教师要处理当前差距：第一，教师可以根据阶段目标体系，针对目标无法达成的问题，增补和设计课堂教学中的教学评活动，及时补全当前的目标；第二，教师可以根据当前的阶段目标体系，拟定后续的阶段目标体系，在未来的相应时刻通过增加难度、补充相应的教学评活动来奠定基础。

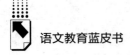

3. 以学段目标体系为导向，整体调整学段目标进阶的发展路径

学段目标体系是指一个学段结束后整体达成的要求，是教学评活动的远端导向。课程标准为学段目标体系提供了质量标准，学段目标体系具有终极导向的作用。经过一段时间的教育教学，教师可能会发现不同的效果。这种效果可能发生在整体学生层面，也可能发生在个体学生层面。此刻的调整是相对学段性质的，所以就有可能存在一些问题。

在这里，教师要拟定目标进阶的发展路径：第一，教师可以根据学段目标体系之间目标递阶的重点，设计后续学段的阶段性目标，找寻合适未来进阶的有关目标；第二，教师可以根据学段目标体系，拆解当前的学习结果，调整当前的学段目标拆解情况，以适应学生的差异。

## 三 基于课程标准的教学评一体理念的实施路径

基于课程标准的教学评一体设计的实施关键是循环机制，即把课堂教学过程看作一个宏观、中观和微观的动态过程，其核心标志是立体性的全面循环机制的调用。现有的教学设计模型，例如 ADDIE 模型、UbD 模型追求理解的教学设计，均对学习结果进行强调，强调目标要贯穿在教学设计的过程中，以学习结果为导向。

而基于标准的教学评一体设计理念有别于现有的教学设计理念，是以现代系统论的思想为代表，基于广义系统论的整体性、开放性、层级性、目的性、分解协调、自组织、稳定性、突变性等原理[1]构建的。该理念不仅以学习结果为导向，而且强调素养导向的人文主题和素养导向的目标系统的双线设计逻辑，灵活转变了教学评活动的主体，考虑到了基于学习结果的循环和流转。基于课程标准的教学评一体的设计体现在教学的全过程，在实施的过程中，要重点考虑好以下几层关系。

---

[1] 魏宏森、王伟：《广义系统论的基本原理》，《系统辩证学学报》1993 年第 1 期，第 52~58、65 页。

## （一）处理好教学设计微观系统与教育教学宏观系统的关系

基于课程标准的教学评一体的教学设计要处理好微观设计和宏观设计的关系。对于教师来说，教学设计是一个整体。而系统包括了宏观和微观的系统，教师要考虑到自己的教学设计本身其实是国家教育教学系统的一个部分，要从教育系统的整体上进行考虑，以课程标准为核心，基于教科书，在语文课程内容的组织架构上，处理好学习任务群、单元教学设计和课堂教学设计的关系；在语文课程目标设计上，处理好课程标准、教科书、学生学情的关系，在综合考虑三者的情况下开展教学评一体的教学设计。

## （二）处理好教学设计内部系统中整体和部分的关系

基于课程标准的教学评一体的教学设计要处理好整体设计和部分设计的关系，思考清楚教学设计的整体逻辑中的双线组元结合方式，考虑到教的活动、学的活动和评的活动各自的层次，思考情境对于三类活动的特殊限定，考量清楚在真实情境中的复杂问题场景，把握好教学设计内部各个部分的关系，设计好不同学段、单元、课段、课时之间的关系。

## （三）处理好不同时空范畴内教学设计新旧系统变革关系

基于课程标准的教学评一体的教学设计要处理好不同时空范畴内的教学设计新旧变革关系。所谓的新旧变革是指，在特定的时空范畴中，由某些特定要素的变化导致的系统变迁如教科书的更新、学生情况的转换、教学资料的更替、教学设计的适应性等问题。教师需知晓新旧系统的更替随时到来、随时发生，要素之间的组合也是如此，不变的只有以课程标准为核心的一体式教学评，要素之间的重新组合唯有紧密围绕课程标准才能更好地进行拟合。

总的说来，基于课程标准的教学评一体的教学设计理念是我国学者在新时期的建议。在这个时期的建设中，基于这个教学设计理念，我们可以进一步提升课程实施的有效性。

# B.13

# 语文核心素养视域下小学生学业
# 质量立体化评价改革<sup>*</sup>

崔凤琦　石艳秋　晋彪<sup>**</sup>

**摘　要：**　　探索构建基于语文核心素养的立体化评价体系是落实新时代教育评价改革的创新实践，是为基础教育打造培根铸魂、启智增慧特色体系改革的攻坚行动，前瞻性地契合并践行新课标精神与理念。语文核心素养视域下小学生学业质量立体化评价改革将语文纵向学习的全过程与语文核心素养横向发展的全要素写字、朗读、笔试、学习习惯、整本书阅读、语文实践活动、跨学科学习等整合起来，关注学生成长的发展性，更关注学生成长的可能性，实施打造考查内容、考查过程、考查载体"三位一体"的立体化评价体系，把语文素养培养目标转化为真实的语文生活，改进结果性评价，强化过程性评价，探索增值性评价，健全综合性评价，做到了实现评价内容全要素、实施评价活动全过程、采用评价手段智能化，以立体评价为杠杆激发小学语文教学的教育活力，将目标转化为学生语文学习的全景性生长空间，解决评价创造性转化的难题，把对学习的评价转化成为学生生命生长把脉，促进小学生语文核心素养全面提升，实现评价目的的育人价值，凸显课程改革深化的新生态。

---

\* 本报告为辽宁省教育科学"十三五"规划 2020 年度立项一般课题"语文核心素养视域下小学生学业质量立体化评价改革"（课题编号：JG20CB023）的研究成果。

\*\* 崔凤琦，研究员，辽宁教育学院小学部副部长、语文教研员，统编小学语文教科书培训专家，中国教育学会小学语文教学专业委员会常务理事及学术委员，辽宁省小语会理事长，辽宁省基础教育跨学科教学指导专业委员会秘书长；石艳秋，高级教师，辽宁省本溪市明山区教师进修学校语文教研员，辽宁省小学语文教研核心团队成员，辽宁省民族学校国家统编教材小学语文学科教学指导专家，本溪市骨干教师；晋彪，辽宁省实验学校语文教师，辽宁省小学语文兼职教研员，辽宁省小学语文教研核心团队骨干成员，多次荣获全国各类赛事一等奖。

**关键词：** 语文核心素养　学业质量　立体化评价

评价是教育改革的关键环节。语文核心素养视域下小学生学业质量立体化评价改革，是辽宁省小学语文课程改革的一部分。立体化评价将语文纵向学习的全过程与横向发展的全要素写字、朗读、笔试、学习习惯、整本书阅读、语文实践活动、跨学科学习等整合起来，对小学生语文学业质量进行更全面、更客观、更科学的评价，促进小学生语文素养全面提升，推动教育教学改革。

## 一　构建基于语文核心素养的立体化评价体系的重要性

课程改革二十年，未从根本上改变学业质量评价存在的主观化、单一化、绝对化问题。为切实扭转不科学的教育评价导向，国家出台了一系列文件。"立体化评价"是中共中央、国务院《深化新时代教育评价改革总体方案》颁布之后，学生评价领域所提出的新概念，最具代表性的是刘云生在《学生立体评价的探索构想》中指出，"立体评价将学生纵向学习的全过程与横向发展的全要素整合起来进行更全面、更客观、更科学的评价"①。因此，语文核心素养视域下的语文学业质量立体化评价，以语文学科核心知识体系的建构为载体，理解学科核心素养对学生终身发展的价值，掌握核心素养的内涵和行为特征，并将其融入评价的各个环节，把蕴含在课程中的可教、可学、可测量的学科核心素养外显部分（核心素养的表现行为），以及无形的但可感知的内隐部分作为评价内容。立体化评价改革就是要鲜明突出语文核心素养本位，实践深度学习路径，这不仅是《深化新时代教育评价改革总体方案》理念的深化，是《义务教育质量评价指南》思想的深耕，更是落实新课标理念的行动。

---

① 刘云生：《学生立体评价的探索构想》，《人民教育》2020 年第 21 期，第 16~21 页。

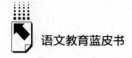

立体化评价体系，从结果性评价转向过程性评价，强调增值性评价，评价的方式手段与新技术背景下的教育教学改革互相兼容，是线上与线下相结合的混合式评价。教育评价是语文课程改革系统工程的重要组成部分，对于有效落实基础教育课程方案具有十分重要的现实意义。

"语文"是学科边界；"核心素养"是学生通过课程学习逐步形成的正确价值观、必备品格和关键能力，是课程育人价值的集中体现。"语文核心素养"，是学生在积极的语文实践活动中积累、建构并在真实的语言运用情境中表现出来的，是文化自信和语言运用、思维能力、审美创造的综合体现；"语文核心素养视域下"是研究的立场、视角和出发点；"小学生"是研究的对象；"学业质量"是学生在完成课程阶段性学习后的学业成就表现，反映核心素养要求；"立体化评价"是将学生纵向学习的全过程与横向发展的全要素整合起来进行的更全面、更客观、更科学的评价。

### （一）基于语文核心素养的立体化评价应实现评价内容全要素

基于语文核心素养的立体化评价应理解核心素养的内涵，全面把握语文学科的育人价值，以语文学科核心知识体系的建构为载体，基于写字、朗读、笔试、学习习惯、整本书阅读、语文实践活动、跨学科学习等要素对小学生语文学业质量进行评价体系化构建，整体提升学生核心素养。

### （二）基于语文核心素养的立体化评价应实施评价活动全过程

基于语文核心素养的立体化评价应掌握核心素养的行为特征，并将其融入评价的各个环节，对蕴含在课程中的可教、可学、可测量的学科核心素养外显部分，以及无形的但可感知的内隐部分做过程性、阶段性、表现性评价。

### （三）基于语文核心素养的立体化评价应采用评价手段智能化

基于语文核心素养的立体化评价应借助人工智能和大数据，如出口成章朗读平台、钉钉平台作业批改、C30智能教学平台展示墙等，采取线上与线下混合的模式，提高评价的科学性、专业性、客观性，建构信息技术背景下育人新模式和教学新样态。

## 二 基于语文核心素养的立体化评价的构建

立体化评价对学生语文核心素养横向发展的全要素写字、朗读、笔试、学习习惯、整本书阅读、语文实践活动、跨学科学习等从纵向学习的全过程，借助成长记录、智能科技、纸笔测试、进阶记录、读书会、主题情境任务、项目式学习等形式，进行过程性、阶段性、表现性、综合性评价，将横向发展与纵向过程整合，对学业质量进行立体化评价。

立体化评价实施考查内容、考查过程、考查载体"三位一体"的评价方式，改进结果性评价，强化过程性评价，探索增值性评价，健全综合性评价，努力实现"三个转变"，即从对学习结果的评价到为了学习的评价的"评价功能转变"，从以相对标准进行判断到以客观标准为依据的"评价标准转变"，从以纸笔甄别选拔到利用证据诊断改进的"评价方式突破"，凸显可持续的教育发展观，构建全面、动态、多元的评价体系（见图1）。

以核心素养为主要维度，依据《义务教育语文课程标准（2022年版）》的要求，结合统编教材的内容，从写字、朗读、笔试、学习习惯、整本书阅读、语文实践活动、跨学科学习等方面，采用多种评价方式，全过程考查学生语文学业成就的关键表现与进步程度，评价小学生学业质量达到的水平。

一是写字素养采用过程性评价。采用写字成长记录融合配乐书写、展示激励等多种形式让学生定期书写作品，促进学生写字技能的提升，为学生的天赋与才能的发展拓展生长空间，也为学生的自我管理指明方向。

二是朗读素养采用智能性评价。借助教育App出口成章朗读平台，记录学生朗读的过程数据，生成精准的个人学习情况数据报表，运用数据化评价，让朗读成为学生感知世界的手段，提升学生的朗读能力。

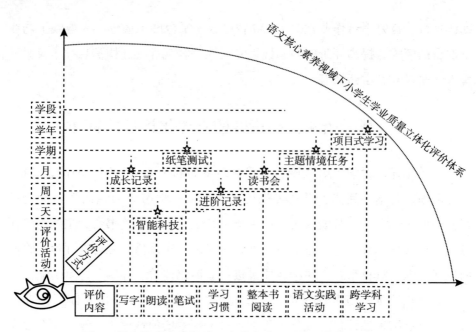

**图1 语文核心素养视域下小学生学业质量立体化评价体系**

三是笔试素养采用阶段性评价。命题中围绕语文核心素养，体现课程改革要求，诊断学校课程设置和教育教学情况，监测学生知识和能力的达标情况，提高学生灵活运用语文知识的能力，激励学生素养全面发展。

四是学习习惯素养采用过程性评价。按照梳理出的十五项小学生语文学习好习惯，使用学习习惯进阶单，选取材料查看、行为观察、问卷调查和访谈等评价形式，进行记录并评价。

五是整本书阅读素养采用展示性评价。每学期阅读一种类型的4~8本整本书。倡导同伴共读，制定阅读计划，自主研读，同伴随时交流，在班级读书分享交流会上进行展示性评价。交流读书感受，分享读书收获，传阅读书笔记，展示阅读成果。

六是语文实践活动采用表现性评价。语文实践活动对学生的学习态度、参与程度及成果作品进行表现性评价。着重考查学生在真实情境中表现出来的情感态度和语言能力。取消第一学段学生期末统一笔试，以主题情境活动的形式进行表现性评价。

七是跨学科学习采用综合性评价。联结课堂内外、学校内外，拓展学习资源，开展跨学科的项目式学习，充分发挥跨学科学习的整体育人优势。评价以学生在各类探究活动中的表现以及学习成果为依据，着重考查学生综合运用多学科知识发现问题、分析问题、解决问题的能力。

语文核心素养视域下的小学生学业质量立体化评价，评价要素更丰富，评价主体更多元，评价方式更多样，评价形式更灵活，评价角度更多维，评价结果更客观。立体化评价呈现空间广阔、过程全息、发展动态的特点。

## 三　基于语文核心素养的立体化评价案例

立体化评价针对写字、朗读、笔试、学习习惯、整本书阅读、语文实践活动、跨学科学习等内容要素，从多方面进行了研究和实践探索，以期对小学生语文学业质量进行更全面、更客观、更科学的评价，促进学生素养全面提升。

经过辽宁省参与实验的百所实验校三年来的探索，我们欣喜地看到：一方面，学生发展质量评价指标成为学生综合素质评价的核心内容，尤其是"创新精神""感受表达""好习惯"等在日常学业评价体系中容易被忽略的指标得到了更多的重视；另一方面，《义务教育质量评价指南》、新课标所提出的结果评价与增值评价相结合、综合评价与特色评价相结合、线上评价与线下评价相结合等评价方法，已成为实验学校①学生综合素质评价实施方法的重要参考。

### （一）语言运用素养

以写字素养评价为例，写字素养采用成长记录的过程性评价。

1. 实验学校写字素养评价

依据《义务教育语文课程标准（2022年版）》要求，根据统编教材的

---

① 本报告涉及的实验学校为本溪市明山区实验小学、联丰小学、东胜小学和辽宁省东北育才实验学校。

内容编排，实验学校制定了各年级写字评价要点（见表1），设计了写字素养测评单（见图2、图3），评价实行等级制。学生每月书写测评记录一次，每学期四次，学期成绩取四次的平均等级，计入学业质量评价总成绩。

表1　各年级写字评价要点

| 年级 | 评价要点 |
|---|---|
| 一年级 | 1. 正确书写汉字的基本笔画和常用的偏旁部首<br>2. 注意笔画在田字格中的位置<br>3. 能按笔顺规则用铅笔写字 |
| 二年级 | 1. 注意间架结构，注意汉字的形体美<br>2. 注意字变成偏旁后笔画的大小、形态及笔顺的变化 |
| 三年级 | 1. 能使用钢笔书写正楷字<br>2. 横平竖直，撇捺舒展<br>3. 笔画的大小、长短比例和距离安排适当。注意字形美<br>4. 书写熟练 |
| 四年级 | 1. 在横格纸上书写，注意字距与行距<br>2. 有一定的书写速度<br>3. 书写作品页面美观 |
| 五年级 | 1. 使用钢笔书写楷书<br>2. 在横格纸、竖格纸上书写作品，注意笔画、结构等方面的细节<br>3. 行款整齐，页面美观 |
| 六年级 | 1. 在横格纸、竖格纸上书写作品，注意行款整齐、布局合理<br>2. 书写要正确，不出现错别字和不规范的汉字<br>3. 提高书写速度 |

　　学生定期书写作品，融合配乐书写、展示激励等多种形式，对作品进行展示、评价、分析与解释，还要收集起来，作为典型作业，以展现学生在书写学习和发展过程中的优势与不足，反映学生在达到目标过程中付出的努力与进步，并通过学生自我反思激励其取得更高成就。

　　有的实验学校还结合传统节日，设计了迎新春年历写字测评纸，为孩子们创设写字的平台，营造良好的氛围，生动体现了语文课程综合性、实践性的特点。

_____小学二年级___月份写字素养测评单

抄写词语

傍晚 手脚 头顶 更加 花朵 队旗 领巾 枫树 朋友 辛苦

画幅 评奖 展现 城市 胜利

| 姓名 | 班级 | 日期 | 成绩 |
|---|---|---|---|

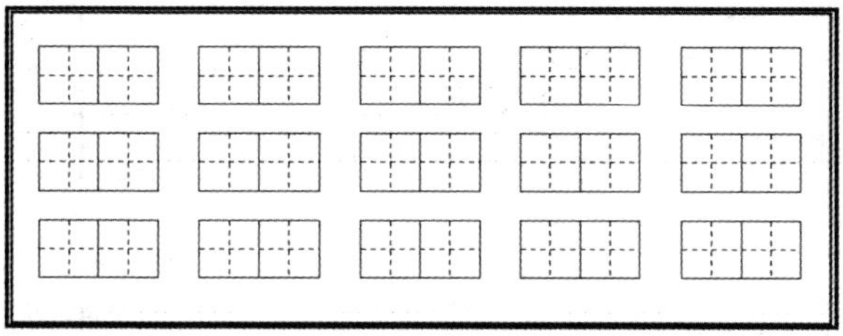

二年级

**评价要求：**

1. 不能涂抹。有错字或涂抹，降一等级。

2. 侧重写规范、端正、整洁。

**评价要点：**

1. 注意间架结构，注意汉字的形体美。

2. 注意字变成偏旁后笔画的大小、形态及笔顺的变化。

**图2 二年级学生写字素养测评单**

学生们在写字评价中感受到书写的乐趣、书写的意义、中华传统文化的魅力，不断提升书写能力，增强文化自信核心素养。

2. 研制《辽宁省小学语文学业质量评价写字评价实践与研究》

一是评价方案及总体要求。明确评价目的是使学生形成追求进步的愿望和信心，培养主动学习的精神、对学习负责的态度，学会学习，提高写字素养。评价结果实行等级制。每月书写测评记录一次，每学期四次，学期成绩取四次的平均等级，计入学生学业质量评价总成绩。要求不能涂抹，有错字或涂抹，降一等级。以学校或年级为单位，统一时间进行书写，每次10

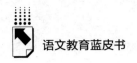
_____学校六年级_____月份学生写字素养测评单

选择你喜欢的一首诗词，在下面的竖格纸上默写下来。注意行款
整齐、布局合理。

姓名　　　　　班级　　　　　日期　　　　　成绩

**评价要求：**

1.不能涂抹。有错字或涂抹，降一等级。

2.侧重写熟练、有速度、美观。

**评价要点：**

1.在横格纸、竖格纸上书写作品，注意行款整齐、布局合理。

2.书写要正确，不出现错别字和不规范的汉字。

3.提高书写速度。

**图3　六年级学生写字素养测评单**

分钟。

　　二是各年级写字评价要点和评价单模板。统一书写用纸，同年级书写同样的文字内容。一至三年级，侧重写规范、端正、整洁，在田字格中书写要求会写的字词；四至六年级，侧重写熟练、有速度、美观，在横格纸或竖格纸上书写一句话、一段话或一首诗词。按照由简到难、循序渐进的梯度，考查学生笔顺、间架结构以及坐姿、执笔姿势、写字习惯、书写速度等方面内容。

　　三是课题实验学校辽宁省东北育才实验学校教师梳理的统编小学语文教科书一至六年级12册要求会写字中易错字举例（见图4）。

四年上
1、滚 逐
2、稻 熟
5、璃
6、驶
7、奥
9、唸 缘
10、虎 嫩
12、竭
16、拔 歇 丧
18、掐

19、念 练 裤
22、胸
25、戎
26、豹 派

图4　一至六年级易错字举例（四年级上册）

四是课题实验学校本溪市明山区实验小学写字评价实践范例，其中有教师评价过程实施和学生作品评价过程的照片、视频，提供给全省实验学校作为参考。评价过程先是作品展示，每名学生都是书写者，也是评价者和被评价者，然后对作品评定等级，自评、互评、师评、家长评相结合，实施多元评价。学生作品收入成长记录袋，作为阶段学习成果，让学生看到自己在写字素养方面的发展提升，评估其写字发展水平。

《辽宁省小学语文学业质量评价写字评价实践与研究》（见图5）对全省实验学校的写字素养评价起到了指导、引领和示范作用，推进了学生写字素养的养成。

## 目录

图5　《辽宁省小学语文学业质量评价写字评价实践与研究》目录

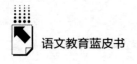

## （二）文化自信素养

以学习习惯素养评价为例，学习习惯素养采用进阶记录的过程性评价。

### 1.实验学校学习习惯评价

统编教材对语文学习习惯做了序列化的编排。"书写提示"、"和大人一起读"、"我爱阅读"、"快乐读书吧"、阅读策略和习作单元、口语交际，都为学生听、说、读、写良好语文学习习惯的养成提供了切实的依托。

依据《义务教育语文课程标准（2022 年版）》要求，根据统编教材的内容编排，梳理出"十五项小学生语文学习好习惯"（见表 2），从识字与写字、阅读与鉴赏、表达与交流、梳理与探究四个方面对小学生进行学习习惯评价，设计了"小学生十五项基本的语文学习习惯评价细目表"（见表 3）。

表 2　十五项小学生语文学习好习惯

| 序号 | 好习惯 |
| --- | --- |
| 1 | 主动预习的习惯 |
| 2 | 朗读的习惯 |
| 3 | 查阅工具书、检索的习惯 |
| 4 | 主动识字的习惯 |
| 5 | 专心听讲的习惯 |
| 6 | 做听课笔记的习惯 |
| 7 | 独立思考、质疑问难的习惯 |
| 8 | 及时复习,纠正改错,经常梳理总结的习惯 |
| 9 | 独立完成作业的习惯 |
| 10 | 认真书写的习惯 |
| 11 | 课外阅读的习惯 |
| 12 | 留心观察、坚持积累、勤于练笔的习惯 |
| 13 | 倾听、表达、交流、分享,互相学习的习惯 |
| 14 | 管理自己的学习事务、用品的习惯 |
| 15 | 合作、探究的习惯 |

表 3　小学生十五项基本的语文学习习惯评价细目表（1~4 条）

| 条目 | 学习习惯 | 评价项目 | 评价方法<br>（材料查看　行为观察<br>问卷调查　访谈） | 评价结果<br>（等级制） |
|---|---|---|---|---|
| 1 | 主动预习的习惯 | 1. 朗读课文<br>2. 圈点批画查解生字、新词、精彩或疑难句子，了解文章作者、写作背景<br>3. 整体感知课文大意，梳理段落层次<br>4. 查阅相关资料 | 1. 查看课本圈注的痕迹<br>2. 查看预习笔记<br>3. 听课文朗读<br>4. 查看收集的资料 | |
| 2 | 朗读的习惯 | 1. 读书姿势<br>2. 声音响亮、口齿清晰、仪态大方、表情自然<br>3. 用普通话正确、流利、有感情地朗读课文 | 1. 看读书的姿势<br>2. 听朗读的声音，是否普通话<br>3. 看朗读的状态，是否自然、不唱读、不矫情做作<br>4. 看朗读的效果，是否正确、流利、有感情 | |
| 3 | 查阅工具书、检索的习惯 | 1. 随时查阅字、词典等工具书<br>2. 书报刊等资料查阅、检索<br>3. 网络信息搜索 | 1. 观察、调查阅读时遇到疑难、障碍的处理办法<br>2. 看查阅、检索、搜索是否熟练 | |
| 4 | 主动识字的习惯 | 1. 愿意接受学习汉字，对学习汉字有满意的反应，有主动识字的兴趣<br>2. 能借助字典、词典独立识字<br>3. 通过各种渠道在各种情境中识字 | 1. 观察阅读时遇到不认识的字词的处理态度、方法<br>2. 观察生活中遇到不认识的字词的态度、方法 | |

　　学习习惯素养采用进阶记录的过程性评价。根据《义务教育语文课程标准（2022 年版）》学段目标内容及统编教材不同册次的要求，制定了有梯度、成序列的"各年级十五项语文学习习惯评价标准"，设计了"小学生十五项基本的语文学习习惯评价标准及进阶记录单"以及家长、学生的调查问卷（见表 4、表 5、图 6、图 7）。

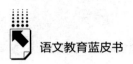

**表4　小学各年级十五项语文学习习惯评价标准（第1～4条）**

| 序号 | 条目 | 一年级 | 二年级 | 三年级 | 四年级 | 五年级 | 六年级 |
|---|---|---|---|---|---|---|---|
| 第1条 | 主动预习的习惯 | 1. 每天大声朗读课文<br>2. 圈画生字、生词、长句子、自然段序号 | 1. 每天预习，大声朗读课文<br>2. 圈画生字、生词、长句子、自然段序号 | 1. 每天预习，朗读课文<br>2. 圈画查解生字、新词、有新鲜感或疑难的句子<br>3. 能根据需要收集资料 | 1. 每天预习，朗读课文<br>2. 圈点批画查解生字、新词、有新鲜感或疑难的句子，了解文章作者、写作背景<br>3. 整体感知课文大意，梳理段落层次<br>4. 能根据需要收集资料 | 1. 每天预习，朗读课文<br>2. 圈点批画查解生字、新词、精彩或疑难句子，了解文章作者、写作背景<br>3. 整体感知课文大意，梳理段落层次<br>4. 能根据需要收集资料 | 1. 每天预习，朗读课文<br>2. 圈点批画查解生字、新词、精彩或疑难句子，了解文章作者、写作背景<br>3. 整体感知课文大意，梳理段落层次<br>4. 能根据需要，运用学过的方法收集、整理资料 |
| 2 | 朗读的习惯 | 1. 读书姿势端正，双手捧书，眼离书本一尺远<br>2. 朗读声音响亮、口齿清晰、姿态大方、表情自然<br>3. 用普通话正确、流利地朗读课文 | 1. 读书姿势端正，双手捧书，眼离书本一尺远<br>2. 朗读声音响亮、口齿清晰、姿态大方、表情自然<br>3. 用普通话正确、流利地朗读课文 | 1. 读书姿势端正<br>2. 朗读声音响亮、口齿清晰、姿态大方、表情自然<br>3. 用普通话正确、流利、有感情地朗读课文<br>4. 诵读优秀诗文 | 1. 读书姿势端正<br>2. 朗读声音响亮、口齿清晰、姿态大方、表情自然<br>3. 用普通话正确、流利、有感情地朗读课文<br>4. 诵读优秀古诗文 | 1. 读书姿势端正<br>2. 朗读声音响亮、口齿清晰、姿态大方、表情自然<br>3. 用普通话正确、流利、有感情地朗读课文<br>4. 诵读优秀古诗文，注意语调、韵律、节奏 | 1. 读书姿势端正<br>2. 朗读声音响亮、口齿清晰、姿态大方、表情自然<br>3. 能用普通话正确、流利、有感情地朗读课文<br>4. 诵读优秀诗文，能把握语调、节奏，通过注释和想象体味作品的内容和情感 |

续表

| 序号 | 条目 | 一年级 | 二年级 | 三年级 | 四年级 | 五年级 | 六年级 |
|---|---|---|---|---|---|---|---|
| 3 | 查阅工具书、检索的习惯 | 学习使用音序检字法查字典 | 学习使用部首检字法查字典 | 1. 会用音序检字法和部首检字法查字典、词典<br>2. 能通过书报刊查阅、检索资料<br>3. 能进行网络信息搜索 | 1. 能熟练使用字典、词典等工具书<br>2. 能通过书报刊查阅、检索资料<br>3. 能进行网络信息搜索 | 1. 能熟练使用字典、词典等工具书<br>2. 能根据需要,利用图书馆、网络等信息渠道获取资料 | 1. 能熟练使用字典、词典等工具书<br>2. 能根据需要,利用图书馆、网络等信息渠道获取资料 |
| 4 | 主动识字的习惯 | 1. 愿意接受学习汉字,对学习汉字有满意的反应,有主动识字的愿望<br>2. 学习独立识字。能借助字典、汉语拼音、插图认读汉字<br>3. 喜欢通过各种渠道在各种情境中识字 | 1. 喜欢学习汉字,有主动识字的愿望<br>2. 学习独立识字。能借助字典、汉语拼音、插图认读汉字<br>3. 喜欢通过各种渠道在各种情境中识字 | 1. 对学习汉字有浓厚的兴趣,有主动识字的习惯<br>2. 初步独立识字<br>3. 能通过各种渠道在各种情境中识字 | 1. 有自主识字的习惯<br>2. 能独立识字<br>3. 能通过各种渠道在各种情境中识字 | 1. 能综合运用多种方法独立识字<br>2. 能通过各种渠道在各种情境中自主识字 | 1. 能综合运用多种方法独立识字<br>2. 能通过各种渠道在各种情境中自主识字 |

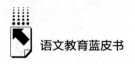

**表5 小学生十五项基本的语文学习习惯评价标准及进阶记录单（三年级1~4条）**

| 序号 | 条目 | 评价标准 | 评价内容及方法<br>（a 材料查看<br>b 行为观察<br>c 问卷调查　d 访谈） | 周进阶记录<br>（等级制） | | | | 月评价<br>结果<br>（等级制） |
|---|---|---|---|---|---|---|---|---|
| | | | | 1 | 2 | 3 | 4 | |
| 1 | 主动预习的习惯 | 1. 每天预习，朗读课文<br>2. 圈画查解生字、新词、有新鲜感或疑难的句子<br>3. 能根据需要收集资料 | b. 听课文朗读<br>a. 查看课本圈注的痕迹<br>a. 查看预习笔记<br>a. 查看收集的资料 | | | | | |
| 2 | 朗读的习惯 | 1. 读书姿势端正<br>2. 朗读声音响亮、口齿清晰、姿态大方、表情自然<br>3. 用普通话正确、流利、有感情地朗读课文<br>4. 诵读优秀诗文 | b. 看读书的姿势<br>b. 听朗读的声音，是否普通话<br>b. 看朗读的状态，是否自然、不唱读、不矫情做作<br>b. 看朗读的效果，是否正确、流利、有感情 | | | | | |
| 3 | 查阅工具书、检索的习惯 | 1. 会用音序检字法和部首检字法查字典、词典<br>2. 能通过书报刊查阅、检索资料<br>3. 能进行网络信息搜索 | b c d. 观察、调查、访谈阅读时遇到不认识的字、不理解的词语的处理态度及方式<br>c d. 调查、访谈是否能通过书报刊、网络查阅、检索资料，进行信息搜索 | | | | | |
| 4 | 主动识字的习惯 | 1. 对学习汉字有浓厚的兴趣，有主动识字的习惯<br>2. 初步独立识字<br>3. 能通过各种渠道在各种情境中识字 | b c d. 观察、调查、访谈遇到不认识的字的处理态度、方法及熟练程度 | | | | | |

--------小学一年级学生语文学习习惯调查问卷（家长问卷）

班级：　　　　学生：　　　　　时间：**2021 年 12 月**

| 问卷内容 | 评价等级（在相应等级上画√） | | | |
|---|---|---|---|---|
| | A优秀 | B良好 | C中等 | D待提高 |
| 1.每天大声朗读课文 | | | | |
| 2.能借助字典、汉语拼音、插图认读汉字 | | | | |
| 3.发现错误，及时纠正 | | | | |
| 4.阅读时注意力集中 | | | | |
| 5.每晚准备好第二天的学习用品 | | | | |
| 总评：以单项评价显示频次多的等级为总评等级 | | | | |

**图 6　小学一年级学生语文学习习惯调查问卷（家长问卷）**

--------小学一年级学生语文学习习惯调查问卷（学生问卷）

班级：　　　　学生：　　　　　时间：**2021 年 12 月**

| 问卷内容 | 评价等级（在相应等级上画√） | | | |
|---|---|---|---|---|
| | A优秀 | B良好 | C中等 | D待提高 |
| 1.做作业一心一意 | | | | |
| 2.喜欢阅读，对阅读有兴趣，主动进行课外阅读 | | | | |
| 3.在阅读中积累词语 | | | | |
| 4.有表达的自信心，积极参加讨论，敢于发表自己的意见 | | | | |
| 5.认真对待小组分配的任务 | | | | |
| 总评：以单项评价显示频次多的等级为总评等级 | | | | |

**图 7　小学一年级学生语文学习习惯调查问卷（学生问卷）**

实验学校对学生进行了语文学习习惯评价。评价主体多元，师评、自评、互评、家长评相结合。根据不同评价项目恰当选取材料查看、行为观察、问卷调查或访谈等不同的评价形式。评价尊重学生的个体差异，发挥其激励作用，引导学生逐步养成良好的语文学习习惯。

**2. 研制《课堂学习笔记》**

记笔记是十五项语文学习好习惯之一。以《课堂学习笔记》（见图8、图9）为载体，帮助学生养成记笔记的习惯。《课堂学习笔记》呈现《义务教育语文课程标准（2022 年版）》"基础型学习任务群""发展型学习任务群""拓展型学习任务群"三个层面任务群的内容，预留学生记录、思考、评价的空间。学生在课堂上边听边想边记边练习，提升课堂参与度、专注度、生成度，学习过程留下痕迹，思维过程可视化，提高了课堂学习效率，也收集记录了学生的课堂学习关键表现，是学习习惯评价的一个依据。

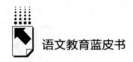
17 跳水

**基础 工整书写**

hǎi ōu（　　）在海面飞翔，yī sōu（　　）环游世界的帆船在平静的海面上快速 háng xíng（　　）。一只猴子 fàng sì（　　）地 xī nòng（　　）孩子的帽子，即使 xià hu（　　）它也没用，气极了的孩子追猴子爬到了桅杆顶端的横木上。危急时刻，幸好船长从 chuán cāng（　　）出来，拿枪 miáo zhǔn（　　）孩子，逼他跳入海里。孩子终于得救了！

**用心改错**

**大声朗读**

我朗读课文（　　）遍，朗读给大家（　　）次。在出口成章的朗读分数为（　　）分。

**发展 清楚梳理**

默读课文，按故事的发展顺序将小标题抄写在下图上。
A．孩子身陷险境　　　B．孩子跳水得救　　　C．孩子追猴子
D．船长命令孩子跳水　E．水手们逗猴子　　　F．猴子戏弄孩子

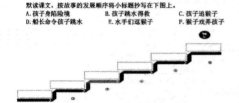

**仔细思考**

完成：船长的思维轨迹图。见证：危急时刻，船长的果断机智。

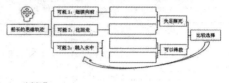

**认真记录**

**延展思考**

课文多次描写水手们的"笑"和孩子的反应，找出相关语句，说说它们与故事情节发展的联系。

| 水手们的笑 | 孩子的反应 | 故事情节发展 |
| --- | --- | --- |
| 第一次： | | 发生 |
| 第二次： | | 发展 |
| 第三次： | | 高潮 |

**拓展 阅读链接**

《跳水》出自列夫·托尔斯泰的一部同名小说。他是 19 世纪俄国批判现实主义作家、文学家、思想家、哲学家，代表作有《战争与和平》等。他的作品篇目短小、情节生动而饱含哲理，适合儿童阅读。同学们快来读一读吧！

**图 8　《课堂学习笔记》五年级下册《17 跳水》**

第六单元　单元总结

**习题自我检测**

在人类历史发展的长河中，时时闪耀着智慧的光芒。同学们，通过本单元的学习，你一定有了不少收获，让我们来检测一下，看看你能闯过以下几道关卡，摘得几枚"智多星"吧！（每过一关获得一枚星星）

1.思路决定出路，角度奠定高度。敬察多谋的孙膑（　　）赢了比赛，果断机智的船长（　　）成功施救；他们都能根据具体情况选择恰当的解决问题的办法。（　　）楚国人的故事也警示我们说话做事要前后相应，不能言过其实。

2.在括号里写出加点字的意思。
（1）冀复得兔（　　）　　　　（2）掩耳盗铃（　　）
（3）杞人忧天（　　）　　　　（4）有过则改（　　）
（5）吾矛之利（　　）　　　　（6）诲人不倦（　　）

3.读下面的句子，按要求完成练习。
一个小时过去了，守候在手术室外的家人们感觉好像过了一个世纪。
（1）这里的"一个世纪"其实是　　　　　　　，从中可以感受到家人们　　　　　　　　　　　　的心情。
（2）写一写你觉得时间过得快的体验吧。

_____

4.观点提炼。下面这段话是叶圣陶先生关于　　　　　　　　的两个理由，一个是　　　　　　；再一个是　　　　　　。
叶圣陶老先生曾说："修改文章不是什么雕虫小技，其实就是修改思想，要它想得更正确，更完美。""我们普通人难免有些坏的语言习惯，只是不自觉察，在文章中带了出来。修改的时候加一番检查，就有发现就可以改掉。"他也是这样身体力行的。

5.用修改符号修改下面的短文。
古典小说"三国演义"塑造了诸多形象鲜明的人物形象，有其中许多情

节，对突出人物形象起了作用，如，《长坂桥张飞退曹军》就是一个古典情节。

张飞睁圆环眼，隐隐见后军青罗伞盖，旄钺旌旗来到，料得是曹操心疑，亲自来看。飞乃厉声大喝曰，"我乃燕人张翼德也！谁敢与我决一死战。"声如巨雷。曹军闻之，尽皆股栗。

6.璐溪今年十三岁，真可谓是"　　　　　　　"；她的表姐十五岁，已经是"　　　　　　　"之年了啦！

7.下面这副对联隐含的年龄是：
上联：花甲重开，又加三七岁月
下联：古稀双庆，更多一度春秋

8.在这个单元的学习中，你课外阅读了哪些寓言故事、智慧故事或是列夫·托尔斯泰的作品？把题目记录在下面，还可以和同学分享你得到的启示哟！

_____
_____

恭喜你闯关一共摘得了（　　）枚"智多星"！

**单元错题整理**

**单元学习评价**

| 评价要点 | 自我评价 | 伙伴评价 |
| --- | --- | --- |
| 能用自己的话讲述课文故事，说出人物的思维过程。 | ☆☆☆☆☆ | |
| 能根据情景编故事，把事情变化的过程写具体。 | ☆☆☆☆☆ | |

**图 9　《课堂学习笔记》五年级下册"第六单元　单元总结"**

260

　　通过评价，关注学生成长的发展性，更关注学生成长的可能性；学生不断认识自我、发现自我、展示自我，完善自我。将核心素养的培养转化为学生真实的语文生活，把对学习的评价转化为为学生成长把脉。这就是新课标理念下立体化评价的实验价值所在。

　　立体化评价研究前瞻性地契合新课标精神与理念，创新之处在于：从题目上看，"语文核心素养视域下小学生学业质量立体化评价改革"，聚焦核心素养、聚焦学业质量、聚焦立体化；从实验内容的设计上看，朗读工程、写字工程、好习惯工程及素养导向的命题研制工程，让评价为语文教学立德树人工作提供持续动力；从实验路径及手段上看，线上与线下的融合、出口成章的朗读及写字测评，契合新课标倡导的智能科技支持教师的教和学生的学，二者融合是时代促进教学进步的鲜明特征。

　　新课标带来新一轮课程改革。课程改革必将推动语文核心素养视域下的小学生学业质量立体化评价改革更加深入，而语文核心素养视域下的小学生学业质量立体化评价改革也将反过来助推课程改革的深化。

# B.14
# 构建语文课堂教学的新思路

乔　峰*

**摘　要：** 《义务教育语文课程标准（2022 年版）》对语文教育提出了许多新要求、新思路，为了阐明课程、学习、教学之间的关系，文章引入"项目式教学""活动式教学""主问题""子问题"等概念，强调了学生主动参与学习、教师转变教学方法的重要性，从而真正体现学生作为主体参与学习活动、教师作为主导指导学生学习的思路，充分发挥语文课程的育人功能，以提升学生核心素养推动语文课程深层次改革，以加强情境性和实践性促进学生语文学习方式转变，同时倡导课程评价的过程性和整体性的导向作用，构建开放、多样、有序的语文课堂教学观念。

**关键词：** 真实情境　项目式教学　活动式教学

　　语文课程的基本性质决定了语文学习的基本特点，语文学习的基本特点决定了语文教学的基本方法。

　　语文课程建设，需要遵循语文课程的基本特点，即工具性和人文性的统一；语文学习活动，需要遵循语文学习的基本特点，即实践性和综合性的统一；语文教学活动，需要遵循语文教学的基本方法，即活动教学与情境教学的统一。这三组关系传达出了学与思、读与写、做与说、练与悟的思想，也包含着实践与理论、简单到复杂、特殊到一般的辩证关系。

　　语文学习强调实践性，就是"做起来"，在"做中学"，主要形式就是

＊　乔峰，中学正高级教师，陕西省教学能手，陕西省教育科研先进个人，榆林市中学语文教研员。

听说读写。通过一系列运用语言文字的活动，包括生活和学习中的听说读写活动，达到学习语言文字的目的。语文学习也强调综合性，就是统合整理、建立联系，探究事物各个部分、方面、因素和层次之间的联系，包括建立不同文化、不同学科、不同思想之间的联系，达到发展思辨能力、提升思维品质的目的。

语文学习的基本特点决定了语文教学的基本方法，语文教学就是在一系列的活动中体验知识，在真实的情境中运用知识。当然这不只是语文的教学方法，也是很多学科的教学方法，只不过在语文教学中表现得尤为突出。那么，如何设计教学活动？又如何创设真实的情境呢？

## 一　实践活动和真实情境的统一是语文教学的基本方法

语文教学的活动性和情境性强调了"运用""亲历""体验"语言文字的过程，活动可以是一次演讲、一项服务、一次辩论、一场表演等。这些活动要求学生成为教学活动的设计者、参与者，将教学活动融入学习活动之中。苏西·博斯和约翰·拉尔默的"项目式教学"提出"教师不再是负责传授知识、无所不知的专家，而是见多识广的指导教练，学习的引导者，以及整个探究过程的向导"的观点。[①] 项目式教学通过建立课堂文化、设计与计划学习内容、对照课标要求、管理教学活动、评估学生的学习、搭建学习支架、参与和指导学习活动七个步骤，与学生一起活动，一起学习。

（一）建立课堂文化，即建立传递人文关怀、追求卓越精神和同舟共济意愿的班风

这个步骤需要建立"课堂公约"。"课堂公约"包含"教师公约"和"学生公约"，"教师公约"是对教师的个人行为和教学行为进行约定；

---

① 〔美〕苏西·博斯、〔美〕约翰·拉尔默：《项目式教学：为学生创造沉浸式学习体验》，周华杰、陆颖、唐玥译，中国人民大学出版社，2020，第11页。

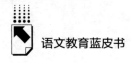

"学生公约"是对学生的个人行为、学习行为进行约定。具体如表 1
所示。

**表 1　课堂公约**

| 课堂公约 | |
| --- | --- |
| 教师公约 | 学生公约 |
| 1. 用"课标"要求教学 | 1. 有自信心 |
| 2. 认识全班的学生，并知道姓名 | （1）相信自己能学好 |
| 3. 经常与学生谈心，了解学生 | （2）经常总结经验 |
| 4. 态度要好 | （3）有勇气尝试 |
| （1）让心情保持平静 | （4）正确看待学业成绩 |
| （2）说话要温和 | 2. 有责任心 |
| （3）与学生交谈要有耐心 | （1）充分准备学习资料 |
| （4）说同学你好，同学再见！ | （2）学习中积极发表自己的观点 |
| 5. 充分利用"学习任务群"教学 | （3）有追求完美的心态 |
| （1）用"课标"要求的学时教学 | （4）遵守规定的期限 |
| （2）目标要清楚 | （5）积极参与课堂活动 |
| （3）用教学策略让学生提问题 | （6）认真听课 |
| （4）给学生提供积极的评价 | 3. 听并记录 |
| （5）学会重复教学内容 | （1）老师说的内容 |
| 6. 要守时 | （2）小组中同学的想法 |
| 7. 学会尊重 | （3）别人的想法 |
| （1）课堂教学围绕学业质量 | （4）各个学习阶段的要求 |
| （2）语言要准确得体 | 4. 按时上课 |
| （3）学会与学生一起讨论 | 5. 明确自己在小组中的职责 |
| （4）多用鼓励性语言 | （1）积极参与小组讨论 |
| （5）用姓名称呼学生 | （2）思考后再发表看法 |
| 8. 拥有批判性思维 | （3）始终保持心态平和 |
| | （4）多说正能量的话 |
| | （5）围绕问题发表观点 |
| | （6）发表观点时照顾到他人 |
| | （7）选用符合逻辑的句式说话 |
| | （8）与同学和老师积极沟通 |

（二）设计与计划学习内容，即设计一个学习的"金点子"，制订
确实可行的计划

这个"金点子"可以看作与教学目的紧密联系又能引起学生兴趣和思

考的"主问题"。以此为总领，设计若干前后关联，能够为解决主问题服务的、有逻辑关系的任务群。这些任务群以若干问题为形式，有一定难度，建立在"最近发展区"中，让学生通过努力能够解决，从而形成经常探究和思考的习惯。具体如表 2 所示。

**表 2 "金点子"项目**

| "金点子"项目 | |
| --- | --- |
| 项目方向 | 主问题 |
| 1. 具有挑战性的问题和疑惑<br>（1）问题有开放性<br>（2）能够调动学生处于最近发展区<br>（3）允许有多样的答案<br>2. 激发学生持续探究的动力<br>（1）问题引导学生思考<br>（2）研究问题有递进关系<br>（3）驱动问题后持续追问<br>3. 学习内容与现实世界关联<br>（1）真实的环境<br>（2）正在做的任务<br>（3）正在研究的问题产生的影响<br>（4）与学生的思想情感联系 | 1. 符合"课标"<br>（1）语言运用。语言环境从哪些方面影响你对语言的理解？<br>（2）思维能力。如何在表达中做到观点明确、内容完整、结构清楚？<br>（3）审美创造。怎样把握作品的思想观点和情感倾向？<br>（4）文化自信。汉字的美表现在哪些方面？<br>2. 设计能够让学生持续思考的驱动问题<br>（1）作者的观点，你认同吗？理由是什么？<br>（2）这个词用得准确吗？为什么？<br>3. 在真实的语言文字运用环境中提出问题<br>（1）在看电视和手机新闻的时候，你有没有发现里面有表达不清楚或表达错误的地方？<br>（2）写作中，你感觉最难的问题是什么？ |

### （三）对照课标要求，构建学习目标与课标融合的通道

具体的学习目标是"加强版的课标"，一旦将教学目标与课标融合，教学的体系性就建立起来了，教学过程也不再是瞄准一两节课解决较低层次的问题，而是解决涉及学科的大概念、有一定复杂性的高段思维的问题，这样语文的单元教学就提到日程上来了。这个步骤是对设计内容的具体延续，也就是设计的主问题要符合课标要求，或者从课标中来，与学习任务群关联的群问题也要从课标中来，通过课标要求设计问题。如果说第二步是思路，第三步就是标准，是量规，是设计教学活动、学习计划的指标。具体如表 3 所示。

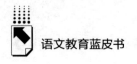

表3　教学目标与课标融合的教学活动量规

| 教学活动量规 | |
|---|---|
| 教学步骤 | 课标依据 |
| 1. 学习目标 | 1. 学业质量描述 |
| 2. 学习重点 | 2. 学习任务群学习目标与内容 |
| 3. 学习难点 | 3. 学习任务群教学提示 |
| 4. 学习方法 | 4. 小组活动法、项目式学习 |
| 5. 主问题 | 5. 学业质量描述 |
| 6. 群问题 | 6. 学习任务群学习目标与内容 |
| 7. 建立脚手架 | 7. 驱动问题 |

### （四）管理教学活动，形成落实每一个学习细节的管理机制

要建立"学习共同体"，用公约的形式赋予学生深度学习和发展技能的机会，让每一名成员领取共同体内的任务，形成"学习共同体"的任务群，并不断完善。具体做法包括以下五个方面。一是留出合理的个人和团队工作时间，保证整体讲解和小组辅导得以开展。二是根据学习的客观情况和学生的个体需求进行均衡分组，让学生拥有适当的发言权和选择权。三是编写小组日历、团队公约、学习日志等来支撑学生的自我管理、独立自主和协作能力。四是在学习活动期间，以既定计划完成相应的学习任务，实现学习效率最大化。五是确定学习的时间表、检查节点和截止日期，并给予一定的灵活度，以便顺利完成学习任务。

### （五）评估学生的学习，给学生提供多方面的反馈

学习评估分为形成性评估和总结性评估。形成性评估是对学习过程的评估。通过形成性评估，在完成任务的过程中，以充足的时间对问题、任务和方案进行修改，并在完成最终任务前的各个阶段持续制定多样的方案。总结性评估是对学习成果的评估。根据师生制定的评价量规，在学习共同体内个人和小组之间开展多维评价，形成有梯次的、有逻辑顺序的、推动学生学习

发展的评价成果。其表现方式是指向核心任务的有梯度的各个阶段的量规，包含各个学习阶段构成的任务群的目标、问题群、解决问题的方法、各个阶段取得的成果、终结成果等。

### （六）搭建学习支架，即创造学习的条件，搭建进步的阶梯

这里的"条件"指最近发展区，提出让每一名学生可以"踮起脚尖够到"的学习目标。关注每一名学生都关注的核心知识、理解力和技能，让每一名学生都能在动手之前动脑思考。

### （七）参与和指导学习活动，用参与和指导策略激发学生内驱力

教师参与和指导学习活动要建立在了解学生的基础上，比如学生的优势、兴趣、生活的背景等。在了解的基础上一起建立学习活动的评价量规，在共同构建评价量规的过程中建立师生相互信任的关系。在构建评价量规的过程中，学生始终是主体，教师只是参与和指导，一起探讨学什么和怎么学的问题。

## 二 "主问题"与"子问题"的统一
## 是课程内容组织的特点

"培养什么人、怎样培养人、为谁培养人"是教育的主要问题，坚持问题导向是课标修订的基本原则，构建语文学习任务群是"义务教育语文课程标准"的基本理念，而富有挑战性的问题，是学生自主、合作和探究学习的重要载体。因此，构建语文学习任务群的过程，也就是设计语文学习问题群的过程。语文教学具有复杂性和丰富性，教学设计需要一个中心任务，需要一个"主问题"统领教学活动，如"整本书阅读""跨学科学习""文学阅读与创意表达""思辨性阅读与表达""实用性阅读与交流"等，也需要完成"主问题"的教学策略，即"子问题"，形成一系列"整合学习内容、情境、方法和资源等要素"的具体方法。

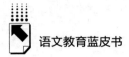

那"主问题"和"子问题"从哪里来呢？这是一个非常关键的问题，如果让我们的教师自己通过教材分析和研究提出，有一定的难度。有没有一种既方便又现成的方法，给教师提出"主问题""子问题"提供思想依据和方法指导呢？

仔细分析《普通高中语文课程标准（2017年版2020年修订）》中的"学业质量水平"，我们发现每一个质量水平层级，都是对学生在某个学习阶段学习质量标准的概括，质量描述是对学生学习目标、内容、方法的具体要求，这与"主问题"的性质基本相似，因此，教学过程中"主问题"就可以参照"学业质量水平"的内容。语文课堂教学需要的"主问题"可以在"学业质量水平"中找到依据。

《义务教育语文课程标准（2022年版）》的"课程内容"提出"设计语文学习任务，要围绕特定学习主题，确定具有内在逻辑关联的语文实践活动。语文学习任务群由相互关联的系列学习任务组成，共同指向学生的核心素养发展"[1]，指出了"学习主题"与"学习任务群"的关系，也指出了"学习任务群"与"语文实践活动"的关系。如果"学习主题"对应"主问题"，那么"学习任务群"的一系列语文实践活动就是"子问题"。可见，将"主问题"与"子问题"统一起来，是语文课程内容组织的特点。

当然，联系具体教学内容，"主问题"是"语文主题"，引导语文教学的方向；"子问题"的提出就更有针对性了，是教学过程中的策略问题。例如，"整本书阅读"学习任务群旨在"引导学生在语文实践活动中，根据阅读目的和兴趣选择合适的图书，制订阅读计划，综合运用多种方法阅读整本书；借助多种方式分享阅读心得，交流研讨阅读中的问题，积累整本书阅读经验，养成良好阅读习惯，提高整体认知能力，丰富精神世界"[2]。具体的问题就是：书中给你印象最深刻的人物是哪个？书中描写了很多场景，你感

---

① 中华人民共和国教育部制定《义务教育语文课程标准（2022年版）》，北京师范大学出版社，2022，第19页。

② 中华人民共和国教育部制定《义务教育语文课程标准（2022年版）》，北京师范大学出版社，2022，第31~32页。

受最深的是哪一个？书中有许多精彩的语言，你认为最精彩的是哪些？书中讲了很多故事，最让你感动的是哪个故事？为什么？只要这些问题弄清楚了，书中的语言也就大致理解了，也就完成了"整体把握书本的思想内容和艺术特点"。

可见，在课堂教学中，"主问题"是大河，"子问题"是小河。而"学习任务群"就是将学习内容分解成一个个的任务，形成"问题群"，因此"子问题"可以在"学习任务群"里找到依据。

## 三 "项目式教学"与"活动式教学"的统一是语文教学的主要方法

语文教学的基本方法是由语文学习的基本特点决定的，它包含在课程标准里，而我们往往舍近求远，在语文课程之外去探求，不亦惑乎！很多教育专家强调"以学定教""先学后教"，却对"学"字解释得不够全面。这里的"学"，不仅是学生的基本情况，还应该是语文学习的基本特点。根据学生的基本情况如学生的兴趣爱好、阅读背景、学习能力等来确定教学的方法，做到因材施教。根据语文学习的基本特点来确定教学的方法，做到因材施教、情境教学、活动教学。学习内容不同，教学实践活动就不同；学习形式不同，教学活动形式就不同；学习目的不同，教学组织方式就不同。

"项目式教学"的引进，解决"活动式教学"的难题，诠释了什么是"以学定教"和"先学后教"，将"学情"与"学性"统一在项目完成的过程中。

教学活动设计是一个系统工程，包括备课系统、上课系统和评价反思系统。备课系统包含教学问题的提出、教学目标的确定、教学问题的解决方案；上课系统包含选择课堂结构形式和组织实施教学；评价反思系统包含评价实施结果、反思教学过程、修改方案。

过去的教学活动主要由教师来设计，也就是教师写教案，根据教案设计组织课堂教学。把教学活动转变为学习活动，连同教学设计和教学过程都由

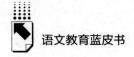

学生来实施，教师的身份转换为参与者和指导者，这就是"项目式教学"。

语言运用的综合性和实践性，决定了语文教学的情境性和活动性。根据《义务教育语文课程标准（2022年版）》的性质要求，语文教学需要有育人意识、素养意识、问题意识、创新意识。建立在真实情境、真实故事、真实情感基础上的教育活动，才是最能打动人的语文教育；建立在语言文字的实践、语言文字的思考、语言文字的理解、语言文字的传承基础上的教育活动，才是最能体现素质的语文教育；建立在提出问题、分析问题、解决问题基础上的教育活动，才是最能体现过程新的语文教育；建立在学科知识项目化、教学过程活动化基础上的教育行为，才是最能体现创新的教育。因此，"项目式教学"融入"活动式教学"，"活动式教学"融入"项目式教学"，成为新课标课堂教学改革的方向，也是新课标提出的基本方法。那么，如何将"项目式教学"和"活动式教学"融合在一起呢？

### （一）建立人人都必须遵守的"班级公约"

这里不说"班规"而说"班级公约"，是因为"班级公约"比"班规"更能体现学生参与的特点，是老师和学生相互约定，而不是强制的，这样就能够更好地建立和谐融洽的师生关系，更容易让"班级公约"得到贯彻和落实。"班级公约"的制定本身就是一项学习活动，这个活动可以分为这样几个步骤。

第一，召开主题班会。以讨论的形式，让每一名学生发言，说明为什么需要"班级公约"以及公约对自己学习的重要性。

第二，解决实际问题。以小组为单位，用"头脑风暴"的形式，描述在学习中出现问题的真实情境（例如，小组中有人参加"头脑风暴"不积极，讨论中不发言的问题），并提出防止这些问题出现的行为规则（例如，每名同学至少要描述一个真实的情境）。

第三，教师参与指导。教师在全班列出每名同学提出的行为准则并引导学生进行讨论。讨论的时候进行适当分类，比如建立互信的约定、加强探究的约定、获取成果的约定等。

第四，民主解决分歧。出示所有学生提出的规则后，让所有学生投票决定使用的条款，并将这些条款陈列在教室里，作为以后共同遵守的"公约"。

第五，形成监督机制。制定的"班级公约"应该渗透到学习活动中，并确保能取得一定的实效，所以应鼓励学生自我约束和互相监督。

## （二）提出总领学习活动的主要问题

苏霍姆林斯基在"给教师的第八条建议"中提出，获取知识就意味着发现真理、解答疑问，要尽量使学生看到、感觉到、触摸到他们不懂的东西，使他们面前出现疑问。[①]

比如高中语文必修上册第一单元，单元的主题是"青春的价值"。毛泽东的"问苍茫大地，谁主沉浮"是响彻大地的发问；郭沫若的"力的绘画，力的舞蹈，力的音乐，力的诗歌，力的律吕哟"等激情澎湃的赞美，表达了对改变中国现状，打破旧世界，创造新世界力量的礼赞；闻一多的《红烛》饱含深情的奉献精神，表达了对为国家无私奉献青春的赞美；昌耀的《峨日朵雪峰之侧》谦卑而强劲的生命力，表达了青春如同攀岩，奋斗就是永远的主题；雪莱的《致云雀》表达了翱翔天地之间的志存高远。还有茹志鹃的《百合花》书写战火中的青春美和人性美，铁凝的《哦，香雪》书写纯真和质朴的生命美。这些诗文都能与"青春的价值"建立联系。由此，在学生的阅读活动中，可以通过讨论不同时代青年人的价值这个问题，提出每个时代有每个时代的责任，每个时代有每个时代的担当，让学生思考：作为新时代青年，我们的责任是什么？我们的担当是什么？我们的青春的真正价值是什么？

## （三）用课程标准检验"项目式教学"的活动过程

语文课程标准明确提出了语文课堂教学思想、方法和目标。其在批判思

---

[①] 〔苏联〕B. A. 苏霍姆林斯基：《给教师的建议》，杜殿坤编译，教育科学出版社，2022，第24页。

维的基础上，继承了传统教学的理论联系实际的观点，也在教学的概念、方法、获取知识的方式等诸多方面发生了翻天覆地的变化。一是改变了以往"教学"的概念，"教学"已经转变为在教师指导下的"学习活动"；二是改变了以往的教学方法，教学不再是"教书"，而是"用书教"；三是改变了学生获取知识的方式，用主动获取"知识体验"替代了被动"接受知识"的方法；四是改变了学习过程的顺序，用认知的过程（体验、思考、获得）替代了以往的接受的过程（获得、思考、体验）。认知是主动的，接受是被动的，因此，新的课程理念将语文学习融入学生的成长过程中，引导学生在学习中认识自然、认识社会、认识自我、规划人生。在学生获取知识的过程中，教师的角色也发生了变化，正如苏霍姆林斯基说的"你要从这样的角度对教材进行深思熟虑：找出因果联系正好在那里挂钩的、初看起来不易觉察的那些交接点，因为正是在这些地方会出现疑问"[①]，这个发现问题的过程，不仅适用于教师的备课，也适用于教师和学生共同构建项目框架，形成活动计划和方案。

## （四）对学习过程进行有效管理

保证学习正常进行并能深度学习。人都有惰性，需要规则的约束，学生亦如此，在学习活动过程中，参与教学管理是必要的，也是合理的。那教学管理从何处入手呢？

管理学习共同体（小组）就是我们教学管理非常有效的抓手。首先，需要合理分组，尽力做到让学生选择自己学习共同体的成员，形成团队合力。其次，明确团队成员的职责和任务，让团队自己决定成员的角色，在团队活动中，每个成员需要完成的任务是具体的、明确的。最后，在教室里建立项目墙，写明在项目实施过程中的活动的驱动问题、项目日程、须知问题，以及设计项目的相关问题，让"任务墙"时时提醒学生进展情况和还需解决的问题。

---

① 〔苏联〕B. A. 苏霍姆林斯基：《给教师的建议》，杜殿坤编译，教育科学出版社，2022，第24 页。

## （五）充分发挥评价的作用

恰当的评价能够让学生不断提高学习成绩。用课标的的要求评价学生掌握知识的情况，让每一个学生都能看到自己的进步，并通过评价反思项目实施过程中的不足，对后期的学习做出调整。项目式教学过程中，制定的计划和方案是预设，其中一定会出现与实际学习不相符的情况，比如日程安排的问题、评价量规的适应性问题等。评价不仅要针对学生本身，还要针对整个学习过程。

比如在学习高中语文必修上册的古诗词单元时，确定了"探秘古代文人的精神世界"项目，其中涉及曹操、陶渊明、李白、杜甫、白居易、苏轼、辛弃疾、李清照八位诗人，他们的精神世界是非常复杂的，我们不仅要从这些诗人的诗歌中去深入挖掘其内心的秘密，还要从其人生经历、家庭背景、社会地位、人生境遇等方面来思考其精神世界形成的原因，从而破解诗人的精神密码。在这个项目式教学实施过程中，学生背诵、解析、赏析诗歌，学生和老师一起搜集各种资料，分析资料中诗人形成特有的精神品质的原因，这些都可以用以课标要求制定量规来评价，同时对学生获取知识的情况进行评价，从过程性评价到综合性评价，通过鼓励、表扬来肯定学生的成绩，通过批判性思维、逆向思维的方式让学生对学习过程进行调整，使项目能够最终完成，让学生形成学习能力，并获得成就感。

## （六）为学生真实的学习提供帮助

真正的教学要不断给学生设置问题，并给学生创造条件和支持，让他们都可以踮起脚尖够到学习目标，并最终解决问题。在一个差异化的课堂中，教师的目标就是弄清楚学生和关键学习目标之间的关系，然后去提供学习体验，以此推动学生离开实际发展水平，向潜在发展水平迈进。这也是"最近发展区"的理论。这是心理学家维果斯基提出的，他认为，教学要取得效果，必须考虑儿童已有的水平，并要走在儿童发展的前面。[①] 教师在教学

① 陈琦、刘儒德主编《教育心理学》（第 2 版），高等教育出版社，2011，第 47 页。

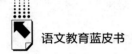

时，必须考虑儿童的两种发展水平，一种是儿童现有的发展水平，另一种是在他人尤其是成人指导的情况下可以达到的较高的解决问题的水平，两者之间的差距就叫作"最近发展区"。

在"最近发展区"中，儿童与成人合作能够比独自一人时完成更多的困难任务。一般来说，所有儿童的"最近发展区"都是不断变化的。因为随着时间的推进，一些之前不能完成的任务逐渐被儿童完成，取而代之的是更加复杂和困难的任务。

"最近发展区"为学生提供了发展的可能性。维果斯基认为，儿童很少能够从他们已经能独立完成的任务中得到收获，相反，儿童的发展主要是通过尝试完成那些只有在他人的协助和支持下才能完成的任务即"最近发展区"中的任务来实现的。简单地说，是生活中的挑战而不是能够轻易取得的成功促进着我们的认知发展。虽然具有挑战性的任务非常重要，但是那些不可能完成的任务（即使在他人的帮助和引导下仍不能完成的任务）是没有益处的。从本质上说，一个儿童的"最近发展区"从认知上限定着其能够学习的内容。

"最近发展区"也为教师提供了教学的作业范围。教师应该为学生布置那些在别人的帮助下能完成的任务。在另一些情况下，能力相当的学生之间的合作也能够使困难的任务得到解决，因为在合作中，每位成员都能够为团队贡献出自己独特的力量。此外，教学还需要给具有不同最近发展区的学生安排不同的任务，以使所有学生都能够接到最有利于自身认知发展的挑战。

其中，"成人指导"就是教师给学生提供真实的指导，这也就是维果斯基所说的"脚手架"、叶圣陶所说的"拐杖"。因此，教学的策略就是在学生遇到困难时搭建"脚手架"，在学生学习前进的道路上提供"拐杖"。

比如在课堂上，教师在与学生交流的过程中，发现很多学生有表达不够顺畅、逻辑性差等问题。教师就根据这个问题提出自己的措施，如给学生提供一个逻辑性较强的句式，让学生根据句式来表述自己的观念，情况就大不一样了。这个句式，就是帮助学习的"脚手架"。

### （七）教师即指导学习的教练

促进学生深度参与学习，并在学习过程中进行持续指导，是培养师生间融洽互信关系的重要手段。师生应一起研究课标，制定学习的目标，共同构建评价量规，共同解决问题，教师还应指导学生发现问题，激发学生解决问题，使学生形成学习的内驱力。一旦学习变成学习者内心的需要，学习就会变得主动而有效，师生就会在探讨"学什么""怎么学"中形成合力，让学习变成学生解决问题的体验，而不是老师传授知识的说教。而教师在这个过程中扮演的角色就称为"指导教练"，课堂转变成培养创造力、鼓励学生发言、帮助学生选择的平台，而不是仅仅传授知识。当然在参与和指导中，教师总会用到一些策略，比如为"主问题"建立"问题群"即搭建学习支架、管理教学活动、评估学习等。

## 四 "资源"与"教材"统一是拓展学习的基本方法

《普通高中语文课程标准（2017 年版 2020 年修订）》明确要求必修阶段各类文本阅读量不低于 150 万字，45 分钟能写 600 字左右的文章，课外练笔不少于 2 万字；选择性必修阶段各类文本阅读总量不低于 150 万字。而必修课本字数不到 45 万，还有 100 多万字的缺口怎么解决，就需要教师充分利用资源，可以指导学生阅读《乡土中国》《红楼梦》等内容，也可以让学生广泛阅读《普通高中语文课程标准（2017 年版 2020 年修订）》提供的推荐书目。"资源"与"教材"统一成为学生拓展学习的重要内容。

当然，"资源"不仅仅是《普通高中语文课程标准（2017 年版 2020 年修订）》推荐书目，根据学习任务群要求，"资源"可以分为不同的种类。具体有以下类别。

文本类资源。学生课外阅读的一切文本资源，包括《普通高中语文课程标准（2017 年版 2020 年修订）》推荐书目、自选书籍、报纸等所有的纸质阅读资源。由于高中学生学科种类多，高考压力大，阅读文本花费时间

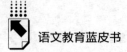

多，需要教师帮助学生选择书目，这样才能让学生充分利用资源，提高阅读效率。

音像类资源。学习任务群有跨媒介阅读，要求学生不仅阅读纸质资源，还要通过声音和画面来阅读，形成对有声读物和影视类作品广泛的涉猎。

场馆类资源。学习活动同时也是文化活动，因此博物馆、纪念馆、文化馆、美术馆、名人故居、革命遗址、名胜古迹，读书交流、习作分享、辩论演说、诗歌朗诵、戏剧表演等，都是有效的教学资源。

综合类资源。"实用性阅读与交流"任务群具体学习内容建议选择社会交往类如会谈、谈判、讨论及其纪要，活动策划书、计划、制度等常见文书，应聘面试的应对，面向大众的演讲、陈述和致辞；新闻传媒类如新闻、通讯、调查、访谈、述评，主持电视演讲与讨论，网络新文体；知识类读物如复杂的说明文、科普读物、社会科学类通俗读物等。

这些资源有的不在课本中，但是需要学生掌握，因此，"资源"与"教材"统一，成为拓展性学习的重要手段，也是教学不可或缺的内容。

# 渗透式语法教学多维实践与测评研究[*]

邹 燕[**]

**摘 要:** 渗透式语法教学以自然的、潜移默化的方式进行语法教学。本报告立足于学生认知实际,借助一定的载体,营造一定的氛围,把语法知识的讲授渗透到语文课堂的教学环节中,引导学生去感受和体会,使他们在耳濡目染和潜移默化中自觉或不自觉地接受语法知识,提高语法知识实际运用能力;在实践中,探索阅读教学随文学习、写作教学互评互改、趣味实践活动、考点融合、利用信息技术等五个维度的语法学习方法与路径,提高学语法的趣味性与有效性;并通过制作评价量表、作业测试评价等方式对语法课堂教学效果进行评价,检验学生语法学习效果。

**关键词:** 渗透式语法教学 多维实践 测评研究

习近平总书记于全国宣传思想工作会议上特别指出:"讲好中国故事、传播好中国声音,向世界展现真实、立体、全面的中国。"[①] 中国语言文字博大精深,几千年来的文化和传统是通过语言来体现的。学生也正是通过语言来认识和理解这个世界,构建自己对这个世界的经验的。中学语文教学不仅要教会学生语言知识,还要教会其必要的语法规则,让学生懂得如何规范

---

[*] 本报告为清远市教育科研第二十批科研立项重点课题"初中语文实施渗透式语法教学的行动研究"(编号:20-3)的研究成果。

[**] 邹燕,中学语文高级教师,清远市初中语文教研员,广东省基础教育初中语文学科教研基地(清远)负责人,广东省教育学会中学语文教学专业委员会理事,省、市级重点课题主持人。

[①] 中共中央党史和文献研究院编《习近平关于社会主义精神文明建设论述摘编》,中央文献出版社,2022,第85页。

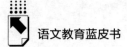

准确使用语言文字，把对语言的认识从感性上升到理性，培养学生语文核心素养，进而更好地传递中国文化，讲好中国人自己的故事。这不但是中华民族语言发展的需要，也是本色语文蓬勃发展的需要，更是落实立德树人根本任务的要求。

笔者与团队对渗透式语法教学进行实践研究，以期能立足于学生认知实际，借助一定的载体，营造一定的氛围，把语法知识的讲授渗透到语文课堂的教学环节中，引导学生去感受和体会，使他们在耳濡目染和潜移默化中自觉或不自觉地接受语法知识，提高语法知识实际运用能力。

# 一 渗透式语法教学遵循三大实践原则

## （一）遵循课标精神

《义务教育语文课程标准（2011 年版）》明确指出："为帮助理解课文，教师可以引导学生随文学习必要的语法修辞知识，不刻意追求知识的系统和完整。"① 《义务教育语文课程标准（2022 年版）》在附录中明确指出："语文课程涉及的语音、文字、词汇、语法、修辞以及文体、文学等知识内容，应根据语言文字运用的实际需要，从所遇到的具体实例出发进行指导和点拨。要避免脱离实际运用，围绕相关知识的概念、定义进行系统、完整的讲授与操练。"② 从新旧两版课标中可以看出，语法教学不能将活生生的语言材料变成干巴巴的语言点，把一条条语法规则灌输给学生。因此，在语法教学中，应让学生在丰富的语言实践中，通过主动积累、梳理和整合，初步具有良好语感；同时，了解国家通用语言文字的特点和运用规律，形成个体语言经验；具有正确、规范运用语言文字的意识和能力，能在具体语言情境中有效交流

---

① 中华人民共和国教育部制定《义务教育语文课程标准（2011 年版）》，北京师范大学出版社，2011。
② 中华人民共和国教育部制定《义务教育语文课程标准（2022 年版）》，北京师范大学出版社，2022，第 65 页。

沟通；感受语言文字的丰富内涵，对国家通用语言文字具有深厚感情。渗透式语法教学以自然的、潜移默化的方式进行语法教学，使学生自觉或不自觉地接受语法知识，提高语法知识实际运用能力，与课标精神高度契合，能让语法教学成为学生语言文字运用的有力助推器。

## （二）尊重教学实际

学生理解和使用语言的能力需要提升。清远市属于偏远山区，部分农村地区的孩子语言表达能力相对较差，特别是很多少数民族学生，民族语言的语法顺序与汉语不完全一致，有时他们的语言用汉语说出会成为"倒装句"。中学时期是学生学习的一个重要转折点，语法知识一直得不到重视，对学生辨析修改病句、理解古汉语句式、翻译文言文、提高写作水平都是严重的障碍，这也造成学生的语文阅读能力和表达能力偏弱。只有掌握了一定的语法知识，学生才能准确地分辨现代汉语语句的结构形式，准确掌握汉语所要表达的意思，从而提升中学语文教学的整体质量。因此，加强语法教学有不可忽视的重要作用，不但是初三升学考试的需要，更是学生长远发展的需要。

## （三）遵循教材编排要求

语法教学是语言教学的一个极其重要的部分。2017 年秋季，广东省开始全面启用统编教材，统编教材在课文学习的后面适当安排一些小补白，以简洁易懂的方式介绍语法修辞等方面的知识。统编教材对语法知识内容的增加，传递出一个积极的信号：语法教学虽然只是初中语文教学中很小的一部分，但是决不能淡化或忽略，而应该以科学、合理的教学方式落实。同时，语法分散于各册语文书的课文之后，学生学习语法知识不够系统，难以真正地把握住，边学边忘。这就需要教师对教材进行二次开发。要利用好教材的资源，将其有计划地纳入教学内容，对语法教学进行布局，形成系列，在潜移默化中将语法渗透到学生的心里，提高语法教学效率，获得语法教学的预期效果。

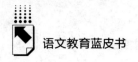
## 二 渗透式语法教学多维教学实践

### （一）语法教学内容的选择与确立

在研究过程中，为了能够更准确地了解清远市初中语文语法学习的现状、存在问题等现实情况，有针对性地开展研究，我们从调查入手，利用问卷星专业调查网站设计问卷，通过微信、QQ、智慧课堂平台发放问卷。共回收高中教师问卷 210 份、初中教师问卷 271 份、学生问卷 2239 份。教师问卷包括教师的基本信息、教师对语法教学重要程度的认识、教师进行语法教学的具体情况、教师对学生语法水平及运用的认识等。学生问卷主要了解学生对教师进行语法教学的认识、学生掌握及运用语法知识的情况等。根据分析结果，我们发现，初高中教师都认为语法教学在语文教学中占据比较重要的地位，但学生的语法水平总体较低。无论是初中还是高中阶段，学生在运用语法知识方面的能力都比较差，特别是通过问卷中几个涉及运用语法知识的问题发现目前清远市初中学生对语法的一般性知识，如词性、短语、句式的辨析与运用都比较薄弱，语法掌握情况不容乐观。在修改病句、文言文阅读题型中运用相关语法知识方面，76.73%的学生"能够运用一些"，只有 13.04%的学生认为"能够熟练运用"；只有 14.38%的学生认为能够分析出一个句子的语法成分（如主语、状语、定语等），57.53%的学生选择"基本可以"，高达 28.09%的学生选择"比较模糊"。而关于"词性""短语""句子主干"的实际运用的题目中，能选出或写出正确答案的比例都相当低，分别为 38.19%、9.47%和 8.9%。同时，还通过问卷星对学生掌握语法规律的情况进行检测，检测题目涵盖词、短语、句子的辨析与理解等内容。由于操作简单快捷，两次调查参与人员覆盖面广，数据具有多样性，能较为客观地反映本地学生的语法学习实际需求，为找准适切的语法教学内容，开展更有针对性的语法教学提供了有力的帮助。从前期问卷调查的反馈中了解到，清远市初中学生对一般性语法知识和规律，如词性的辨析、短语的类型、辨析句子主干等都比较薄弱。根据统编版初中语文教材在各册教材里将语法知识分散安排在"补白"中呈现，从编排上不再讲语法边缘化的特点，梳理语法知识在统编教材补白中出现的顺序后发现，统编教材在补白里编排语法知识是讲究由词到短语到句的规律的。因此，笔者与研究团队把研究内容锁定在教材补白板块涉及的范畴内，语法教学内容不超出教材补白板块的语法内容。在理清教材语法知识的编排逻辑后，将这些看似零散的补白知识，在其相对应的单元课文中进行语法因素的挖掘，进而形成语法知识分布图，为语法补白知识找到一个落脚点。

## （二）语法教学方法的探索

语法知识的学习相对而言是枯燥的，因此在教学中要避免对所有语法知识进行集中的、大量的训练。渗透式语法教学，强调以潜移默化的方式让学生学语法、明语法、悟语法，对教学环节中如何渗透语法教学等问题进行研讨，积极探索多种语法教学的方法。从词、短语、单句、复句、文从字顺等方面进行系统的研究，研究课标、构思框架、学情、设计方案、课堂教学、效果反馈、自我反思等，把语法与课堂教学有机地融合在一起，探索出初中语文渗透式语法教学方法的多元实践方法。

### 1. 阅读教学随文渗透法

（1）明确编者意图，合理选择与布局语法点

统编教材增加的补白知识，看似零散地分布在七、八、九三个年级中，实则其安排是符合学生的认知规律的。这就需要我们洞悉编者的意图，将这些看似零散的补白知识，在其相对应的单元课文中进行语法因素的挖掘，给语法补白知识找到一个落脚点。以七年级上册为例，根据补白知识，可以做如下一些梳理（见表1）。

在表1中，笔者罗列了七年级上册两个单元课文相对应的语法点。第一单元主要是让学生掌握名词，对于一般的名词，学生还是熟悉的，也能清楚地辨析，但对方位名词却了解不够，在日常应用中也经常出错。因此，在第一单元的《济南的冬天》一文教学中，就选取方位名词作为语法的突破点，

并在段落讲解中渗透此语法知识；第三单元补白知识主要是要求学生了解动词的用法和特点，在《从百草园到三味书屋》一文中，"扫开一块雪，露出地面，用一支短棒支起一面大的竹筛来，下面撒些秕谷，棒上系一条长绳，人远远地牵着，看鸟雀下来啄食，走到竹筛底下的时候，将绳子一拉，便罩住了"这一段的动词使用准确生动，因此，就借助这一文段讲解动词的用法，让学生在掌握课文内容的同时了解动词的妙用。

**表1　语法补白知识教学示例**

| 类型 | 题目 | 课文语法因素的挖掘 |
|---|---|---|
| 教读 | 《春》 | 动词的妙用:从土里钻出来;打两个滚,踢几脚球,赛几趟跑;他们也赶趟儿似的<br>形容词的妙用:小草偷偷地从土里钻出来,嫩嫩的,绿绿的 |
| 教读 | 《济南的冬天》 | 方位名词的妙用:古老的济南,城内那么狭窄,城外又那么宽敞,山坡上卧着些小村庄,小村庄的房顶上卧着点儿雪,对,这是张小水墨画,也许是唐代的名手画的吧 |
| 自读 | 《从百草园到三味书屋》 | 动词的妙用:扫开一块雪,露出地面,用一支短棒支起一面大的竹筛来,下面撒些秕谷,棒上系一条长绳,人远远地牵着,看鸟雀下来啄食,走到竹筛底下的时候,将绳子一拉,便罩住了 |

结合课文的特点，对语法知识巧做选择和布局，这不是简单地对补白知识进行开发，而是根据学生学情进行实实在在的选择与布局，学生接受和学习语法知识的效果更佳。

（2）挖掘文中语法因素，精心设计教学环节

语法知识以文本教学为依托，教材中有大量丰富多样的篇章，这些篇章为广大师生的教学提供了非常生动鲜活的语境，学生可以通过这些生动鲜活的语境去更好地理解、感受文章的内容和思想情感。教师在阅读教学中，利用一些关键处或精妙处适时教语法，不仅可以助力学生理解课内文章，而且

可以将语法知识渗透到学生的学习中，最终让学生养成在阅读时进行语法分析的好习惯，提升其阅读素养。

其一，选择文中关键处，巧设疑问。

课文理解感受的关键处在课文的重点处、疑难处、有探究价值的地方，因为教材的重点处往往蕴含丰富的内容和深刻的含义，因此，可以选择文中的关键处，巧设教学问题，让学生在探究文意的过程中潜移默化地了解语法知识。如在统编教材七年级上册郑振铎《猫》一文中，课后练习有这样一道题目："第一只猫死后，'我'安慰三妹说：'不要紧，我再向别处要一只来给你。'第二只猫丢失后，作者写道：'自此，我家好久不养猫。'第三只猫死后，作者又写道：'自此，我家永不养猫。'这三句话在文章结构上起什么作用？"在这样一个关键处我们可以引入语法教学，这三句中"好久""永不"都是副词，属于虚词的使用。在这里，教师可以提问题："既然这两个词都是虚词，是否可以删掉？删掉之后会不会影响文章的情感表达？"这个时候，教师带着学生回到文中去分析这两个副词的意思，两个副词表达了作者不一样的情感，第一个副词表现的是作者的失落感久久萦绕于心，养猫固然快乐，可是亡失的痛苦更让人难受；第二个副词表现作者的一种负罪感，见了猫就会触发灵魂的伤痛，永远愧对这类生命。这一教学环节的引入，让学生既认识到了准确使用副词的作用，也更深刻地体味了文章的情感。

其二，选择文中精妙处，重点分析。

文章中有许多精彩的片段和文字，而这些精彩之处恰恰最能吸引学生的注意力，教师如能抓住这些精妙处适时将相应语法知识渗透到教学中，会有意想不到的效果。统编教材八年级上册《背影》这篇散文中有这样一段对父亲跨过月台去"买橘子"的过程的描写："我看见他戴着黑布小帽，穿着黑布大马褂，深青布棉袍，蹒跚地走到铁道边，慢慢探身下去，尚不大难。可是他穿过铁道，要爬上那边月台，就不容易了。他用两手攀着上面，两脚再向上缩；他肥胖的身子向左微倾，显出努力的样子，这时我看见他的背影，我的泪很快地流下来了。"在这一段文字中，关于父亲背影的描写最让

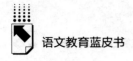

人印象深刻，也是全文描写最精彩的部分，朱自清在动词的使用上非常讲究，是值得教师和学生去细细品味的。"穿""爬""攀""缩""倾"这几个动词使细心、体贴、关爱儿子的慈父形象跃然纸上。对动词的赏析，既能让学生掌握动词的使用规律，又能让学生体会到父亲爱子之切的感人一面。因此，应在帮助学生理解课文的同时，让学生潜移默化地接触、吸收语法知识。

**2. 写作教学互评互改渗透法**

《义务教育语文课程标准（2022年版）》明确指出："学习修改习作中有明显错误的词句。""根据表达的需要，借助语感和语文常识修改自己的作文，做到文从字顺。能与他人交流写作心得，互相评改作文，以分享感受，沟通见解。"① 实验学校是运用智慧课堂平台比较成熟的学校，充分利用学校的这一优势，在学生完成草稿后，借助智慧课堂平台发布学生作文，让学生交换评改。在评改中发现同学的作文中的病句等语法错误，并加以改正。采取互改的方法让学生将学到的语法知识运用到写作当中，逐渐提高规范表达能力。老师除了把语法知识渗透到文本，深入课堂教学之外，还在平时的写作中强调语法运用的准确性。比如，学生互批作文时，老师要求学生在批阅过程中把控好语句的通顺，从"文从字顺"的角度审视文章内容。经过长时间的磨炼，学生批阅作文的能力有了明显的提升，写作水平也自然而然地得以提高。

**3. 趣味实践活动渗透法**

（1）在传统文化对联中巧辟蹊径明语法

实验班的老师巧辟蹊径在课堂随文活动中通过对联的方式教语法，这种方式既提升了学生学习语法的兴趣，又让对联这一传统文化在学生的心田有了丝丝的萌动。在教学活动中，为了让学生掌握现代汉语语法知识，从七年级开始，就结合教材的补白对学生进行语法知识的渗透：七年级语法以现代

---

① 中华人民共和国教育部制定《义务教育语文课程标准（2022年版）》，北京师范大学出版社，2022，第10、16页。

汉语词类（包括实词和虚词）和短语为主，实验班的老师充分利用清远市初中语文助学语法微课"语里寻法"系列，带领学生系统学习现代汉语语法的词类和短语、句子成分等部分，并从对联的特点这个角度给学生以明确的指导，让学生熟知对联上下联字数相等、句法相似、词性相同、词义相关、平仄相对等要求。在语法知识渗透的过程中，为了让学生牢固掌握，准确判断，依托近年来广东省中考的新题型——对联，实验班的老师将语法知识、对联和所学课文内容三者巧妙结合起来，这种方式既让学生感受到语法知识曲径通幽的奥妙，强化了学生掌握对联的能力，又加深了学生对所学文本内容的理解。然后让学生从四个方面进行对联练习：用对联概括课文的基本内容，用对联概括课文中人物的精神、品质，用对联概括课文中景物的特点，用对联概括作者的情感、评价。经过实践，学生无论是在概括文章内容方面还是在考试中解答对联这一类的问题方面，都显得轻松自如，基本上养成了一个良好的学习习惯，即学完一课，对联必出。

（2）在制作成语故事视频中学语法

实验班老师带领学生制作成语故事动画视频。成语故事制作小组一共四人，三个学生负责搜集动画并配音，老师负责审核。为更好地达到学以致用的目的，成语全部选自课文，学生自己编写成语故事脚本，自己制作动画并配音。这么做不仅能帮助学生深入理解成语的含义，掌握成语运用方法，还能培养学生分组合作、动手操作的能力。为了帮助学生更好地完成动画制作，实验班老师还邀请学校智慧课堂老师指导动画制作。制作过程中，有人负责编写脚本，有人负责制作动画，有人负责配音，老师负责脚本定稿和动画、配音的审定。每一个脚本都经过严格的初审、二审、三审、四审后才最终定稿。通过成语故事脚本的编写和审核，学生不仅能熟练掌握成语的本义、引申义，了解成语背后的故事，还明白了它在实际运用中的注意事项。有些学生在配音的过程中，更是发现自己的声线居然可以配出几种不同的声音。一个暑假，一共完成了 20 个成语故事的动画制作。

通过制作成语故事动画，学生不仅完成了学习语法任务，达到了语法学习目标，还学到了制作动画的新技能，深入理解了合作的重要性，提高了学

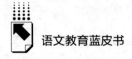

习兴趣，增强了学习的信心，可谓一举多得。

### 4. 考点融合渗透语法

虽然许多初中语文教师了解语法知识在语文学习方面的重要性，但课标中明确指出语法、修辞知识不作为考试内容，因此，不少教师抱着语法"考试无用"的心态，忽视语法、不教语法，导致学生掌握的语法知识非常有限。其实，在中考中，直接或间接考查语法知识的题目频繁出现，对语法的考查实际上渗透到了试题中，或是写对联，或是辨析和修改病句，或是仿写句子，或是修改应用文等，通过各种题型的题目来考查学生是否掌握语法、是否能运用语法。笔者及团队一直在思考如何让渗透式语法教学更贴近考试，更好地为学生学好语文提供支援。根据学生的实际需求，将学生比较薄弱或难以突破的考点与语法教学进行链接就是一种比较直接有效的方式，效果呈现更为显性。如"赏析动词的妙用"这一课，将动词的语法教学与考试中常见的两方面考点进行融合设计。一方面是在文本类阅读考题中经常会出现的重点字词赏析，另一方面是写作题中词语的准确使用。鉴于此，课题组老师将教学目标设定为：体会"动词"的妙处；学会为动词赋能增值的三大法宝；链接中考，赏析"动词"的表达效果。三个教学目标环环相扣，逐步进阶，据此思路，开发了系列的考点链接实践课例。

### 5. 利用信息技术实现初中语文语法教学多维实践

随着信息技术的不断发展，信息技术支持课堂教学的手段越来越丰富，在初中语文教学中的应用也愈加深入。在语法教学过程中借力信息技术手段，尝试多维的语法实践模式，为学生认知语法提供了可行的支持。语法教学借力信息技术手段打破了传统的语法教学模式，让枯燥乏味的语法知识变得有趣，进一步激发了学生学习语法的兴趣和动力，实现初中语文语法教学的多维实践，让学生在潜移默化中掌握语法知识，习得语法规律。新冠疫情严重时期进行线上教学期间，巧妙抓住微课短小、易传播、能够突破空间和时间限制的特点，在补白内容的基础上，对初中阶段语法中较难理解，学习费力的部分进行微课制作。初中语文助学微课之"语里寻法"系列微课两期共 23 节，第一期微课共 10 节，分别是说说初中语法那点事儿、名词、动词、形容词、数词和量词、代词、副词、介词、连词、助词。第二期微课共 13 节，覆盖了各类短语类型和复句类型等语法知识点。每一节微课基本都包含"知识链接""学以致用""语法知识卡"等核心教学环节，力求让学生在观看完每一节微课后，不仅能快速理解每个语法点，而且能够学以致用，轻松掌握语法知识。"语里寻法"系列微课用途广泛，可供广大教师在课堂教学时使用，在课文阅读教学时随文渗透，能使学生在轻松愉快的氛围下学习语法知识。此类系列微课已在清远市各区域学校广泛应用。此外，学生还可以在周末、寒暑假期间利用此类系列微课自习语法知识。

## 三　渗透式语法教学测评方式探索

为了让课堂教学更有效果，课题组老师制作评价量表从多个维度对语法课堂教学效果进行评价。为了帮助学生更好地学习语法知识，最大幅度地提高教师教学和学生学习的效率，检测语法学习效果，课题组还开发了练习测试评价，以利用智慧课堂平台发布练习、利用希沃白板信息技术平台发布课堂互动游戏等方式，检验学生语法学习效果，对学生掌握语法情况进行评价。

### （一）制作语法学习评价量表

为了有效评价阅读教学随文渗透语法知识的效果，课题组成员制作了语法学习评价量表。评价量表从教学目标、教师的教、学生的学、教学效果四个方面进行设置，涵盖语法知识渗透目标与教学内容是否相适切、语法知识渗透式教学方法是否有效、语法渗透时间是否合理、学生对语法知识渗透目标是否清楚了解、学生是否能体会到语法学习成功的喜悦、学生是否有进一步学习语法知识的愿望等方面，较为全面完整。老师在备课时紧紧扣住评价量表从多个维度进行设计，对语文课堂语法知识渗透教学进行评价，以保证诊断的真实性与客观性，为下一步教学提供参考。

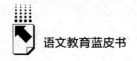

（二）作业测试评价

**1. 通过《语里寻法配套练习册》对学生日常语法学习情况进行评价**

为了帮助学生更好地学习语法知识，最大幅度地提高教师教学和学生学习的效率，笔者及团队在开通"语里寻法"系列微课后编写了一套与系列微课同步的配套练习册《语里寻法配套练习册》。该套练习册的编写着力于"渗透导学理念"与"便捷同步检测"两方面的设计，立足语法教学实际，题目的设置由浅入深，层层递进，培养学生独立思考的能力，最终达到融会贯通知识的目的。练习册与"语里寻法"系列微课同步，全程贴近教学进度，检测评估学生的学习效果。《语里寻法配套练习册》的编写遵循学生学习语法的规律，按照学生学习的过程进行设计，充分体现课中与课后的联系，按照"知识点巩固—练习提升"的形式进行编排，为学生指明学习的路线，实现教与学的最佳结合。

**2. 通过《语法闯三关》纸质版、游戏版练习对学生进行阶段性学习情况评价**

为了帮助学生更好地学习语法知识，课题组老师在"语里寻法"系列微课后又制作了配套的练习系列《语法闯三关》。《语法闯三关》练习系列分为纸质版和游戏版，纸质版的《语法闯三关》设计了基础关、提升关、巩固关三关，学生在闯三关的过程中潜移默化地学习了语法知识，纸质版《语法闯三关》题目范围更广，难度比游戏版要大。游戏版《语法闯三关》游戏制作选用的平台是希沃白板软件，该软件支持课件动画演示，可以与教学课件配套使用，无须切换，方便快捷。另外，该软件内置课堂活动一项功能里，自带多种形式的游戏比赛方式，可以为我所用，节约时间资源。《语法闯三关》练习游戏可以引起学生的兴趣，在游戏中渗透语法知识，让枯燥的知识变得更有趣味性，让学生在学中玩，在玩中学，有效强化学生的学习动机，让知识点教学事半功倍，游戏积分也能更直观地反映学生薄弱点，教学针对性更强。

随着新课标的落地和新教材的面世，语法教学的探索需向纵深发展，也意味着将与新的"问题"结缘。课程改革的发展和现实需求呼唤语法教学理性回归，培养学生正确地理解语言和规范表达的能力，落实语文学科核心素养中最基础的语言建构与应用维度。路漫漫其修远兮，吾将上下而求索。

## 参考文献

夏丏尊、叶绍钧：《国文百八课》，生活·读书·新知三联书店，2014。

梁两添：《探析语法教学在中学语文教学中的重要性》，《读与写·下旬刊》2016 年第 4 期。

# 附录一
## 深耕一线语文课程，积极贯彻大单元教学
——以哈尔滨德强学校的具体实践为例


大单元教学是发展学科核心素养的重要路径，要求教师以概念性理解为根本追寻，重组单元学习内容，统领单元学习进程和设计单元学习评估方案。大单元教学法不仅使教学更具有整体性、连贯性，还能使知识体系更加系统、关联更加清晰，有利于活跃学生思维，促进学生课堂参与。为进一步促进新课标落地，哈尔滨德强学校在备课中积极开展大单元教学，采用"1+X"或"X+Y"整合的方式，全面考虑教学活动设计，从而使学习资源发挥更大作用。下文展现了哈尔滨德强学校在落实大单元教学和贯彻"读写结合"策略上的经验与成果。


## 一　学校概况


哈尔滨德强学校（以下简称"德强学校"）建于1996年，是黑龙江省一类学校、首批市级标准化建设优质学校。学校现有教师274人，其中硕士研究生20人，高级职称68人，国家级、省市级、区级骨干教师70余人，获得市优秀教师、四有好老师、德育先进个人、优秀班主任等荣誉称号的共计60余人。现有86个教学班，4003名学生。经过20多年的发展历程，数万名学子考入重点高中，其中不少人考入清华、北大等名校，德强学子的足迹遍布世界各地。德强学校以显赫成绩闻名于哈尔滨市教育界，已成为家长及学生梦寐以求的理想学府。

德强学校高春芝校长提出"教育不仅要近利于现在，更应长远于未来"的办学理念，以争做四有好老师为主旋律，以培养优秀干部队伍和教师队伍为出发点，以打造"六研"模式的"高效能"课堂为立足点，以深化丰富多彩的有利于学生身心健康的选修课为亮点，以培养学生"十八项核心素养"为落脚点，全面培养"乐观向善、勤学慎思、合作创新"的德强人。多年来，学校积极推进教学改革，大力开展"六研"教学模式的推广与落实。

## 二　以"六研"为基础的大单元教学

课程是实现育人目标的最重要载体，也是教师教、学生学、质量评价的直接依据，新方案和新课标的颁布，将开启新的教育教学改革。本着以"学科一体化""教学评一体化""学科素养""双减政策"为导向，使课程内容回到"知识学习为人服务"的初心，德强学校提出了"六研"教学策略，即以"突出学生主体地位"为核心，进行"导学案的研究""有效问题的设计""小组合作的学习""思维导图的构建""有效的教学评价"。基于此，教师在备课中积极开展大单元教学，采用"1+X"或"X+Y"整合的方式，全面考虑教学活动设计，从而使学习资源发挥更大作用。

以八年级上册语文第二单元的教学设计（见表1）为例，该单元的整体学习目标为：了解回忆性散文、传记的特点，包括内容真实、事件典型、注重细节描写等；学习刻画人物的方法，品味风格多样的语言，从文中人物的生平事迹中汲取精神营养丰富自己的生活体验。为实现这一整体学习目标，教师设计了12个课时的教学计划。此外，教研组在落实新课标时积极钻研"主题阅读丛书"，围绕"主题"开展课内大量阅读，转变了"语文阅读只能靠课外"的传统观念。

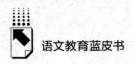

表1 德强学校八年级上册语文第二单元教学设计

| 课时 | 课型 | 教材内容 | 丛书链接内容 | 学习目标 |
|---|---|---|---|---|
| 第1课时 | 单元预习课 | 《藤野先生》《回忆我的母亲》《列夫·托尔斯泰》《美丽的颜色》 | | 1. 整体感知四篇课文的内容2. 借助注释和工具书识别重要词语、了解作家作品 |
| 第2课时 | 教材引领课 | 《藤野先生》 | | 1. 梳理概括典型事件,透过细节描写感受人物品格,体会作者情感2. 把握回忆性散文的基本特点,学习用典型事件、细节描写刻画人物的方法 |
| 第3课时 | 组文阅读课 | | 《金岳霖先生》《晶莹的泪珠》 | |
| 第4课时 | 教读引领课 | 《藤野先生》 | 《金岳霖先生》《晶莹的泪珠》《吴雨僧先生二三事》《第一次投稿》 | 1. 品味鲁迅、汪曾祺、陈忠实等作家风格各异的语言2. 体会作者于细微之处绘人物之精神的写作特点 |
| 第5课时 | 教读引领课 | 《回忆我的母亲》 | | 1. 抓住母亲"勤劳"一生这一线索,透过典型事例和叙述中穿插的议论抒情感受母亲的品格2. 品味平实质朴的语言中饱含的深情 |
| 第6课时 | 组文阅读课 | | 《我的母亲》《花朝节的纪念》 | 1. 通过梳理典型事例感受母亲的品格2. 品味质朴无华的语言,体会其中蕴含的深挚感情 |
| 第7课时 | 组文阅读课 | 《列夫·托尔斯泰》 | 《住在鞋匠家里的男人》 | 1. 把握传主特点,探索其精神世界2. 体会欲扬先抑、铺陈的技法和比喻、夸张等修辞手法刻画人物的妙处3. 品味精彩语句,感受茨威格典雅优美、文气酣畅的语言风格 |

续表

| 课时 | 课型 | 教材内容 | 丛书链接内容 | 学习目标 |
|------|------|----------|--------------|----------|
| 第8课时 | 组文阅读课 | 《美丽的颜色》 | 《物理女杰——吴健雄》<br>《跨越百年的美丽》 | 1. 感受科学家坚韧、忘我、淡泊的个人魅力<br>2. 体会在行文中直接引用人物话语所起的作用 |
| 第9课时 | 名著导读课 | | 《居里夫人传》 | 1. 了解居里夫妇生平，受到其精神品格的感染，树立正确的人生观、价值观<br>2. 深入了解传记特点，学习刻画人物的方法 |
| 第10、11课时 | 主题写作课 | 学会传记 | 《著者略历》<br>《著者自叙传略》 | 1. 把握人物传记内容真实可信、事件典型、注重细节描写的基本特点<br>2. 学会为自己或身边熟悉的人写小传 |
| 第12课时 | 综合性学习 | 人无信不立 | | 1. 深入探究"信"的传统内涵和现代意义，培养讲诚信的美德<br>2. 通过搜集整理与诚信相关的资料，讲诚信故事，围绕诚信话题，通过采访长辈、交流讨论、组织演讲等活动形式梳理表达自己对诚信的理解 |

# 三　读写结合，促进序列化写作

序列化写作是指为了更科学、更有效地完成新课标中初中作文的教学任务，提高学生写作水平，根据初中写作知识的内在逻辑和初中学生的认知能力发展规律，将原本分散在初中各分册教材中的写作知识和技能，按照由易到难、环环相扣、层级递进的规律合理编排，构成一个整体。学校在建立独立写作体系的基础上突出"读写结合"，重视发挥教材范文的作用，把阅读教学与写作知识相互渗透，强调"一课一得"，最终通过一节节课的教学连

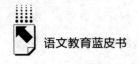

点成线，连线成面，从而系统、明晰、有效地指导学生写作。

以七年级下册的写作训练为例，这一阶段的训练在承接七年级上册的写作训练的基础上有层进，比如七年级上册要求学会记事、写人要抓住特点，七年级下册要求写人写出精神、抓住细节；七年级上册学习如何突出中心，七年级下册学习怎样选材。同时这一阶段的学习还要为八年级上册做过渡的衔接，为语言的连贯、文采的提升做铺垫。

七年级下册六个单元的写作训练如下。

第一单元介绍邓稼先、闻一多等杰出人物的故事，把握人物特征，理解人物的思想感情。写作目标为学习写出人物精神的方法，比如对比、衬托、正面与侧面描写，运用抒情、议论的表达方式，画龙点睛。

第二单元为家国情怀，选取了诗歌、散文等文体，比如《黄河颂》《老山界》等，单元教学目标主要是掌握抒情方式，写作训练就是掌握直接抒情和间接抒情，抒写自己生活中的喜怒哀乐，并在写作中实践。

第三单元为凡人本色，共有四篇文章，《阿长与〈山海经〉》《老王》《台阶》《卖油翁》涉及人生的多个方面，有助于深化启发学生更理性、积极地看待身边的普通人，注意捕捉平凡生活中的闪光点，写作教学中注重评析细节描写。

第四单元为崇德修身，包括三篇现代文——《叶圣陶先生二三事》《驿路梨花》《最苦与最乐》和两篇文言文——《陋室铭》《爱莲说》，所选课文体裁多样，注重的人文主题是"修身正己"。写作训练为学习怎样选材。

第五单元为生活哲理，通过学习《紫藤萝瀑布》《一颗小桃树》等文章培养推敲字句的习惯，归纳文从字顺的写作方法并探讨写景状物的技巧。

第六单元为科幻探险，通过学习《伟大的悲剧》《太空一日》等传记文学、科幻小说以及笔记小说学会用简明的语言进行写作，使文章简明清楚、连贯得体。

总体而言，新课标下的序列化写作需要基于四个基本原则：研究单元教学，确定写作训练点；研读文本目标，抓准写作切入点；探究学生水平，激发写作兴趣点；积累运用素材，促进写作个性化。

# 附录二
# 立足 "实验" 铸师魂，潜心教改绽芬芳

—— 以平遥县实验小学的具体实践为例

《义务教育课程方案和课程标准（2022年版）》创新性地提出了"核心素养""学习任务群"等概念，但是，单单依靠个人，教师难以深刻把握新课标中包含的教育理念，教师群体也难以形成关于语文教学的共识并落实到日常教学工作中。调查结果显示，由于实施时间较短，部分教师表示仍然对新课标的内容一知半解，也没有根据新课标更新教学内容与教学材料。为帮助教师明确新课标背景下语文教学实践的边界，平遥县实验小学开展了丰富的培训与学习活动。下文呈现了平遥县实验小学在组织开展新课标学习与培训活动方面的具体经验和成果。

## 一　学校概况

平遥县实验小学是一所具有百年办学历史和优良治校传统的省级示范小学。长期以来，学校以和谐的校园管理、过硬的师资力量以及一流的教学质量享誉古城大地。学校分桃李校区、柳根校区、春雷校区三个校区。现有在岗教师325人，教师学历达标率为100%；现有教学班级119个，学生6475人。共培养24名省级教学能手、学科带头人，53名市级教学能手，106名县级教学能手。

学校将"立德树人"放在教育教学的首位，以"五育并举"为导向开展学校序列工作。学校以"培养有中国灵魂、世界眼光的适应未来生活的

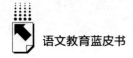
现代人"为己任，确立了"至善教育"的发展目标。以"双减"为工作重点，以"五项管理"和延时服务为抓手，围绕县局"三大主题"、"两个一切"和千分制考核方案开展系列工作。具体而言，一共有四个方面的内容。第一，构建一个自主的课堂。构建"学生亲自实践、体验，亲历知识获得过程"的学习活动式课堂教学模式，提高课堂教学的效率。第二，塑造一代蓬勃新人。通过自系列课程"吾是课程"的实践，培养爱读书、能创造、保健康、会审美、善思考的朝气蓬勃、奋发向上的一代新人。第三，组建全科专家智库。教师成长就是学校成长，教师是主要的教育资源。因此，学校组建各学科名师工作室，搭建平台，多向激励，力求建立一支高素质的适应现代教育的名师队伍。第四，打造一个品牌名校。平遥县实验小学以超前的理念、科学的思维、全人的理念，再创实验辉煌，打造三晋名校，努力探索至善教育的理想之路。

## 二 明晰教育"新"边界，向教育更"新"处漫溯：新课标培训与学习活动的组织经验

### （一）走近专家，领悟精髓

为深入贯彻落实新课标精神和内容，准确把握和领会标准的内容和变化，探求学科核心素养的真谛与培养途径，提升教师对新课标的理解和运用能力，学校组织教师积极参加各级各类的线上线下培训活动。2022 年 5 月，学校教师认真聆听了北京师范大学文学院吴欣歆教授的新课标解读讲座，了解了新课标的内涵，明晰了新课标背景下教学理念的变化及教学方式的变革，为课堂教学的改变提供了理论基础。2022 年 8 月中旬，学校教师进一步参加了晋中市教育局组织的小学语文新课标培训活动，杨志坚、韩美华、要季萍三位名师从不同的角度深入解读了新课标的内涵，并提出了具体可行的教学建议，为新课标的落实提供了行之有效的方法。2022 年，王旭梅主任参加了晋中市举办的温儒敏教授线下培训活动，在面对面的交流互动中，

对新课标有了更加清晰、深刻的认识，对今后课堂教学方式的转变有了更深的认知。

## （二）集体研讨，学用结合

2022年8月，平遥县教育局围绕新课标组织了国家级示范培训线下研讨活动，平遥县实验小学选派了多位优秀教师参加。在活动中，教师们聆听了专家的讲座，并就新课标的核心内容进行讨论，同时进行集体备课活动，将所学的新理念落实到教学实践中。

此外，平遥县实验小学作为县内小学教育的龙头校，面对新课标、新理念，主动担任新课标传播和实践"领头羊"，积极打造优秀课例，向下、向外辐射。2022年9月，在平遥县教研室的组织下，刘怡然老师深入西关小学、南政乡第一中心校等基层学校，进行新课标的二级培训，将新课标的理念及自己对新课标的实施心得进行交流分享。2022年10月，在平遥县教研室安排的"送教下乡"活动中，耿瑞卿老师为杜家庄学区的老师们带来了一堂具有"新课标味儿"的语文课，并通过精彩的专题讲座解读了以新课标为导向的大单元设计理念，将新课标理念根植于教师心中，为还在迷茫的乡村教师指明了方向，助推教师专业化成长。此外，平遥县实验小学依托名师工作室，助力全县语文改革。王旭梅名师工作室吸纳了平遥县各校优秀教师的力量，在王旭梅主任的带领下，各校教师通过"云教研"进行新课标解读、课例研讨，促进新课标理念落地。2022年，王旭梅名师工作室的成员走出平遥，深入汾阳、榆次等地，通过示范引领课、专题讲座等形式，展示本校新课标实践的成果。2023年3月，学校组织骨干教师设计18个单元任务群教学案例，为教师教学设计提供模型。

## （三）课标测试，研磨共进

为了扎实推进教师们学习新课标，准确把握新课标的新变化、新要求，切实把新课标的新理念、新目标落实到课堂教学中，平遥县实验小学每学期组织教师进行一次课标测试。通过书面答卷的形式，立足教学实际，从课程

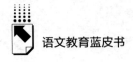

性质、课程理念、课程目标、课程内容等方面，形式多样、内容充实地全面考查了教师对所执教学科新课程标准的把握情况。

课堂是落实新课标的主阵地，为进一步用实践内化理念，平遥县实验小学计划开展以"构建学习任务群，助推大单元教学"为主题的教师备课技能大赛，以各年级组为单位，组织教师以大单元设计为基础，研读课标，搜集资料，深挖教材，思考理论落地的有效途径，完成单元任务群的设计。教师在共评共研的基础上，提升对文本的解读能力与教学设计能力，从而为教学打下良好的基础。

## 三　新课标培训活动开展的初步成果

新课标实施以来，平遥县实验小学积极开展丰富多彩的教学实践活动，成效颇丰。

在语文课程建设方面，学校教师参加了包括第八届全国小学语文"整合教学"课堂教学展示活动在内的各级各类讲课大赛，斩获多个全国一等奖。

在阅读活动开展方面，学校也初步探索出了一些切实可行的基本原则。第一，精选项目，使之贴近儿童实际，体现适时性与趣味性。学校从学生实际出发，依据新课标要求，遵循儿童身心发展规律，尊重阅读进度，为孩子们"量身定制"项目阅读主题与书目。第二，层级阅读，各学段有序推进，体现序列性与发展性。以平遥县实验小学第九届读书节为例，这届读书节倡导低年级以童话、寓言为主题，引导童心童趣品童话，入寓言世界，沐春日书香。各班选定《安徒生童话》《中国古代寓言故事》等书目，让孩子们经历"亲子阅读—快乐分享—舞台展示"三个阶段，将故事读厚、读活。中年级以阅读、创作为主题，引导学生"跟着阅读学写作"。如四年级设计"春风十里诗相随"阅读项目，各班级根据主题自由选择诗集，分"邂逅童诗""沁润童诗""设计诗集"三个阶段让学生读诗、吟诗、仿诗、画诗，再到可以自己独立创诗、编辑，以班级为单位建诗社、编诗集，以年级为单位选诗、汇编。高年级的主题是成长，引导学生读名人传记故事，收获成长的力量。如五年级以"'奇人'是怎样长成的"为主题，选定书目《俗世奇人》，通过"阅读遇奇人""多元展奇人""生活找奇人""我也做奇人"四个阶段，让学生读奇人、讲奇人、绘奇人、寻奇人、研奇人、做奇人。在读书节的整体框架下，学校按照各学段学生的认知水平和接受能力，同时关注语言因素与文化因素，把语言、思维与审美能力提升和优秀文化滋养放在同等位置，为各年级设置不同项目主题，采取"群文关联—局部精研—著作拓展"的资源组织方式，实现点的探究、面的涉猎和体的延伸相结合，将项目价值向纵深推进。

# 附录三
# 因地制宜贯彻新课标，矢志不渝
# 开创新局面

——以河南省南阳市第三中学的具体实践为例

学生调查问卷的结果显示，在语文课程方面，当前语文课堂仍是以教师输出为主的传统课堂，并未充分调动学生的主观能动性，仍需以学生为主体进一步变革；在阅读方面，阅读任务是实际的作业安排与学生的需求之间矛盾最大的环节，中小学生对语文阅读的兴趣是广泛存在的，但是目前来看，学生对于通过阅读任务提升个人语文水平的需求尚没有得到很好的满足；在作业布置方面，中小学生的主要作业形式都集中在诵读课文、古诗文及抄写字词句等较为机械的、传统的作业上，难以有效培养学生的核心素养。新课标的实施要求语文教与学两方面都发生根本性的变革，下文重点介绍河南省南阳市第三中学在语文课程、阅读活动和作业布置这三大环节的改革措施，以期提供借鉴。

## 一　学校概况

河南省南阳市第三中学位于南阳市中心城区建设中路 419 号，始建于1905 年。历经元宗学堂、南都小学、景武高中、南阳市一初中，1971 年秋更名为南阳市第三中学。学校现辖建设路本部和紫竹林两个校区，共占地46000 平方米，建筑面积 45844.6 平方米。学校管理理念先进，师资力量雄厚，现有教职工 388 人，是南阳市区龙头学校。

学校继承百年历史的光荣传统，秉承"志当存高远，敢为天下先"的校训，确立"立德树人，双育一体，促进内涵发展，涵养品牌名校"的工作思路，坚守"培养未来优秀公民"的办学理念，以提升教育教学质量为中心，以培养"有思想的教师和有志向追求的学生"为发展目标，守正创新，努力办好优质教育，勇创一流名校。从学校中走出了人民大学原校长袁宝华、中国科学院院士张国伟等杰出学子。先后荣获"全国精神文明建设工作先进单位""全国读书育人特色学校""省级文明单位""河南省教育系统先进集体""河南省文明校园"等 14 项国家级、省级荣誉，市区级荣誉有 60 多项，彰显了百年三中卓越的教育教学水平和深厚的文化底蕴。

## 二  百般红紫斗芳菲：新课标背景下的创新性语文教学活动

### 1. 常态化推进"公开课"

课堂是主阵地，新课标实施以来，南阳市第三中学组织了包括"名师示范课""新教师展示课""骨干教师献艺课""优秀教师评比课""新课改学习汇报课""高效课堂达标课"等形式在内的公开课，鼓励语文教师在课堂中发现问题、解决问题，避免"纸上谈兵"。此外，南阳市第三中学还组织了"阅读教学研讨课""写作引领课""作文评析课"等专项公开课，有效提高了教师教育教学水平，促进专业发展，也让学生沉浸于课堂，浸润语文素养。

### 2. 开展语文主题性阅读教学

与 2011 年课标相比，新课标的一个重要变化是将学段要求中的"阅读"改为"阅读与鉴赏"，并且明确突出了"整本书阅读"的重要意义。然而在实际落实过程中，许多教师遇到了困难。

为了解决上述问题，学校进行了广泛的尝试，有序开展"语文主题性阅读教学"，以"语文学习任务群"的形式，分为经典诵读、大单元任务群设计、整本书阅读三个板块，每周确定课时，扎实推进阅读教学。其中"经典诵读"板块中的"经典诗诵读"模块所选古诗词皆为国学典籍，教师组织学生在晨读时反复诵读以便充分浸润在国学经典中。此外，学校还举办了古诗词诵读会，以活动促诵读，厚植文化底蕴。在设计"大单元任务群设计"板块时，教师精选了与教材主题相关的文章，组成一个阅读单元，以课文学习为纲，通过"范文阅读""组文阅读""自由阅读""类文阅读"四个小标签，推进"大单元教学"，全面提升学生的语文核心素养，做到"源于教材、宽于教材"。在"整本书阅读"板块，学校开发了"阅读导航""精彩选篇""阅读规划""交流平台""你说我讲大家谈"等助读工具，围绕新课标对不同学段提出的要求制定了具有层次性和差异化的阅读任务，以期激发学生的阅读兴趣，培养学生的阅读习惯，助力学生提高审美情趣。此外，学校高度重视阅读作为个人活动和集体活动的双重性质，鼓励学生在独立阅读和思考的基础上与同学、老师分享阅读体验，在班级内形成了浓厚的阅读氛围。

### 3. 创新语文作业形式

语文作业是小学语文教学中最基本的环节之一，是巩固知识、形成能力的重要手段。新课标积极倡导学习的主体性、自主性，减轻学生的负担，提高学生的学习效率。为更好地贯彻落实语文新课标理念和精神，学校语文教师积极创新语文作业形式，努力做到让作业妙趣横生的同时也有效培养学生的核心素养。

较为典型的作业形式有："诗中有画"——学生根据诗歌的主旨和意境，设计精美的手抄报；"我把诗歌唱给你听"——学生选择喜欢的诗歌，配乐吟唱，录制小视频；"经典好书推荐卡"——学生选择自己最喜欢的一本书，制作推荐卡片；"植物观察记录单"——阅读《昆虫记》后，仿照书中的方法，选择自己家中的植物，撰写观察记录……

学生是学习的主体，新课标强调一切教学活动都要以学生为主体，让学生在感兴趣的自主活动中全面提高语文素养。因此，教师布置的语文作业不应当是单一枯燥的文本，而应从单一的"写"中走出来，把听、说、读、写、演、唱、画、做等多种形式结合起来，与多学科的知识相渗透。这样既符合儿童以形象思维为主的心理特点，又有利于综合能力的培养，更能调动学生的积极性，从而充分发挥学生的主体性，从"要我做"转变为"我要做"。

## 三　前路漫漫亦灿烂：未来展望与设想

由于新课标落地时间较短，南阳市第三中学开展的各种教与学的实践仍然处于初步摸索阶段。后续，学校还将采取以下举措继续落实新课标。

一是全体教师要不断学习，提升专业素养，立足教学实践，提高教研水平。学校将采用多种方式增强培训效果。

二是课程学习中继续设置学习任务群，在"任务驱动"下，结合"语文主题丛书"群文阅读，让学生在一定情境之中带着任务进行伙伴式的学习、探究式的学习，建构知识脉络；在夯实基础型、发展型学习任务群的基础上，发展"整本书阅读"和"跨学科学习"两个拓展型学习任务群。

三是将积极关注教学流程、教学方法、资源支持、学习评估等的新变化，探索线上线下相结合的混合式教学方法。以传统文化、革命文化、社会主义先进文化为载体，开展不同主题阅读探究和创意表达活动，通过跨媒介阅读与交流，引导学生感受数字时代精彩的文学世界。

四是继续调动多元主体，丰富课程资源类型。在开展"南阳张仲景中医药文化"地域特色文化资源、"社团形式的爱好和特长"隐形资源和"国学晨读"课程的基础上发展"南阳作家群作品"文化资源、"南阳传统手工艺"如"烙画""玉雕"等艺术工业资源，重视信息化环境下的资源建设，关注语文学习过程中生成性资源的整理加工，促成跨学科学习，关注情境性、实践性、综合性，促进学生核心素养的发展。

# Abstract

The latest compulsory education Chinese curriculum standards in 2022 have put forward new requirements for Chinese education, and the construction of a benign interactive teaching ecology of teaching, learning and evaluation integrated with core literacy has become an important issue in Chinese education. Centering on the theme of teaching, learning and evaluation integration reform of Chinese education under the background of the new curriculum standards, the blue book is divided into general report, investigation reports, case studies and special topics.

The general report summarizes the guiding value and practical prospects of the new curriculum standards from the background of the new curriculum standards, the unchange and change of the new curriculum standards, the new trend and new ideas of the new curriculum standards, and the realization path of teaching, learning and evaluation integration. The investigation reports is based on the data of the "National Questionnaire on Chinese Learning under the Background of the New Curriculum Standards" carried out by the School of Education of Peking University and the editorial board of the Blue Book of Chinese Education in 2023, which comprehensively describes the current situation of Chinese education under the background of the new curriculum standards, and gives examples. The questionnaire survey covers 17 provinces in China, and a total of 25, 384 valid questionnaires for primary and secondary school students, 715 questionnaires for primary and secondary school Chinese teachers, and 2, 109 questionnaires for high school students. The case studies shows the beneficial exploration of Chinese education in all regions of China under the background of the new curriculum standards, which involve reading teaching, process evaluation, reading assistance system and other contents, and strives to comprehensively and three-dimensionally show the practice of teaching, learning and evaluation integration under the background of the new curriculum standards. The special topics discusses the hot topics of Chinese teaching evaluation in the context of the new curriculum standards, and puts forward new thinking, new paths and new methods, striving to be enlightening and expansive.

Based on the qualitative and quantitative research methods, the following conclusions are drawn: First, most primary and secondary schools have begun to explore changes in the way of Chinese teaching, with more abundant class activities, more substantial curriculum content, more opportunities for students to speak in class, and more attractive classrooms. Second, primary and secondary schools have gradually focused on the process evaluation of Chinese learning, which is also highly recognized by students, but the terminal evaluation still dominates. Third, teachers attach great importance to the new curriculum standards, and teachers consciously practice the requirements put forward by the new curriculum standards in teaching links such as lesson preparation, teaching, homework arrangement, evaluation and language activities. Because the new curriculum standards have been implemented for a short time, and the supporting means such as training resources and teaching resources are not mature, many teachers are facing the problem of "the heart is willing but the strength is not enough".

**Keywords**: Chinese Education; New Curriculum Standards; Integrated Teaching, Learning and Evaluation

# Contents

## I    General Report

**Abstract**: This paper provides a comprehensive overview of the backdrop surrounding the proposed new curriculum standards of 2022. By contextualizing the introduction of these standards within the imperative of cultivating Chinese youth for the new era as envisioned by the Party and the country, the paper elucidates the edificatory attributes of the Chinese curriculum during the compulsory education stage, supplementing its disciplinary attributes. Simultaneously, the implementation of the "double reduction" policy and the onset of the information age have imposed fresh demands on the Chinese subject. In contrast to previous standards, the 2022 new standards uphold the foundational principles of language ontology, writing and its practical application, thereby maintaining the language curriculum's comprehensive and pragmatic nature. Notably, it achieves significant breakthroughs in three key areas: learning orientation, learning methods, and learning outcomes. Specifically, the learning orientation shifts from "teaching language" to "using language to teach people", the learning method evolves from traditional lecture-based learning to contextual and task-oriented approaches, and the learning outcome transforms from experience-enabled assessment to evidencedriven assessment. Building on these advancements, the paper delves into the realization path of integrating teaching, learning and evaluation, using large-unit teaching and homework assignments as illustrative examples. It explores how assessment can be seamlessly incorporated into the classroom, achieving integration of teaching, learning and evaluation in large-unit teaching. Additionally, it discusses the transparent, hierarchical, and diversified approaches to realize the integration of teaching, learning and evaluation in homework assignments.

**Keywords:** New Curriculum Standards; Chinese Teaching; Chinese Education

# II   Investigation Reports

**B.2**   Survey on Chinese Language Learning in High Schools Within the Framework of the New Curriculum Standards (2023)

*Jiang Cheng, Yan Siyu* / 018

**Abstract:** In order to give a better help to the landing of the new curriculum standards, this study focuses on the Chinese learning of senior high school students and the evaluation of Chinese homework and tests. The study found that, from the perspective of learning status, senior high school students have a full input in Chinese learning under the background of the new curriculum standards, and have good reading habits, but the awareness of independent learning and understanding of the core literacy of Chinese subjects still have room for improvement. From the perspective of teaching methods, Chinese teaching forms in senior high school under the background of the new curriculum standards are various, providing students with good reading guidance, but the methods of cross-text teaching need to be further implemented. From the perspective of evaluation methods, the homework forms of Chinese teaching are abundant, and the evaluation methods is scientific. Based on the above findings, this study puts forward some suggestions for the improvement of Chinese teaching in senior high school under the background of the new curriculum standards: Maintaining the level of engagement

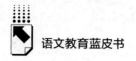
in Chinese learning and guiding the enhancement of independent learning awareness; Enriching the forms of Chinese teaching and implementing cross-text teaching methods; Strengthening teachers' instruction efforts in reading and helping students cultivate the habit of reading; Deepening the core literacy of the Chinese subjects and helping students achieve all-round development; Innovating the concept of Chinese homework assignment and focusing on organizing mutual evaluation of student homework; Optimizing the measurement of Chinese examinations and building a scientific and effective evaluation system together.

**Keywords:** New Curriculum Standards; Chinese in Senior High School; Teaching Methods; Evaluation of Homework; Evaluation of Tests

**B**.3 Survey on Chinese Language Learning in Primary and Secondary Schools Within the Framework of the New Curriculum Standards (2023)

*Chen Qiran, Liu Linqi and Li Moyan / 046*

**Abstract:** This report focuses on the practical situation of Chinese language learning among primary and secondary school students under the backdrop of the new curriculum standards. Through the statistical analysis of nationwide survey data on Chinese language learning in primary and Secondary school students, the following main conclusions are drawn: after the implementation of the new curriculum standards, most primary and secondary schools have witnessed significant changes in the richness of activities in Chinese classes, increased opportunities for student participation in class discussions, etc. Junior high school students believe that Chinese teachers pay more attention to the accumulation of classical poetry and literature, while elementary school students think that Chinese teachers focus more on textual reading comprehension. The main driving factors for reading among primary and secondary school students are divided into interest-oriented and utilitarian-oriented categories. There is a gradual emphasis on the process-oriented assessment of Chinese language learning in schools, with high student approval, but outcome-based assessment still holds a dominant position, placing teachers and parents under considerable exam-related pressure. The report puts forward targeted recommendations: in terms of Chinese language curriculum teaching, there is a need to strengthen interdisciplinary learning and genuinely address students' differentiated needs; in reading and appreciation, interest-oriented approaches should be emphasized, and the development of students' advanced reading abilities should be given attention; in terms of Chinese language curriculum assessment, there is a need to enrich process-oriented assessment methods, encouraging teacher-student interaction and student collaboration.

**Keywords:** Junior High School Students; Elementary School Students; Chinese Language Learning; New Curriculum Standards; Curriculum Teaching; Curriculum Assessment

**B**.4 Survey on Current Teaching Situation of Chinese Language Teachers in Primary and Secondary Schools Within the Framework of the New Curriculum Standards (2023)

*Dai Junhua, Wang Jialu* / 084

**Abstract:** To gain insights into the current teaching landscape of primary and secondary school Chinese language educators within the framework of the new curriculum standards, this report conducted a comprehensive web-based survey targeting Chinese language teachers across 17 provinces and municipalities. Analyzing 715 collected questionnaires, the report reveals that the implementation of the new curriculum standards is showing promising results. With the backing of schools and relevant departments, teachers have actively engaged in various training activities related to the new standards. They have developed a nuanced understanding of the pivotal and challenging concepts embedded in the new standards, and earnestly attempted to integrate the fresh requirements stipulated by the new curriculum

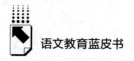
standards into various facets of their teaching—ranging from lesson planning and classroom instruction to homework assignments, assessments, and extracurricular activities. However, owing to the relatively brief period since the adoption of the new standards, accompanying support mechanisms such as training and teaching resources are still in the early stages of development. Consequently, many teachers find themselves grappling with the challenge of "having more tasks than capacity". Building upon these observations, the report puts forth the following six recommendations: First, organize more impactful training activities, encompassing specialized training sessions and demonstration lessons, to facilitate a deeper understanding and implementation of the new curriculum standards concepts; Second, monitor the progress of new standards implementation, adopt a multi-dimensional approach to evaluate teachers' work, and furnish additional teaching resources to alleviate the burden on educators; Third, facilitate a fresh round of lesson planning for all grades based on the new standards, progressively adjusting teaching content and strategies; Fourthly, encourage the innovative application of unconventional ideas to enhance homework assignment approaches; Fifthly, collaboratively design a scientifically sound and effective evaluation system, fostering a connection between formative assessment and final evaluation; Sixthly, advocate for the integration of graded reading strategies in schools, fostering a collaborative effort between educators and families to provide timely feedback on reading achievements.

**Keywords**: New Curriculum Standards; Chinese Teachers; Chinese Education

# Ⅲ   Case Studies

**B**.5   Teaching Process of the Textbook Assistance System in
Advanced Grade of Primary School
—*A Case Study of the Second Unit in the Fifth Grades Lower Semester
of Elementary School Language Unified Compilation Textbook*
*Wu Yang ∕ 125*

**Abstract**: The construction of the assistance system is a distinctive feature of
the unified language unified compilation textbooks. Since their comprehensive
adoption, especially after the introduction of the new curriculum standards in
2022, the assistance system has gained significant attention. This report uses the
second unit of the fifth-grade lower semester language unified compilation textbook
as an example to discuss the teaching process of the assistance system in advanced
grade of primary school Chinese textbook from three perspectives: teachers,
students, and regional promotion. It offers valuable suggestions on "how to teach"
for teachers and "how to learn" for students. For teachers, this involves a joint study
of the assistance system, making full use of its elements to integrate resources and
guide teaching, and incorporating it into teaching design. For students, it
encourages enhancing self-directed learning, utilizing the assistance system to improve
thinking styles, and leveraging it to enhance core language competencies. In terms of
regional promotion, activities such as practical application training in "assistance system
teaching", teaching design exhibitions, and student competence competitions are
conducted to foster professional development in educators.

**Keywords**: Elementary School Chinese; Advanced Grade; Assistance System;
Teaching Process

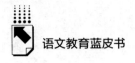

**B**.6　County Practice of Chinese Language Teaching Based on Core
　　　Competencies　　*Yang Yuchang*, *Sun Wei*, *Zhang Haining*,
　　　　　　　　　　　　　　　*Wang Fang and Wan Jing* / 142

**Abstract**：the Qingzhou Institute of Education and teaching has been actively building a three-stage interactive Chinese teaching practice system based on the relevant large-scale Chinese teaching theories and county-level realities, aiming at improving students' core competencies, to explore the path and mechanism of large language practice at county level. Through exploration, the Qingzhou definition of big language teaching has been formulated. Through the integration of county-level reading resources, calligraphy courses, reading courses and writing courses have been carefully developed, and a series of activities featuring big language teaching have been carefully organised, gradually formed a "Listening, speaking, reading, writing, acting, comprehension, book" as the basic content of the experience-based, open-wide big Chinese curriculum system, the implementation system of "Top-level design-mechanism construction-curriculum construction-organization implementation-evaluation feedback-experience promotion" has been formed, and the new experience of large language practice at county level has been accumulated, has formed the big Chinese teaching new pattern.

**Keywords**：Core Competencies; Big Chinese Teaching; Ecological Development Pattern

**B**.7　Teaching Strategy for Primary School Chinese Language
　　　Integrated Teaching, Learning and Evaluation
　　　　　　　　　　　　　　*Yan Jihua*, *Zheng Zhenyu* / 158

**Abstract**：Under the background of "dual innovation", the goal of primary school Chinese language curriculum is to cultivate students' core Chinese literacy, which requires teachers to take a series of measures to achieve. Among them, strengthening the integrated mechanism of teaching, learning, evaluation and innovating teaching methods are equally important. Based on the integrated mechanism of teaching, learning and evaluation, teachers can promote students' deep understanding and effective use of content by linking teaching, learning and evaluation. At the same time, emphasis is placed on innovative teaching methods, using case studies, classroom discussions, and other methods to stimulate students' curiosity for exploration and exercise their thinking abilities. In addition, improving the diversified evaluation system not only checks students' knowledge mastery, but also places greater emphasis on developing visual abilities and monitoring student learning outcomes. Teachers need to strengthen the integrated mechanism of teaching, learning and evaluation, comprehensively stimulate students' learning potential, innovate teaching methods and evaluation methods, and cultivate students' higher-order thinking and practical abilities. This can improve students' ability to use Chinese language knowledge to complete application tasks and further enhance their core Chinese literacy.

**Keywords**: Elementary Chinese; Integrated Teaching, Learning and Evaluation; Teaching Strategy

**B**.8 Practical Exploration of Evidence-Based Process Evaluation in Middle School Chinese Language

—*Practical Research on Improving the Academic Level of Chinese Language in Middle Schools Based on Student-Teacher-Parent Matching Data Analysis and Evaluation*

*Tao Bo, Jiang Cheng* / 166

**Abstract**: The practical implementation of the foundational principles and educational ethos embedded in the middle school Chinese language curriculum, coupled with the effective attainment of instructional objectives, is contingent upon the strategy of process evaluation methodologies. In this context, the adoption of

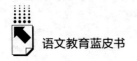
evidence-based process evaluation emerges as a critical path for realizing exemplary teaching standards within the realm of middle school Chinese language education. The operationalization of evidence-based process evaluation mandates a reciprocal evaluative synergy involving students, educators, and parents, wherein they function not only as assessors but also as subjects of evaluation. It is imperative to discern the nuanced dimensions and perspectives inherent in evidence-based process evaluation. Through the amalgamation of data from diverse dimensions and a systematic analytical approach, a robust foundation is laid for deriving reference criteria pertinent to process evaluation. The Junior High School Chinese Language Department of Shenzhen Futian District, with the support of the Big Data Laboratory at Graduate School of Education, Peking University, has undertaken a three-year empirical exploration of evidence-based process evaluation. The methodologies employed, reference criteria formulated, and assessment recommendations proffered in this study contribute valuable insights for the advancement of evidence-based process evaluation practices in high school Chinese language education.

**Keywords**: Evidence-Based Teaching; Process Evaluation; Middle School Chinese Language

**B**.9   Construction and Practice of Primary School Chinese Language
Academic Evaluation Guide
—*Taking the Study on Chinese Language Academic Evaluation in
Primary Schools in Shanxi Province as an Example*

*Guo Lejing*, *Yang Hua* / 185

**Abstract**: At present, the primary school Chinese academic evaluation is faced with the lack of specific evaluation index guide, evaluation deviation from the curriculum standards teaching materials and other problems. The construction of the primary school Chinese academic evaluation guide has a very practical guiding significance for the front-line teaching. In view of this situation, the textbook of

Shanxi Institute of Education Science has been studied for 14 years, after dozens of improvements and revisions, and constructed a primary school Chinese academic evaluation guide of "one core orientation, one line through, six dimensions support". The guide to develop students' core literacy as the guidance, based on the curriculum standards, combined with textbooks, refine one to six grade primary school Chinese level 3 evaluation standards guide, based on guidance, developmental, situational, practical, comprehensive and open six dimensions of academic evaluation, and form the core literacy of primary school Chinese curriculum target advanced list, the formation of primary school Chinese academic evaluation index system construction strategy, developed a series of evaluation tools (classroom learning evaluation list), evaluation sample (homework evaluation design, periodic evaluation design) for the use of frontline teachers leap. The construction and practice of primary school Chinese academic evaluation guide is conducive to teachers to accurately grasp the curriculum standards and teaching materials, and realize the consistency of teaching, learning and evaluation in teaching.

**Keywords:** Primary School Chinese; Academic Evaluation Guide; Evaluation Tools

**B**. 10   Exploration and Practice of Promoting High-Quality Reading
Teaching in Nine-Year Consistent Schools

*Ding Li, Wang Mengli and Sun Haizhong* / 209

**Abstract:** High quality promotion of reading teaching is a key link in deepening national reading. In view of this, Yongfeng Bilingual Experimental School in Yucheng City conducted a study on the reading status of its students. After years of teaching practice, the school has explored the "13559" reading teaching model. This model focuses on improving the core competencies of students in Chinese language, utilizing a tripartite linkage of teacher reading, student reading, and parent reading. It relies on the five major sections of school

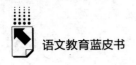

reading teaching, and utilizes the "five types of courses" based on the overall teaching of large units. It leverages the advantages of a nine-year consistent school system to design a nine-year integrated system, aiming to solve the practical difficulties faced by students in reading and cultivate their core competencies.

**Keywords**: Reading Teaching; Core Competencies; New Curriculum Standards

# Ⅳ    Special Topics

**B**.11    Research on Chinese Teaching, Learning and Evaluation
Based on the New Curriculum Standards Based on the
Principle of Seeking Truth from Facts                *Wen Rumin* / 223

**Abstract**: *Chinese Language Curriculum Standards for Compulsory Education* (*2022 Edition*) and *Chinese Language Curriculum Standards for Ordinary High Schools* (*2017 Edition*, *2020 Revised*) have proposed many new concepts and requirements. This report attempts to explain the relationship between thinking ability, aesthetic creation, cultural confidence, and language use, emphasizing that language use is an essential attribute of the Chinese language discipline. It proposes the "One on Three" approach to Chinese language teaching and provides paths and methods based on actual situations. This report also elaborates on the research on academic quality evaluation under the background of the new curriculum standards, emphasizing the importance of conducting academic quality evaluation in the current context of Chinese language education. It is proposed to pay attention to the combination of theory and practice, conduct extensive research, and solve practical problems with a theoretical perspective. Research on Chinese language teaching evaluation should be conducted based on the principle of seeking truth from facts.

**Keywords**: New Curriculum Standards; Chinese Language Teaching, Learning and Evaluation; "One on Three"

**B**.12 Theoretical Thinking and Practical Path of Integrated

Teaching, Learning and Evaluation Based on

Curriculum Standards *Zhao Ningning, Zhang Qiuling* / 230

**Abstract**: Standard-based basic education curriculum reform is a major trend in education reform in various countries around the world. Chinese scholars innovatively proposed the concept of integrating teaching, learning and evaluation based on standards. The design concept of integrated teaching, learning and evaluation based on curriculum standards includes " clear goals, clarify performance, and connect teaching, learning and evaluation"; "differentiate activities, diversify subjects, and integrate teaching, learning and evaluation"; "literacy orientation, parallel development, and throughout teaching, learning and evaluation". In the teaching design path, teachers need to use literacy goals as the implicit main line and theme activities as the explicit carrier to design teaching activities; use cultural materials as verbal objects and learning tasks as practical objects to design learning activities; use the goal system as the evaluation basis, design evaluation activities based on academic quality as the scoring standard.

**Keywords**: Chinese Education; Curriculum Standards; Integrated Teaching, Learning and Evaluation

**B**.13 Reform of the Three-Dimensional Evaluation of Primary School

Students' Academic Quality from the Perspective of Chinese

Core Literacy *Cui Fengqi, Shi Yanqiu and Jin Biao* / 244

**Abstract**: Exploring the construction of a three-dimensional evaluation system based on the core literacy of Chinese language is an innovative practice in implementing the reform of education evaluation in the new era. It is a crucial action to create a distinctive system for cultivating and enlightening basic education,

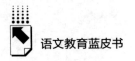
and to proactively align and practice the spirit and concepts of the new curriculum standards. The three-dimensional evaluation reform of primary school students' academic quality from the perspective of Chinese core literacy integrates the entire process of vertical learning of Chinese with all elements of horizontal development of Chinese core literacy, such as writing, reading aloud, written tests, learning habits, whole book reading, Chinese practical activities, interdisciplinary learning, etc. It focuses on the developmental nature of student growth, pays more attention to the possibility of student growth, and implements the creation of examination content and examination process the three-dimensional evaluation system of the "three in one" examination carrier transforms the goal of cultivating Chinese literacy into a real Chinese life, improves result evaluation, strengthens process evaluation, explores value-added evaluation, and improves comprehensive evaluation. It achieves the realization of all elements of evaluation content, the implementation of evaluation activities throughout the entire process, and the use of intelligent evaluation methods, using three-dimensional evaluation as a lever to stimulate the educational vitality of primary school Chinese teaching, transforming the goal into a panoramic growth space for student Chinese language learning, solving the problem of creative evaluation transformation, transforming the evaluation of learning into the pulse of student life growth, promoting the comprehensive improvement of primary school students' Chinese core literacy, realizing the educational value of evaluation goals, and highlighting the new ecology of deepening curriculum reform.

**Keywords**: Core Literacy of Chinese Language; Academic Quality; Three-Dimensional Evaluation

**B**.14　New Ideas for Constructing Chinese Classroom Teaching

*Qiao Feng / 262*

**Abstract**: *Chinese Language Curriculum Standards for Compulsory Education* (*2022 edition*) puts forward many new requirements and new ideas for Chinese teaching. In order to clarify the relationship among curriculum, learning, and teaching, the paper introduces the concepts of "the project based teaching", "the activity based teaching", "the main problem", "the sub-problem" and so on. The paper stresses the importance of students' active participation and teachers' change of teaching methods in classroom-based instruction. Furthermore, the conclusion of the construction of new ideas of Chinese teaching ends on the significance of student-centered learning activities. As the supervisor of students' learning ideas, the teacher plays the role of guidance in order to give full play to the Chinese curriculum for improving Student-centered education function. The research of the paper is to aim at promoting the in-depth reform of Chinese curriculum, strengthening the situational and practical way to promote the transformation of students' Chinese learning style, advocating the guiding role of the process and holistic nature of curriculum evaluation, and forming an open, diverse, orderly Chinese course curriculum concept.

**Keywords**: Real Situation; Project Based Teaching; Activity Based Teaching

**B**. 15  Research on Multi-Dimensional Practice and Evaluation of

**Abstract**: Penetrable grammar teaching teaches grammar in a natural and subtle way. This report is based on students' cognitive reality, with the help of a certain carrier, to create a certain atmosphere, to infiltrate the teaching of grammar knowledge into the teaching links of the Chinese classroom, to guide students to feel and experience, so that they can consciously or unconsciously be influenced by their ears, eyes, and subtle influences. Consciously accept grammar knowledge and improve the practical application ability of grammar knowledge; in practice, explore grammar learning methods and methods in five dimensions, including reading teaching, text learning, writing teaching, mutual evaluation and mutual modification, interesting practical activities, test point integration, and the use of information technology approach to improve the interest and effectiveness of learning grammar; and evaluate the effectiveness of grammar classroom teaching

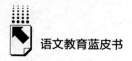
语文教育蓝皮书

through the production of evaluation scales, homework assessments, and other methods to test the effectiveness of students' grammar learning.

**Keywords**: Penetrable Grammar Teaching; Multi-Dimensional Practice; Assessment Research

社会科学文献出版社

# 皮 书

## 智库成果出版与传播平台

### ❖ 皮书定义 ❖

皮书是对中国与世界发展状况和热点问题进行年度监测，以专业的角度、专家的视野和实证研究方法，针对某一领域或区域现状与发展态势展开分析和预测，具备前沿性、原创性、实证性、连续性、时效性等特点的公开出版物，由一系列权威研究报告组成。

### ❖ 皮书作者 ❖

皮书系列报告作者以国内外一流研究机构、知名高校等重点智库的研究人员为主，多为相关领域一流专家学者，他们的观点代表了当下学界对中国与世界的现实和未来最高水平的解读与分析。

### ❖ 皮书荣誉 ❖

皮书作为中国社会科学院基础理论研究与应用对策研究融合发展的代表性成果，不仅是哲学社会科学工作者服务中国特色社会主义现代化建设的重要成果，更是助力中国特色新型智库建设、构建中国特色哲学社会科学"三大体系"的重要平台。皮书系列先后被列入"十二五""十三五""十四五"时期国家重点出版物出版专项规划项目；自2013年起，重点皮书被列入中国社会科学院国家哲学社会科学创新工程项目。

# 皮书网

（网址：www.pishu.cn）

发布皮书研创资讯，传播皮书精彩内容
引领皮书出版潮流，打造皮书服务平台

## 栏目设置

**◆ 关于皮书**

何谓皮书、皮书分类、皮书大事记、
皮书荣誉、皮书出版第一人、皮书编辑部

**◆ 最新资讯**

通知公告、新闻动态、媒体聚焦、
网站专题、视频直播、下载专区

**◆ 皮书研创**

皮书规范、皮书出版、
皮书研究、研创团队

**◆ 皮书评奖评价**

指标体系、皮书评价、皮书评奖

## 所获荣誉

◆ 2008 年、2011 年、2014 年，皮书网均
在全国新闻出版业网站荣誉评选中获得
"最具商业价值网站"称号；

◆ 2012 年，获得"出版业网站百强"称号。

## 网库合一

2014 年，皮书网与皮书数据库端口合
一，实现资源共享，搭建智库成果融合创
新平台。

皮书网

"皮书说"
微信公众号

# 权威报告·连续出版·独家资源

# 皮书数据库
## ANNUAL REPORT(YEARBOOK)
## DATABASE

## 分析解读当下中国发展变迁的高端智库平台

### 所获荣誉

- 2022年，入选技术赋能"新闻+"推荐案例
- 2020年，入选全国新闻出版深度融合发展创新案例
- 2019年，入选国家新闻出版署数字出版精品遴选推荐计划
- 2016年，入选"十三五"国家重点电子出版物出版规划骨干工程
- 2013年，荣获"中国出版政府奖·网络出版物奖"提名奖

皮书数据库

"社科数托邦"
微信公众号

### 成为用户

登录网址www.pishu.com.cn访问皮书数据库网站或下载皮书数据库APP，通过手机号码验证或邮箱验证即可成为皮书数据库用户。

### 用户福利

- 已注册用户购书后可免费获赠100元皮书数据库充值卡。刮开充值卡涂层获取充值密码，登录并进入"会员中心"—"在线充值"—"充值卡充值"，充值成功即可购买和查看数据库内容。
- 用户福利最终解释权归社会科学文献出版社所有。

数据库服务热线：010-59367265
数据库服务QQ：2475522410
数据库服务邮箱：database@ssap.cn
图书销售热线：010-59367070/7028
图书服务QQ：1265056568
图书服务邮箱：duzhe@ssap.cn

社会科学文献出版社 皮书系列
SOCIAL SCIENCES ACADEMIC PRESS (CHINA)

卡号：419872396679
密码：

# S 基本子库
## SUB DATABASE

### 中国社会发展数据库（下设12个专题子库）

紧扣人口、政治、外交、法律、教育、医疗卫生、资源环境等12个社会发展领域的前沿和热点，全面整合专业著作、智库报告、学术资讯、调研数据等类型资源，帮助用户追踪中国社会发展动态、研究社会发展战略与政策、了解社会热点问题、分析社会发展趋势。

### 中国经济发展数据库（下设12专题子库）

内容涵盖宏观经济、产业经济、工业经济、农业经济、财政金融、房地产经济、城市经济、商业贸易等12个重点经济领域，为把握经济运行态势、洞察经济发展规律、研判经济发展趋势、进行经济调控决策提供参考和依据。

### 中国行业发展数据库（下设17个专题子库）

以中国国民经济行业分类为依据，覆盖金融业、旅游业、交通运输业、能源矿产业、制造业等100多个行业，跟踪分析国民经济相关行业市场运行状况和政策导向，汇集行业发展前沿资讯，为投资、从业及各种经济决策提供理论支撑和实践指导。

### 中国区域发展数据库（下设4个专题子库）

对中国特定区域内的经济、社会、文化等领域现状与发展情况进行深度分析和预测，涉及省级行政区、城市群、城市、农村等不同维度，研究层级至县及县以下行政区，为学者研究地方经济社会宏观态势、经验模式、发展案例提供支撑，为地方政府决策提供参考。

### 中国文化传媒数据库（下设18个专题子库）

内容覆盖文化产业、新闻传播、电影娱乐、文学艺术、群众文化、图书情报等18个重点研究领域，聚焦文化传媒领域发展前沿、热点话题、行业实践，服务用户的教学科研、文化投资、企业规划等需要。

### 世界经济与国际关系数据库（下设6个专题子库）

整合世界经济、国际政治、世界文化与科技、全球性问题、国际组织与国际法、区域研究6大领域研究成果，对世界经济形势、国际形势进行连续性深度分析，对年度热点问题进行专题解读，为研判全球发展趋势提供事实和数据支持。

# 法律声明

"皮书系列"（含蓝皮书、绿皮书、黄皮书）之品牌由社会科学文献出版社最早使用并持续至今，现已被中国图书行业所熟知。"皮书系列"的相关商标已在国家商标管理部门商标局注册，包括但不限于LOGO（▧）、皮书、Pishu、经济蓝皮书、社会蓝皮书等。"皮书系列"图书的注册商标专用权及封面设计、版式设计的著作权均为社会科学文献出版社所有。未经社会科学文献出版社书面授权许可，任何使用与"皮书系列"图书注册商标、封面设计、版式设计相同或者近似的文字、图形或其组合的行为均系侵权行为。

经作者授权，本书的专有出版权及信息网络传播权等为社会科学文献出版社享有。未经社会科学文献出版社书面授权许可，任何就本书内容的复制、发行或以数字形式进行网络传播的行为均系侵权行为。

社会科学文献出版社将通过法律途径追究上述侵权行为的法律责任，维护自身合法权益。

欢迎社会各界人士对侵犯社会科学文献出版社上述权利的侵权行为进行举报。电话：010-59367121，电子邮箱：fawubu@ssap.cn。

社会科学文献出版社